Johann Michael Kühn
u.a.

Gefangen unter Korsaren

Deutsche Seeleute in der Gefangenschaft algerischer Seeräuber

Mit 12 Abbildungen

EDITION ERDMANN

Die Deutsche Bibliothek – CIP-Einheitsaufnahme

Gefangen unter Korsaren:
deutsche Seeleute in der Gefangenschaft algerischer Seeräuber/
Johann Michael Kühn. Hrsg. von Heinrich Pleticha. –
Stuttgart; Wien; Bern: Ed. Erdmann, 1997
ISBN 3-522-61360-0

Umschlaggestaltung: Rainer Simon, Böblingen
Umschlagtypografie: Michael Kimmerle, Stuttgart
Reproduktionen: Die Repro, Tamm
Satz: KCS GmbH, Buchholz/Hamburg
Druck und Bindung: Friedrich Pustet, Regensburg

5 4 3 2 1* 97 98 99 00 01

Inhalt

Vorwort
Seite 5

Johann Michael Kühn
Merkwürdige Lebens- und Reisebeschreibung
(Gotha 1741)
Seite 19

Johann Friedrich Keßler
Reisen zu Wasser und zu Lande
(Leipzig 1805)
Seite 99

Simon Friedrich Pfeiffer
Meine Reisen
und meine fünfjährige Gefangenschaft zu Algier
(Gießen 1834)
Seite 137

Wort- und Sacherklärungen
Seite 314

Quellen und Literatur
Seite 319

Vorwort

Korsaren und Sklaven

Als Goethe im Mai 1787 auf einem französischen Segler von Sizilien nach Neapel zurückkehrte, sorgte er sich nicht nur wegen der drohenden Stürme und der ihn plagenden Seekrankheit, sondern auch wegen der Unsicherheit und der Gefahren, die dem Reisenden von algerischen Seeräubern drohten. Diese Gefahren mögen auch mit der Grund dafür gewesen sein, dass er an einer anderen Reise nach Griechenland nicht teilnahm.

Tatsächlich war das Mittelmeer in diesen Jahren, wie schon seit Jahrhunderten, immer noch unsicher, obgleich der Höhepunkt der Piratengefahr und -plage längst überschritten war.

Die Piraterie konnte im Mittelmeer auf eine lange Tradition zurückblicken, gab es sie doch schon seit der Antike. Seeraub gehörte wie Fischfang sozusagen zum Alltag der Küstenvölker. Es war eine gefährliche, aber durchaus übliche Form, sich den Lebensunterhalt zu besorgen. Die Griechen hatten darunter zu leiden, mehr noch die Römer, im Mittelalter die Handelsschiffe, Palästina-Pilger und Kreuzfahrer. Die Seeräuber nutzten dabei ihr Geschäft nicht nur, um sich Nahrung oder materielle Güter zu verschaffen, sondern betrachteten Menschenraub und den damit verbundenen Sklavenhandel stets als legitime Einnahmequelle.

Die wohl wichtigste Periode der Seeräuberei im Mittelmeer begann Anfang des 16. Jahrhunderts. Zwei Männern, Söhnen eines griechischen Renegaten, gelang es nicht nur innerhalb weniger Jahre, als Kapitäne von Seeräuberschiffen reiche Beute zu machen und zu den gefürchtetsten

Piraten des Mittelmeers aufzusteigen, sondern auch an der nordafrikanischen Küste mit ungemeiner Energie einen Staat aufzubauen, der rund dreihundert Jahre bestand.

Es waren die Brüder Horuk (Arudsch) und Ishak, Letzterer später berühmt und berüchtigt unter dem ihm vom Sultan verliehenen Ehrentitel Chaireddin (Beschützer der Gläubigen). Wegen ihrer roten Bärte führten die beiden Brüder auch den Beinamen Barbarossa (Rotbart). Sie bildeten ein im ganzen Mittelmeer gefürchtetes Paar, wobei sie sich gegenseitig vorzüglich ergänzten, war der ältere Horuk doch ein tapferer Draufgänger, sein jüngerer Bruder dagegen ein kühl denkender Stratege. Mit ihrer rasch wachsenden Mannschaft machten sie vorwiegend das westliche Mittelmeer unsicher. Ihre große Stunde schlug 1516, als sie der Sultan von Algier gegen die Spanier zu Hilfe rief. Sie erledigten den Auftrag auf ihre Weise, erschienen mit 16 Galeeren und 5000 Mann vor der Stadt, ließen den Sultan ermorden und bauten Algier zu ihrem Hauptstützpunkt aus. In der Folgezeit vermochten sie sich auch gegen den spanischen König Karl I., den späteren römisch-deutschen Kaiser Karl V., zu behaupten. Als Horuk im Kampf fiel, übernahm Chaireddin für die nächsten 17 Jahre die Alleinherrschaft. Sein Seeräuberstaat wurde zu einem wichtigen politischen Machtfaktor. Damals schon gelang es seinen Kapitänen bei ihren Kaperfahrten, viele tausende von Christen als Sklaven zu erbeuten. Ein Großteil von ihnen musste als Ruderer auf den Galeeren schuften. Das war im Übrigen nichts Besonderes; denn auch die christlichen Staaten verfügten ja über beachtliche Mengen von Galeerensklaven.

Sklaven bildeten fortan ein gebräuchliches Zahlungsmittel. Als 1544 beispielsweise der französische König Franz I. seine vertraglichen Schulden an den mit ihm verbündeten Sultan nicht zahlen konnte, plünderte Chaireddin in dessen Auftrag einfach so lange die südfranzösische Küste und führte die Bewohner in die Sklaverei, bis die Schulden auf diese Weise abgezahlt waren. An den Sklavenjagden zur See änderte sich auch unter Chaireddins Nachfolgern nichts. Vielmehr dehnten diese ihre Fahrten noch weiter aus. Um die Mitte des 17. Jahrhunderts stießen algerische Piraten sogar bis an die Küsten Islands vor. Selbst größere Strafexpeditionen der europäischen Seemächte verpufften immer wieder. Neben Algerien entstanden Seeräuberstaaten auch in Tunesien und Tripolitanien. In Europa wurden sie meistens nur noch als Barbaren- oder Barbareskenstaaten bezeichnet. Seit der Mitte des 16. Jahrhunderts ordneten sich diese Seeräuber in ein größeres politisches Machtgefüge ein und erkannten die Oberhoheit des türkischen Sultans über ihre Besitzungen an. Ihre Galeeren nahmen dementsprechend 1571 an der Seeschlacht von Lepanto als Verbündete der Türken teil und wurden in deren Niederlage hineingezogen. Damals fanden 15 000 christliche Rudersklaven ihre Freiheit zurück.

Seit dem 17. Jahrhundert begann sich der Einsatz der Sklaven zu wandeln; denn an die Stelle der bis dahin vorwiegend verwendeten Rudergaleeren traten zunehmend Segelschiffe. Sklaven wurden nun, wie wir noch näher hören werden, als Hilfskräfte bei den Mannschaften eingesetzt. Traten sie als Renegaten zum Islam über, konnten sie es dank ihrer häufig guten Erfahrungen in der europäischen Segelschifffahrt bis zum Kapitän bringen.

Der Sultan suchte natürlich seine Oberhoheit zu festigen und sandte daher Paschas in die nordafrikanischen Länder. Aber schon 1659 gelang es in Algier, dort die türkische Herrschaft weitgehend zurückzudrängen. Fortan wählten die Korsarenkapitäne oder die Janitscharenmilizen einen »Dey« als Staatsoberhaupt aus ihrer Mitte. Diese Deys benötigten dann noch etwa hundert Jahre, um die türkische Oberhoheit völlig abzuschütteln. In Tunesien und Tripolitanien vollzog sich die Entwicklung in ähnlicher Form fast gleichzeitig.

Immerhin hielt dieses Regierungssystem einer Art »Militärrepublik« dann nochmals ein knappes Jahrhundert, nicht zuletzt auch dank der Eifersüchteleien zwischen den europäischen Mächten, vor allem zwischen England und Frankreich. 1830 überspannte der Dey dann allerdings den Bogen und Frankreich, das schon längere Zeit auf eine entsprechende Gelegenheit gelauert hatte, nahm einen geringfügigen diplomatischen Zwischenfall, von dem wir noch im Folgenden bei Pfeiffer hören werden, zum Anlass, um mit einer Flotte und einem Expeditionsheer von 37 000 Mann Algier anzugreifen. Die Besetzung der Stadt im Juli 1830 bedeutete noch keineswegs den Sieg über das ganze Land. Erst nach längeren Kämpfen, in deren Verlauf die Fremdenlegion zur »Befriedung« und Eroberung gegründet worden war, konnte 1834 ganz Algerien zur französischen Kolonie erklärt werden. Schauplatz des Geschehens in den in diesem Buch wiedergegebenen Berichten ist die Stadt Algier, die sich vom 17. Jahrhundert bis zur Besetzung durch Frankreich nur wenig wandelte. Sie war keineswegs das »Seeräubernest«, wie man sie manchmal abfällig nannte, sondern eine für orientalische Verhältnisse angesehene und große Stadt, im 17. Jahrhundert noch mit rund 100 000 Einwohnern, zu Beginn des 19. mit 70 000, darunter etwa 5000 Juden. Sie besaß rund ein Dutzend großer Moscheen und fünf Kasernen für die als Janitscharen bezeichnete türkische Miliz. Im oberen Teil der – einem Amphitheater nachempfundenen – über dem Hafen angeordneten Wohnviertel lag der alles beherrschende Palast des Deys. Die Christensklaven waren größtenteils in den sogenannten Bagnos oder Nachtbehältnissen untergebracht, am Tage arbeiteten sie über die ganze Stadt verstreut, vorwiegend aber im Hafenbereich. Sklaven gab es mehr als genug in der Stadt. Nach zuverlässigen Schätzungen waren es um die Mitte des 17. Jahrhunderts etwa 25 000 Männer und Frauen. In der Hoffnung, ihr Los etwas zu erleichtern, waren damals etwa 8000 zum Islam übergetreten, unter ihnen angeblich 1200 Frauen. Solche Renegaten waren im Allgemeinen vom Loskauf durch die geistlichen Orden ausgeschlossen.

Über die Gliederung des Staates Algier gibt Pfeiffer in einer Fußnote seines Lebensberichts genauere Auskunft:

»Der eigentliche Staat Algier zerfällt, mit Ausnahme der wenigen unter türkischer Botmäßigkeit stehenden Kabeili und der von sieben Kaid regierten oder vielmehr unterdrückten Fellach-Arabi (Ackerbau treibende Araber, fälschlich Mauren genannt), die unmittelbar unter dem Aga-Efendi (Kriegsminister) und Hotscha-Efendi (Domänenminister) stehen, in die drei Staathalterschaften (Beilik): Titteri, Constantine und Oran. Die Beys werden vom Dey gewählt und nach Belieben abgesetzt oder ermordet. Dagegen können sie die armen Arabi plündern und schlachten, wenn nur die jährlichen Summen, die sie dem Dey entrichten, recht groß sind. Die Beys wählen sich Unterstatthalter (Chalif), welche abwechselnd mit dem Bey die Charame (Tribut) eintreiben.«

Der Großteil der Bevölkerung lebte von der Landwirtschaft, die Küstenbevölkerung vom Fischfang. Die einzige zusätzliche Einnahmequelle bildete die Piraterie mit dem damit verbundenen Sklavenhandel. Teilweise basierten darauf auch die hohen Einkünfte des Dey, der ja von den christlichen Staaten Schutzgelder erpresste, damit die unter ihrer Flagge fahrenden Schiffe vor den algerischen Korsaren geschützt waren. So zahlten zu Ende des 18. Jahrhunderts beispielsweise Schweden, Neapel und Portugal zusammen jährlich 96 000 Piaster Tribut. Hamburg hatte 1751 mit dem Dey einen Vertrag abgeschlossen, der eine Geheimklausel mit der Aufzählung jährlicher Sachlieferungen für den Schiffsbau als »Geschenke« enthielt. An diesem merkwürdigen diplomatischen Gebaren beteiligten sich alle europäischen Mächte und die Vereinigten Staaten, wobei natürlich neben Algier auch die anderen Barbareskenstaaten bedacht wurden. Derartige Tributzahlungen hinderten die Kaperkapitäne aber nicht an Übergriffen. Sklaven wurden, wie wir im Folgenden am Schicksal Pfeiffers sehen, nicht nur auf dem Meer, sondern auch durch Menschenraub auf dem Lande gemacht.

Wie schon erwähnt, kam es immer wieder einmal zu kriegerischen Auseinandersetzungen bzw. Strafexpeditionen europäischer Staaten, die aber eher die Ausnahme als die Regel darstellten. Sklaverei wurde eben geduldet. Die Europäer konnten nicht verurteilen, was sie selbst vertraten und womit sie ihre guten Geschäfte machten. Auch manche biedere deutsche Seefahrer und ehrbare Kaufleute hatten sich daran beteiligt, denken wir nur an Joachim Nettelbeck, den berühmten Verteidiger Kolbergs gegen die Truppen Napoleons. Erst der Wiener Kongress führte zu einer Änderung. Der eingangs erwähnte J. W. von Goethe, der ja die Furcht vor Piraten selbst verspürt hatte, brachte es Jahre nach seiner Sizilien-Fahrt im II. Teil des »Faust« auf einen zutreffenden Nenner, wenn er Mephisto sagen lässt:

So haben wir uns wohl erprobt,
Vergnügt, wenn der Patron es lobt.
Nur mit zwei Schiffen ging es fort,
Mit zwanzig sind wir nun im Port.
Was große Dinge wir getan,
Das sieht man unsrer Ladung an.
Das freie Meer befreit den Geist,
Wer weiß da, was Besinnen heißt!
Da fördert nur ein rascher Griff,
Man fängt den Fisch, man fängt ein Schiff,
Und ist man erst der Herr zu drei,
Dann häkelt man das vierte bei;
Da geht es denn dem fünften schlecht,
Man hat Gewalt, so hat man Recht.
Man fragt ums Was, *und nicht ums* Wie.
Ich müsste keine Schifffahrt kennen:
Krieg, Handel und Piraterie,
Dreieinig sind sie, nicht zu trennen.

Wie immer und überall blieb in diesem schmutzigen Geschäft von »Krieg, Handel und Piraterie« vor allem der kleine Mann auf der Strecke; denn reiche oder gar hoch angesehene Gefangene wurden sehr rasch ranzioniert, d. h. losgekauft, wobei allerdings ursprünglich die ranghöchsten Gefangenen gar nicht in Algier verbleiben durften, sondern gleich an den Sultan nach Konstantinopel weitergeleitet werden mussten. Die gleichen Regierungen, die offiziell und heimlich ihre Tribute an die islamischen Piraten zahlten, verfügten über keinerlei staatliche Institutionen zum Rückkauf ihrer Landeskinder. Aber es gab überall offiziöse »Sklavenkassen«, die häufig von den Kirchen betreut wurden, so z. B. seit 1622 in Hamburg die »Casse der Stück von Achten«, so benannt nach der gebräuchlichen spanischen Münzsorte »Peso de à ocho« (Peso zu 8 Realen), die der Umrechnung in türkische Piaster zugrunde gelegt wurde. Die beiden bekanntesten Orden, die sich auf den Loskauf von Sklaven spezialisiert hatten, waren die Trinitarier oder Mathuriner (nach einer Kirche in Paris) und der spanische Orden »de la Mercy«.

Der Loskauf erfolgte keineswegs willkürlich; die Piraten waren reelle Geschäftsleute im Goeth'schen Sinne, die für ihre menschliche Ware feste Preise hatten. Für einen Kapitän mussten 3–4000 Piaster (etwa 6–8000 Goldmark) gezahlt werden, für Steuerleute die Hälfte, reiche Privatpersonen wurden von Fall zu Fall einzeln ausgehandelt, arme Teufel kamen nie mehr oder nur bei günstiger Finanzlage einer Sklavenkasse oder eines Ordens frei, wobei ältere Sklaven entsprechend billig zu haben waren.

Ehemalige Sklaven aus verschiedenen europäischen Ländern berichteten nach ihrer glücklichen Rückkehr in die Heimat über die Jahre in der Gefangenschaft. Der wohl früheste und zugleich literarisch bedeutendste Text ist zweifellos jene Erzählung eines ehemaligen Sklaven aus dem »Don Quixote«, in der der Dichter Miguel Cervantes eigene Erfahrungen aus seiner Sklavenzeit in Algier verarbeitete.

Seit dem 18. Jahrhundert schrieben auch ein paar Deutsche über ihre Schicksale. Drei von dem etwa halben Dutzend erhaltener derartiger Berichte wurden für dieses Buch ausgewählt. Sie umfassen den Zeitraum von etwa 1730 bis 1830. Neben manchen Gemeinsamkeiten lassen sie auch den Wandel erkennen, der sich in diesem Jahrhundert in den Barbareskenstaaten vollzog. Gemeinsam ist ihnen die Subjektivität der Aussage, die verständlicherweise die Frage nach der Wahrheit bzw. sachlichen Richtigkeit offen lässt. Das gilt vor allem für den ersten und den dritten Bericht.

Der sachlichste und offensichtlich fundierteste Text ist die kurze zweite Schilderung des Arztes Keßler. Aber gerade sie scheint ein gut gemachtes und durchaus sorgfältig redigiertes Phantasieprodukt zu sein. Laut einer Notiz in Hamberger-Meusels zeitgenössischer Bibliografie stammt der Text aus der Feder des Buchhändlers, Lehrers, Chirurgen und Schriftstellers Johann Ernst Daniel Bornschein. Dieser wurde 1774 in Prettin bei Merseburg geboren und starb 1838 in Gera. Er gehörte zu den fruchtbarsten Schriftstellern seiner Zeit und verfasste vor allem Unterhaltungsromane und -schauspiele. Es muss offen bleiben, ob er die »Reisen zu Wasser und zu Lande« tatsächlich selbst geschrieben hat, ob die Darstellung auf zeitgenössischem Originalmaterial bzw. der Schilderung eines Betroffenen basiert oder ob er sich die Urheberschaft vielleicht nur angemaßt hat. Im 14. Band des »Gelehrten Teutschland« wird jedenfalls Keßler selbst als Verfasser angegeben. In den modernen Darstellungen galt der Bericht bisher nie als Fiktion.

Keiner der folgenden drei Berichte erlangte besondere Bedeutung, die Autoren werden nicht in den biografischen Nachschlagewerken erwähnt. Lediglich Kühns Buch erlebte nach mehr als fünfzig Jahren 1797 eine zweite Auflage.

Die Lebensschicksale der drei Männer – ob fiktiv oder nicht, sei dahingestellt – ähneln einander. Kühn wurde nach eigenen Angaben im Vorwort seines Lebensberichts

1699 in Gotha als Sohn eines Metzgers geboren. Bis zu seinem 20. Lebensjahr übte er den Beruf des Vaters aus, dann packte ihn offensichtlich das Fernweh und er entschloss sich, mit Unterstützung der Eltern, »die Welt zu sehen«. Die Reise führte ihn aber zunächst nur bis in das nahe Erfurt zu seinem Taufpaten. Von da aus ging er dann doch nach Hamburg, wo er als Koch-Maat ausgerechnet auf einem Grönland-Fahrer anheuerte. Diese Touren galten als strapazenreich und führten zum Wal- und Seehundfang in das Polargebiet. Es folgten weitere Reisen nach Lissabon, nach Spitzbergen, an die spanische Küste nach Cadix, auf die Kanarischen Inseln und sogar nach Nordamerika. Schließlich heuerte er 1724, also im Alter von 25 Jahren, in Hamburg erneut für eine Spanienreise an, die aber von Anfang an unter einem unglücklichen Stern stand: Denn das Schiff, auf dem er fuhr, wurde an der spanischen Küste von einem algerischen Seeräuber gekapert. Ein Teil der Mannschaft fand dabei den Tod, der Rest, zu dem auch der verwundete Kühn gehörte, geriet in algerische Sklaverei in der er dann 14 Jahre zubringen musste. Warum es so lange dauerte und der Loskauf dann doch überraschend schnell erfolgte, geht aus den Schilderungen nicht ganz deutlich hervor. In einer (im Folgenden nicht abgedruckten) Erklärung gibt Kühn an, das Ganze sei ein verhängnisvoller Irrtum gewesen, da man angeblich vermutete, er sei längst frei und irgendwo verschollen. Jedenfalls wurde er erst 1739 losgekauft und reiste über Marseille in die Heimat nach Gotha. Hier hielt es ihn aber nicht lange und er ging nach eigenen Angaben 1740 erneut auf große Fahrt. Erstaunlicherweise erschien schon 1741 sein Bericht über die Sklavenjahre, den er zwar »selbst aufgesetzt« hatte, der aber, wie im Titel vermerkt, von einem anderen niedergeschrieben wurde, von dem wir nur die Initialen kennen. Danach verliert sich die Spur Kühns.

Aus der »Lebens- und Reisebeschreibung« wurden nur einige wichtige Teile ausgewählt. Das gesamte Buch umfasst 27 Kapitel, von denen sich die ersten acht mit den Erlebnissen des Autors beim Walfang beschäftigen. Die folgenden 19 behandeln die Sklavenjahre in Algier und die Heimkehr. Kühn gibt eine recht ausführliche Schilderung seiner Gefangenschaft. Bemerkenswert ist dabei vor allem die Tatsache, dass er, wie andere Sklaven auch, von seinem Besitzer an einen Kaperkapitän vermietet wurde und als Matrose an Piratenfahrten teilnehmen musste. Brachte die Fahrt Gewinn, also eine oder mehrere Prisen, dann wurde der Sklavenbesitzer entsprechend seinem Einsatz daran beteiligt. Die Kapitäne mussten sorgfältig mit den »Ausstattungsstücken Mensch« umgehen, waren sie doch bei deren Verlust dem Besitzer oder Vermieter ersatzpflichtig. Das führte zu so grotesken Situationen, wie sie Kühn am Ende seines Berichts über die zweite Kaperfahrt schildert. Er nahm nach seinen Angaben an mehreren derartigen Piratenunternehmen teil und berichtet ausführlich davon. Da diese aber einander ähnelten, erschien es nicht notwendig, alle diese Schilderungen aufzunehmen.

Ebenfalls gekürzt wurden einige besonders drastisch ausgemalte Bestrafungs- und Hinrichtungsszenen, die dem Geschmack und dem Interesse der damaligen Leser entgegenkamen. Man muss dabei beachten, dass solche Strafen nicht Selbstzweck waren und in vielen Fällen auch nicht vorschnell oder leichtsinnig verhängt wurden; denn Sklaven waren wertvolle Arbeitskräfte und ihr Loskauf sollte stets Gewinn erbringen. Wer eine harte Strafe wie etwa eine schwere Bastonade überstanden hatte, wurde deshalb gesund gepflegt, um wieder einsatzfähig zu sein. Selbst vor härtesten Bestrafungen erhielt der Betroffene auch verschiedentlich die Gelegenheit ihnen durch Übertritt zum Islam zu entgehen oder sie zumindest abzumildern. Wo die Strafe aber der Abschreckung diente, wurde sie entsprechend grausam vollzogen.

Neben den erwähnten Kürzungen musste der Text sprachlich bearbeitet werden, wobei der biedere Stil des Erzählers ebenso beibehalten wurde wie seine verbalen

Ausfälle gegen die Mohammedaner. Sie sind typisch für die Zeit, in der ja weder die Türkengefahr an der Südostgrenze des deutschen Reiches noch die Piratengefahr im Mittelmeer gebannt waren, sodass die Europäer beunruhigt waren. Die Kapitelzählung entspricht nicht dem Original.

Verhältnismäßig kurz und schlüssig ist der Bericht Johann Friedrich Keßlers, der nur einen kleinen Teil seines Buches bildet, das vor allem sehr ausführlich auf die spätere Militärzeit des Autors in Spanien eingeht. Ist er tatsächlich, wie schon oben erwähnt, eine fiktive Schilderung, gilt für ihn zumindest das alte römische Sprichwort »Si non è vero, è ben trovato – wenn es nicht wahr ist, so ist es doch gut erfunden«.

In der Einleitung erzählt Keßler, er sei 1742 als Sohn eines Hofapothekers in Altenburg geboren. Als Kindheitslektüre nennt er die damals überall beliebten Robinsonaden, allen voran Schnabels »Insel Felsenburg«. Mit 16 Jahren kam er bei einem Wundarzt in die Lehre, lernte aber nur das Rasieren und Schröpfen. Als 1760 zwei preußische Regimenter Winterquartier in Altenburg bezogen, lernte Keßler einen Feldscher kennen, dem er sich anschloss, und trat daher in preußische Dienste. 14 Jahre arbeitete er als Feldscher und Regimentschirurg, dann entschloss er sich im Alter von 33 Jahren 1775 als Schiffsarzt auf einem französischen Schiff anzuheuern. Zu diesem Zeitpunkt setzt der im Folgenden abgedruckte Teil des Lebensberichts ein. Noch im gleichen Jahr wurde Keßler bei einem Angriff auf ein Korsarenschiff schwer verwundet und geriet in algerische Sklaverei, in der er glücklicherweise nur drei Jahre zubringen musste, die er nach anfänglichen Schwierigkeiten infolge seiner Verwundung dank seiner Kenntnisse als Barbier verhältnismäßig gut überstand. Seine Freiheit erhielt er durch die Vermittlung eines jener spanischen Orden, die sich auf den Loskauf von Sklaven spezialisiert hatten und dabei im Stillen viel Gutes erreichten. Allerdings musste Keßler dafür in spanische Dienste treten, in denen er 25 Jahre verblieb. Danach kehrte er in seinem 61. Lebensjahr in die Heimat zurück. Sein Lebensbericht erschien 1805. Der die Sklavenjahre betreffende Abschnitt wurde um eine kurze Beschreibung der Stadt Algier und ihrer Bewohner gekürzt, sonst aber nur in der Rechtschreibung modernisiert.

Der wohl wichtigste Text dieses Buches stammt von Simon Friedrich Pfeiffer. Dieser wurde 1807 in Rheinhessen geboren. Nach dem frühen Tod der Eltern sorgten Bekannte für seine Ausbildung. Mit 13 Jahren kam er zu einem Chirurgen in die Lehre, mit 15 ging er nach Amsterdam, trat in holländische Dienste und kam als Kadett in ein Schiffshospital. Bald danach wurde er auf eine Fregatte versetzt, die zum Schutz von Handelsschiffen im Mittelmeer kreuzte. Die Fahrt führte ihn vorbei an Gibraltar nach Port Mahon auf Menorca, dann nach Neapel, Malta, zu den griechischen Inseln und schließlich vor die kleinasiatische Küste bei Smyrna. Hier wurde er im Juli 1825 bei einem Landausflug von Räubern überfallen, entführt und auf ein Kaperschiff verkauft, das ihn nach Algier brachte. Dort musste er sechs Jahre in der Sklaverei zubringen. Immerhin hatte er Glück im Unglück; denn seine medizinischen Kenntnisse und chirurgisch-handwerklichen Fähigkeiten, mehr aber noch eine tüchtige Portion Selbstvertrauen und jugendliche Unbekümmertheit verschafften ihm mit 21 Jahren den Posten eines Arztes bei einem Minister.

In seiner neuen, privilegierten Stellung, die ihn weit über seine Leidensgenossen hinaushob, erlebte er schließlich die Eroberung Algiers durch die Franzosen. Hier ist er für uns ein wichtiger Augenzeuge, dessen Bericht bisher zu wenig beachtet wurde. Der Sieg der Franzosen brachte ihm auch die erhoffte Freiheit. Eine Möglichkeit, in französische Kolonialdienste zu treten, nutzte er nicht, sondern er kehrte 1831 in die Heimat zurück. Sein ungemein lebendiger und in vielerlei Hinsicht auch aufschlussreicher Lebensbericht erschien drei Jahre später. Gleichzeitig veröffentlichte Pfeiffer auch eine »Beschreibung des Staates Algier«, die als Anhang zu seinem Bericht, aber auch unabhängig davon erschien.

Der Text des Lebensberichts wurde ungekürzt wiedergegeben und lediglich in der Rechtschreibung angeglichen, sodass ein guter Eindruck des Originals bestehen bleibt. Verzichtet wurde lediglich auf ein gutes Dutzend längerer Anmerkungen. Wo sie besonders wichtig erschienen, wurden sie in den Text einbezogen.

Johann Michael
Kühn

Merkwürdige Lebens- und Reisebeschreibung

Gotha 1741

Kapitel 1

Ich war gerade wenige Tage in Hamburg, als mein jüngerer Bruder aus Gotha zu mir kam, der gleichfalls große Lust zur Seefahrt verspürte. Ich verheuerte ihn auf ein Schiff, das segelfertig nach Lissabon lag, nahm selbst aber wieder Dienst als Matrose bei Kapitän Hasenberg, um ein zweites Mal nach Cadix zu reisen. Ich weiß nicht wie mir damals war, als ich das Schiff zusammen mit anderen Kameraden das erste Mal betrat. Es ging alles durcheinander, der Kapitän verließ dreimal das Schiff, weil er Verschiedenes vergessen hatte, ich bildete mir bald einen schweren Sturm ein, in dem wir ersaufen müssten, bald bildete ich mir sonst ein Unglück ein, in summa, ich habe gleich anfangs das Schiff mit zitternden Gliedern betreten und einen heimlichen Kummer verspürt, sodass mich etliche Matrosen für melancholisch hielten, da sie von mir nicht gewohnt waren, dass ich mich so aufführte.

Zur unglücklichen Stunde liefen wir endlich von Hamburg aus und kamen am 17. Dezember 1724 bis unter Cuxhaven, hier lagen wir bis zum 27. vor Anker, dann liefen wir in die Nordsee aus. Uns begegnete ein schwedisches Schiff, mit dem wir sechs Tage gemeinsam segelten, bis es uns verließ. Wir haben wegen schweren Wetters und beständig widrigen Windes sieben ganze Wochen in der Nordsee zugebracht. Nachdem wir nun bei großer Kälte den Kanal passiert hatten, sind wir mit zwei Ostindischen Holländischen Compagnieschiffen gefahren, bis sie uns zu unserem größten Unglück am Cap St. Vincent verließen und ihren Kurs auf die offene See nahmen. Das geschah am 24. Februar, an dem Tag, bevor wir mit den verfluchten Türken handgemein wurden, denn am 25. Februar früh erblickte einer von unseren Matrosen namens Christoph Menersen aus Westfalen oben im Mars ein fremdes Schiff, er erkannte, dass es wegen seiner Grö-

Titelbild und -seite des Werkes von Johann Michael Kühn

Johann Michael Kühns
merckwürdige
Lebens-
und
Reise-Beschreibung,
worinnen nicht nur

Dessen Schiffahrten nach Grönland und Spitzbergen, Strat Davis, denen Canarischen Insuln und Lissabon erzehlet,

sondern auch seine darauf erfolgte

Algierische Gefangenschafft und

Vierzehenjährige Sclaverey,

in derselben

mitgethane Caper-Fahrten,

und darbey ausgestandene Gefährlichkeiten,

Nebst besondern Erzehlungen vom Wallfisch-Fange, Sclaven-Stande in Algier, wie auch Sitten und Gebräuchen derer Inwohner daselbst,

letztlich noch

Dessen endliche Rantzionirung,

Reise durch Franckreich nach Hamburg, und Ankunfft in seinem Vaterlande,

aufrichtig beschrieben werden,

Von dem Autore selbst aufgesetzt, und dem Publico mitgetheilet durch

P. I. G.

Gotha, verlegts Johann Paul Mevius,
Hof-Bücher-Livrant und Buchhändler daselbst, 1741.

ße kein Kauffahrtei-Schiff sein konnte, erschrak und rief überlaut: »Ein Türke, ein Türke!«, dass keiner vor Angst wusste, wo er bleiben sollte. Als nun der Kapitän Hasenberg den Räuber erkannt hatte, sagte er: »Liebe Kinder, es ist ein wirklicher Räuber, wir müssen nun eins von beiden erwählen, entweder Sklaverei oder den Tod, fliehen können wir nicht. Allons! Wer mir nachfolgen will, dem wird Gott Gnade und Kräfte verleihen.« Mit diesen Worten wurden wir sämtliche zu tapferer Gegenwehr angespornt, wir ermunterten uns danach selbst und versprachen, einander bis auf den letzten Blutstropfen beizustehen und uns bis auf den letzten Mann zu wehren. Unser Schiff war mit 18 Kanonen und 28 Mann besetzt, die alle bereit waren für ihre Freiheit zu sterben. Die Geschütze wurden hergerichtet, wir stellten uns in Positur, um unser Leben oder unsere Freiheit dem türkischen Hund teuer genug zu verkaufen, da es nicht möglich war zu entfliehen und wir uns auch nicht einbilden durften, so ohne Schaden von ihm wegzukommen. In der Zeit, da wir uns zur Gegenwehr vorbereiteten, segelte das türkische Schiff immer näher an uns. Nun hatte unser Kapitän die Stückpforten verschließen lassen, damit der Feind unsere Stärke nicht wissen sollte. Die gesamte Mannschaft wurde mit Gewehren ausgerüstet auf das Oberdeck des Schiffes gestellt, damit uns der Feind für zu stark hielt und nicht gleich zu entern versuchte, während wir unsere Kanonen auf den türkischen Hund lösen und ihm eine Schlappe beibringen wollten.

Aber was für ein Spektakel war es, als wir die Türken auf ihrem Schiff näher an uns rücken sahen. Wer solches nie gesehen, der muss gestehen, dass das barbarische Aussehen, ihr Geschrei und ihre drohenden Gebärden schon Angst erwecken können, zumal auf einem Schiff, von dem man nicht flüchten kann. Sobald die Türken uns auf einem halben Kanonenschuss nahe gekommen waren, zeigten sich einige hundert Mann mit großen Knebel-Bärten, nackten Armen und die blanken Säbel in der Hand. Da sie uns nun zur Gegenwehr gefasst antrafen, so fingen sie ein entsetzliches Geschrei an und segelten gerade an unser Schiff, um es in einem Sturm zu bekommen, weil sie bei uns keine Kanonen vermuteten. Aber unseres Kapitäns Vorhaben war glücklich ins Werk gesetzt, zumal als sie das Geschrei anfingen, mussten diejenigen von unserer Besatzung, die für die Stücke bestellt waren, unverzüglich an ihren Posten gehen, sodass die Türken vermuteten, wir würden uns verkriechen. Sobald nun auf unserer Seite die Blutfahne aufgesteckt war, bekamen die Kanoniere ihr Signal, wonach sie die Stückpforten augenblicklich öffneten und die Türken eine volle Lage aus unseren Kanonen empfingen. Das Schiff wurde gedreht und die Kanonen der anderen Seite ebenfalls gelöst, dadurch verursachten wir bei den mit den Säbeln drohenden Gegnern große Verwirrung, zumal, wie ich nachher erfahren habe, durch diese erste Salve mehr als 20 Türken ihre verfluchten Seelen ausbliesen. Diese hatten solches nicht vermutet, lösten aber nun ihre Kanonen auf uns, trafen jedoch nur die Vorstangen, Masten und Rahen. Wir wehrten uns tapfer und in den ersten drei Stunden wurde auch kein Mann verwundet. Wir schossen so gut auf den Feind, dass dieser nicht bei uns anzulegen wagte. Die Türken feierten aber auch nicht, sondern schossen uns erst die Fockvorstange entzwei, dann den ganzen Fockmast. Das Schießen hatte bis zwei Uhr am Nachmittag gedauert, als uns die Türken einen Waffenstillstand anboten, indem sie eine weiße Flagge aufsteckten. Es war aber nur eine List, weil sie unsere Stärke gerne wissen wollten, deshalb warf ihnen unser Kapitän vor, er wüsste wohl, dass die türkische Parole nicht weit her wäre. Sogleich fingen die Türken mit entsetzlichem Geschrei wieder an, sodass uns die Haare zu Berge stiegen und wir armen Deutschen zwischen Furcht und Hoffnung schwebten, was aus uns werden solle. Unter Geschrei hatten sie sich wieder auf Deck mit Gewehren aufgestellt, feuerten von nun an mit keiner Kanone mehr, weil unser Schiff ohnehin nicht in der Lage war zu flüchten, sondern sie bekämpften uns mit Gewehrfeuer, das wir ebenso erwiderten und dabei manchen Türken zur Erde streckten.

Unser Kapitän rief uns Mut zu und mit seinem Beispiel ermunterte er die ganze Mannschaft, so dass wir vor dem türkischen Feuer nicht zurückwichen, sondern uns aufs Herzhafteste wehrten und den Streit den ganzen Tag löwenmutig aushielten, bis die einbrechende Nacht uns beiderseits Stillstand gebot. Als wir merkten, dass wir Ruhe hatten, suchten wir durch die Hilfe der Nacht dem Feind zu entweichen, obwohl die Mühe vergebens war; denn ungeachtet, dass wir an diesem Tag acht Tote und elf Verwundete hatten, so war unser Schiff teilweise seines Gerätes beraubt, sodass wir unmöglich fliehen konnten. Diese Nacht hatten wir insoweit Ruhe, als wir vom Feind nicht belästigt wurden, aber sonst sehr wenig, da wir nur noch neun gesunde Personen waren, die beständig am Schiff arbeiteten, so gut es ging. Wir versprachen auch einander nochmals bis auf den letzten Mann zu fechten und uns lieber alle totschießen zu lassen, als uns zu ergeben, und wir erwarteten den anbrechenden Morgen mit Schmerzen. Am 26., früh mit Tagesanbruch, rückte das türkische Schiff auf einen halben Kanonenschuss wieder an uns heran und hatte eine weiße Fahne aufgesteckt, als Zeichen, dass wir uns ergeben sollten. Aber statt einer Antwort bekam es eine Salve von den Kanonen. Sie antworteten aber mit kleinem Gewehr und feuerten so abscheulich in unser Schiff, dass sich keiner von uns mehr sicher wusste. Sie feuerten aber selbst nicht mit den Kanonen, weil sie das Schiff unzerschossen in ihre Gewalt bekommen wollten. Wir aber feuerten dennoch mit unseren Kanonen, obgleich wir nur noch ein oder zwei laden konnten. Es fielen noch etliche von uns.

Vormittags um 9 Uhr fuhr mir eine Kugel zwischen zwei Fingern an der linken Hand hindurch, als ich eben mein Gewehr laden wollte, und machte mich dadurch wehrlos. Beide Finger waren entzweigeschossen, was mir einen großen Schmerz verursachte. Ich band ein Schnupftuch darum und als ich das Blut gestillt hatte, ergriff ich meinen Säbel mit der gesunden rechten Hand, um mit diesem das Schiff bis aufs Äußerste verteidigen zu helfen. Nunmehr schien es, als ob wir uns in kurzem würden ergeben müssen, als die Türken plötzlich mit Feuern innehielten und wir wohl merken konnten, dass sie die eine oder andere Kugel unter Wasser von uns bekommen hatten, dieses aber nicht auspumpen konnten, weshalb das Volk an drei Pumpen gestellt war, damit sie nicht versanken. Wenn wir damals nur 15 Mann stärker gewesen wären, hätten wir uns nicht ergeben müssen. Nachmittags fuhren die Türken ganz nah an uns an unser Schiff. Als wir merkten, dass sie nun Ernst machten uns zu kapern, so sprachen wir einander noch einmal Mut zu und schworen zu Gott, wir wollten den Hunden eine Schlappe beibringen und sollten sie uns alle darüber in die Pfanne hauen. Alle, die nicht zu stark verwundet waren, bewaffneten sich erneut. Die Barbaren legten an unser Schiff an, ohne einen Schuss abzugeben, wir taten desgleichen, ließen uns aber nicht blicken. Als wir merkten, dass die Hunde beim Herüberspringen brüllten und ihrer genug auf unserem Schiff waren, sprangen wir wie die Furien aus unseren Löchern heraus. Unser Zimmermann hieb das Tau entzwei, mit dem sie sich an uns gehängt hatten, das Schiff wurde abgestoßen und wir begannen ein entsetzliches Massaker unter dem verzagten Lumpengesindel, sodass von 14 Mann, die auf unser Schiff kamen, nicht einer am Leben blieb, sondern alle über die Klinge springen mussten. Wir warfen sie im Angesicht ihrer Gefährten über Bord ins Meer.

Während des Gefechts konnten die Feinde nicht auf uns schießen, aus Furcht ihre eigenen Kameraden zu treffen. Als wir ihnen aber den Garaus gemacht und sich der Rauch verzogen hatte, begann das Feuer von neuem, sodass noch zwei von uns fielen und einige verwundet wurden. Wir hatten nach zweitägiger Gegenwehr uns derartig verschossen, dass wir keinen Schuss umsonst tun durften und mit den Kanonen hatten wir seit vormittags nicht mehr feuern können. Als sie unsere Schwäche merkten, legten sie noch zweimal auf uns an, wurden jedoch das erste Mal tapfer abgewehrt, als wir beim zweiten Mal aber nur noch fünf kampffähige Leute waren, vermochten wir uns nicht mehr zu wehren, mussten endlich der Menge weichen und uns leider an den Türken ergeben.

Damit hatte mein heimlicher Kummer ein Ende, da ich nunmehr sah, warum ich so schwermütig auf das Schiff gegangen war. Hierauf fingen die Türken ihrer Gewohnheit nach ein Jubelgeschrei an, sprangen haufenweise auf unser Schiff, durchsuchten alle Winkel und zogen die übrig gebliebenen Matrosen hervor, wo sie diese nur finden konnten. Die armen Verwundeten schrien erbärmlich und baten um Gnade, aber man schleppte uns einen nach dem andern, Gesunde und Verwundete, auf das türkische Schiff. Hier wurden wir zur Erde geworfen, einer hier, der andere dort von etlichen Türken angepackt und der Kleider beraubt, sodass wir ihnen ganz nackt zum Gespött und Gelächter dienen mussten, bis sie uns etliche alte Lumpen zuwarfen, damit wir kaum die Scham bedecken konnten. Beklagte sich einer über ein Unrecht oder murrte auch nur, so bekamen wir so viele Rippenstöße und Schläge, dass es zu bejammern war, zumal wir alle verwundet waren. Als wir versorgt wurden, ging der türkische Feldscher barbarischer mit uns um als wenn einer in Deutschland die Tortur aussteht. Sobald wir uns darüber beklagten oder vorschlugen, uns selber zu verbinden, bekamen wir statt einer Antwort Prügel genug. Unser ehemaliges Schiff wurde sogleich von Türken besetzt und wir befanden uns in der allerelendsten Sklaverei.

Die ersten zwei Tage bekamen wir nicht ein bisschen Brot und keinen Trunk Wasser, dabei hätten wir vergehen mögen, und wenn wir darum baten, wurden wir entweder ausgelacht oder bekamen etliche Fußtritte. Der ehemalige Obersteuermann starb an seinen Wunden, die wohl hätten geheilt werden können, wenn der henkermäßige Feldscher ihn nicht behandelt hätte. Er hatte einen Schuss unter der rechten Hüfte und einen durch den Arm ins Fleisch bekommen und wurde nun nackt in das Wasser geworfen. Auf diesem barbarischen Schiff erfuhren wir, dass die Türken zuletzt ganz kleinlaut geworden waren, da sie an die 40 Tote und viele Verwundete zählten, es sei ihnen der Mut fast völlig gesunken, als ihr Schiff leckgeschossen war und es mit Pumpen über Wasser gehalten werden musste. Sie hätten aber zugleich bemerkt, dass wir sehr schwach gewesen waren, da wir uns nicht geregt hätten und nur auf Gegenwehr bedacht gewesen seien. Sie knirschten auch ziemlich mit den Zähnen als sie sahen, dass wir so wenige gewesen waren, die sich so lange gewehrt hatten; denn es waren nur noch fünf halbwegs gesunde und 13 verwundete Matrosen. Dabei hatten sie sich eingebildet, 30 bis 40 Sklaven zu machen!

Unsere Kost bestand danach aus etwas altem geschrotenen Gersten-Biscutto, einigen Oliven, einem Trunk Wasser nebst Schlägen genug zum Zugemüse. Wir bekamen danach sehr böses Wetter und einen beständigen starken Südwestwind, der uns fast noch zwei Monate in der spanischen See festhielt, unsere Räuber kreuzten hin und wieder, um noch eine Prise zu erhaschen, obwohl sie wegen widerlicher Winde die Straße von Gibraltar nicht erreichten, zumal unser gekapertes Schiff ohnehin nicht folgen konnte. Wir segelten also nach vielen Verdrießlichkeiten am 18. April in die Straße von Gibraltar und kamen endlich am 24. im Hafen von Algier an, wo uns das Kastell mit 16 Kanonenschüssen begrüßte. Der Räuberkapitän ließ sich mit etlichen seiner vornehmsten Gefährten gleich an Land setzen, wir Sklaven aber und die meisten Türken blieben an Bord, bis am 26. April Kapitän Hasenberg nebst den vier gesunden Personen in die Stadt Algier gebracht wurde.

Am 27. April mussten wir Verwundeten auf einem Boot an Land gehen und wurden von etlichen bestialischen Begleitern auf den Padissan oder Menschenmarkt gebracht.

Weil dies eben der Karfreitag war, so seufzte ich zu meinem Erlöser, tröstete mich seines Leidens und fand dadurch viel Gelassenheit in mir selbst. Sogleich führte mich ein Ausrufer auf diesem Sammelplatz allen irdischen Jammers zum öffentlichen Verkauf herum und bot mich feil. Nun fanden sich zwar einige Kaufleute ein, die aber nicht genug geben wollten, weshalb der Räuber, der uns gefangen genommen hatte, selbst etwas Geld auf mich setzte, der Ausrufer führte mich alsdann noch einmal herum und schrie »Arache!« oder »Wer gibt mehr?«. Als sich aber niemand fand, der mehr bezahlen wollte, wurde ich einstweilen mit einer schweren Kette gebunden, in ein dunkles Loch gesteckt, und das war mein erstes Nachtquartier in dem verfluchten Algier. Am heiligen Osterabend musste ich eben wieder den vorigen Reigen tanzen und stand danach den ganzen Vormittag, ohne dass jemand etwas mehr auf mich geboten hatte, bis zu Mittag ein Türke mit einem Juden kam, der mich splitternackt besah, wie ich aus dem Mutterleib gekommen war, die Hände betastete, mich laufen und springen hieß, dieser wagte gleich eine höhere Summe für mich zu bezahlen, weil aber mein Räuber sich auch dazu verstand, wurde ich ihm zugeschlagen. Wie viel er aber für mich bezahlt hatte, habe ich nicht erfahren können.

Sobald mich mein Patron gekauft hatte, ließ er mir eine zwölfpfündige Kette in einer Schmiede um Hand und Fuß legen und in solchem Schmuck musste ich mit ihm nach seinem Logis traben, welches 200 Schritte vor dem Tor Bab-el-Sand in einem Garten lag und aus einem ziemlich fest gebauten Haus bestand. Sobald ich da angelangt war, zeigte mir der Patron hinter seinem Haus ein Loch, wie ein Hundeloch, das weit unter die Erde ging, und befahl mir unverzüglich da hineinzukriechen mit folgenden Komplimenten: »Hier, unten, ist dein Quartier.« Ich erschrak heftig, konnte mich der Tränen nicht enthalten, bekam dafür ein paar Rippenstöße und musste mich also bequemen auf allen vieren hineinzukriechen. Ich fand hier einen gewölbten Keller ohne Fußboden, der in einem Teil hoch, am anderen niedrig war, am Ende aber lag ein Pfuhl voll allerlei Ungeziefers und vorn, wo wir logierten, fraßen uns die Mäuse und Ratten bald lebendig auf. Zu meinem größten Trost traf ich hier zwei von meinen Kameraden an, nämlich den Untersteuermann und die Magd des Bootsmannes, die mein Patron auch gekauft hatte. Außerdem befanden sich noch fünf Sklaven darin, die Spanier und Italiener waren und sich wenig um uns kümmerten, weil sie sich schon an das Elend gewöhnt hatten. Von unserer übrigen Mannschaft hatte der Dey den Kapitän, den Schiffszimmermann, den Barbier, den Schmied und einen Jungen von 12 Jahren gekauft, wo aber die Übrigen hingekommen waren, habe ich mein Lebtag nicht erfahren können. Wir bekamen zwei Ruhetage und ich wurde an meiner Verwundung alle Tage zweimal verbunden, sobald aber diese Zeit vorüber war, erhielten wir den Befehl auf dem Schiff unseres Patrons zu arbeiten, wobei dieser Lump durch einen Juden auf allerlei listige Art nach unserer Heimat, Vermögen, Profession etc. fragen ließ. Er erfuhr aber wenig oder gar nichts.

Zu bejammern ist es, dass auch hier die Christen der Liebe so sehr gegeneinander vergessen. Denn wenn die Sklaven auf den Markt geführt werden, finden sich gleich viele alte Sklaven ein, die sie genau besichtigen, kennen sie einen darunter, geben sie es bei den vermögenden Türken an, mit dem Hinweis ihn zu kaufen, er habe Mittel, stehe in guten Umständen und könne sich wohl loskaufen. Dafür erhalten sie ein Trinkgeld. Der arme Sklave aber, der leugnet, wird bald durch die Peitsche des Wächters zum Bekenntnis genötigt und wird dann ernsthaft nur an seinen Freikauf denken, wenn er seine Hölle nicht auf Erden finden will. Die Türken wollen so klug sein, dass sie sich rühmen, aus der Physiognomie unfehlbar zu wissen, ob einer aus einem vornehmen Geschlecht stammt oder nicht. Darin betrügen sie sich aber selbst und mancher arme Schelm, der einen guten Empfehlungsbrief im Gesicht trägt und sonst wohl nicht einen Heller im Vermögen hat, kann dadurch in größte Gefahr geraten. Ich hatte das Glück, dass mein Patron mein Geständnis, ich sei blutarm, von Anfang an glaubte, und blieb also künftighin von allen weiteren Ansprachen verschont.

Kapitel 2

Obwohl ich und der ehemalige Steuermann, wie bereits erwähnt, beide schwer blessiert waren, mussten wir doch auf Befehl unseres Patrons unser ehemaliges Schiff zur Kaperei ausrüsten. Es ging sehr sauer her, weil ich nur mit einer Hand arbeiten konnte. Das wollte aber nichts helfen, und ich musste, um Prügelsuppe zu vermeiden, mein Äußerstes tun, da hier jeder unfehlbar Schläge bezog, wenn er sein aufgegebenes Tagewerk nicht vollendete. Dabei mussten wir unser Brot eine Viertelstunde weit holen und noch täglich zweimal zum Barbier gehen, um uns verbinden zu lassen, welches uns allemal ein ziemliches Stück Zeit kostete: Wenn wir das Versäumnis einbringen wollen, durften wir uns also nicht viel umsehen.

Unser Brot ähnelte jenem geschrotenen und gedörrten Gerstenteig, womit man in Deutschland und besonders in Thüringen die Gänse zu mästen pflegt. Ich wünschte mir oftmals diejenigen Brocken zu meiner Labsal, mit denen ich mich daheim in meines Vaters Haus mit meinen Brüdern aus Leichtsinn beworfen hatte. Ich wurde binnen vierzehn Tagen so weit kuriert, dass ich mit meiner Hand wieder völlig zugreifen konnte, obwohl die beiden zerschossenen Finger lahm und steif blieben.

Einstmals, als das Schiff fast ausgerüstet war und ich mit dem Steuermann vom Brotholen wieder auf das Schiff kam, erhielten wir Befehl, eine Anzahl von 10- und 15-pfündigen Stückkugeln unter Verdeck zu bringen. Weil das nun eine sehr saure Arbeit war, so setzten wir uns ein paar Minuten nieder, um auszuruhen. Wir wussten aber nicht, dass uns der Patron im Auge hatte. Dieser befahl uns augenblicklich auf das Deck des Schiffes zu kommen und uns niederzulegen. Einige Sklaven mussten uns an Händen und Füßen festbinden, worauf der barbarische Patron jedem mit einem Stück Tau fünfzig Schläge auf den Hintern gab. Nach Verlauf einer halben Stunde kam er wieder und gab einem jeden noch einmal so viele Hiebe als vorhin; ich krümmte mich wie ein Wurm und brüllte aus Leibeskräften, hatte auch meine Hände an den Stricken, womit sie gebunden waren, bis auf die Knochen wund gerieben, es half aber bei diesem Hund alles nichts. Ich rief meinen Gott an, dass er doch des Patrons Herz erweichen möchte, damit er aufhöre zu schlagen, aber der Hund hatte seinen Gefallen daran, wenn wir tapfer heulten. Sodann ließ er uns wieder eine Stunde liegen und nachmittags so gegen 4 Uhr bekam jeder wieder hundert Schläge. Ich hatte meinen Hals schon so wund geschrien, dass ich nicht mehr konnte. Als wir so an die sechs Stunden auf dem Deck gelegen hatten, wurden wir losgebunden. Ich aber konnte mich nicht rühren, viel weniger stehen oder sitzen, deshalb mussten uns die anderen Sklaven wegschleppen, die uns in eine Ecke brachten, wo wir wie das Vieh lagen, indem wir uns auch ohne die vielen Schläge so abgemattet hatten, dass wir uns je eher je lieber den Tod wünschten. Ein anderer Sklave, ein Genueser und frommer Kerl namens Franz, brachte uns zur Erfrischung jedem einen Trunk Wein nebst etwas weißem Biskuit, wiewohl solches heimlich geschah. Wir dankten Gott und diesem Christen Franz tausendmal dafür, dieweil wir auch den ganzen Tag vom Patron nichts zu essen bekommen hatten. Des andern Tags früh mit Tagesanbruch mussten wir wieder an die Arbeit, obwohl wir kaum allein aufrecht stehen konnten, aber die Furcht vor unserm Hund und dessen Tau lehrte uns wohl Kugeln schleppen, dabei hätten wir umfallen mögen.

Von nun an lernte ich mich allmählich in mein Unglück

fügen und gewöhnte mich so an Arbeit und Schläge, dass ich sie nicht mehr achtete. Die Zurüstung des Schiffes schritt langsam fort, weil es in dem starken Combat, den wir mit ihm gehabt hatten, schwer gelitten hatte. Ich habe von Ostern des Jahres 1725 bis Anfang August am Schiff meistenteils mitgearbeitet, weil wir nur sechs Sklaven waren, die fast alles schaffen mussten. Danach musste ich, als es auslief, auf demselben ordentliche Matrosendienste leisten. Den 4. August und an den nachfolgenden Tagen wurde die Equipage ins Schiff transportiert. Wir waren an die 300 Mann stark, darunter ohne uns sechs noch zwölf erborgte Sklaven. Das Schiff hieß »Goldene Sonne« und führte 44 Kanonen. Der Patron oder Schiffskapitän war von der Insel Scio gebürtig und hieß Barbanegro, ein boshafter und tyrannischer Mann.

Als wir zum Auslaufen fertig waren, segelten wir aus dem Hafen heraus, legten uns aber wegen widrigen Windes auf der Reede vor Anker. Hier warteten wir an die 14 Tage, bis derselbe günstig wurde. Neben uns lag noch ein anderer bewaffneter Räuber, dessen Schiff hieß »Weißes Pferd«, führte 40 Kanonen und 330 Mann und machte mit unserem Kapitän Compagnie. Wir segelten also mit gutem Westwind von Algier ab ins Mittelländische Meer und nahmen unseren Kurs gegen die spanische Küste, die wir am fünften Tag danach erblickten. Wir liefen die Küste von Valencia und Granada unter englischen Flaggen an, soweit das möglich war, und durchkreuzten die ganze Gegend, doch ohne Erfolg.

Wir waren dreizehn Tage gesegelt, als wir unweit Malaga eine Barke erblickten. Deshalb setzten wir sogleich eine Schaluppe mit zwanzig Türken aus und schickten sie ihr nach. Sie taten ihr Äußerstes, um den Wall zu erreichen, aber vergeblich; denn unsere Schaluppe holte sie nach Verlauf einer Stunde ein, bemächtigte sich ihrer und brachte sie ans Schiff. Sie war mit neun Mann besetzt gewesen, von denen einer in die See gesprungen war, um sich durch Schwimmen zu retten. Wir haben aber nicht erfahren, ob er glücklich das Ufer erreichte, das noch eine Meile entfernt lag. Von den andern acht bekamen wir vier als unseren Anteil. Sie wurden unter erbärmlichem Winseln und Wehklagen ihrer Kleider beraubt, in alte Lumpen gesteckt und in die Eisen geschlagen. Die Ladung der gekaperten Barke, die in Limonen und Zwiebeln bestand, wurde auch geteilt und die Barke danach zerschlagen und als Brennholz verwendet.

Am 9. September durchsegelten wir die Meerenge bei Gibraltar und liefen in die Spanische See. Zuerst kreuzten wir außerhalb des Golfes von Cadix, liefen dann um das Cap St. Vincent herum und entlang der portugiesischen Küste und waren schließlich, ohne ein fremdes Schiff zu sehen, bis auf die Höhe von Porto gekommen, wo resolviert wurde wieder umzukehren, weil ohnehin der Wind damals von Nordwest, uns also contrair, wehte. Da wir nun ganze drei Wochen die Küste entlanggesegelt und bis auf die Höhe von Lissabon gekommen waren, erblickten wir zwei fremde Kauffahrtei-Schiffe. Augenblicklich wurde Anstalt getroffen sie anzugreifen. Unsere beiden Schiffe trennten sich, um sie in die Mitte zu bekommen. Sie mochten aber Unrat gemerkt haben; denn als wir sahen, dass sie alle Segel aufgespannt hatten und dem Festland zuliefen, weil wir den Wind genommen hatten, so erhaschten wir nur eines davon und eines ging durch.

Von dem Schiff, das wir einholten, hatte sich die Besatzung ins Boot geworfen, um wenigstens das Leben zu retten. Aber etliche unserer bemannten Schaluppen holten es ein und brachten die Gefangenen an unser Schiff. Ihr Schiff wurde sogleich genommen und es wurde niemand darauf gefunden als der Kapitän und ein Schiffsjunge. Das gekaperte Schiff war ein Hamburger und auf der Rückfahrt von Lissabon nach Hause, mithin war die Beute, die größtenteils aus Zucker und Tabak bestand, sehr ansehnlich. Das Schiff selbst, das am 19. September, dem Michaelistag, erobert worden war, wollten die Türken zur Räuberei verwenden. Die Anzahl der Gefangenen betrug mit dem Kapitän 21 Personen. Als sie auf unser Schiff gebracht wurden, geschah ihnen ebenso wie seinerzeit mir, sie wurden nackt ausgezogen und man beließ ihnen nur ihre alten Schiffshosen und Wämser und versah sie danach sattsam mit Schlägen, desto weniger aber mit Kost. Die Türken spotteten nur über das Geschrei der armen Kerle und lachten sie höhnisch aus. Es wurde auch kein Unterschied zwischen dem geringsten Maat, dem Kapitän oder dem Obersteuermann gemacht; denn es musste sich einer sowohl als der andere gefallen lassen, wenn der geringste türkische Junge kam und ihm einen Tritt in die Seite gab. Unter diesen Gefangenen befanden sich zwei Landsleute, welchen ich heimlich eröffnete, wer ich sei und wie auch ich vor einem halben Jahr gefangen wurde. Sie nannten mir hierauf ihre Heimat und ich erfuhr, dass der eine von Tabarz, einem Sachsen-Gothaischen Walddorf gebürtig war, mit Namen Balthasar, der andere hieß Friedrich mit Vornamen, aus Coburg gebürtig. Sie besannen sich, dass seinerzeit ein Hamburger Schiff genommen worden war, konnten mir aber nichts weiter vermelden, als dass den Herren von der Sklaverei wohl, von unserem Aufenthalt aber nichts bekannt wäre. Diese beiden sind noch etliche Jahre vor mir ranzioniert worden.

Das gekaperte Schiff wurde mit 50 Türken besetzt und zur Räuberei hergerichtet, falls wir auf dem Rückweg noch eine gute Beute erhaschen würden. Wir nahmen deshalb wieder Kurs in die Gegend von Lissabon, bis wir eines Tages drei große Schiffe sahen, erfuhren aber bald, dass es Kriegsschiffe waren, jedoch nicht, welcher Nation sie angehörten. Deswegen wandten wir allen Fleiß an, ihnen aus dem Gesicht zu segeln, obwohl sie als schwere Kriegsschiffe unseren türkischen Freibeutern ohnehin nicht folgen konnten. Unsere Türken verloren aber allen weiteren Mut eine gute Prise zu machen. Wir wandten demnach unsere Segel und nahmen unseren Kurs wieder nach der Straße zu, mit dem Ziel nach Hause zu segeln, weil unsere Zeit zum Kapern sowieso vorbei war. Deshalb liefen wir gegen die Straße an und führten unsere Prise im Angesicht der Festung Gibraltar durch dieselbe hin, um auf dem nächsten Weg nach Algier zu gelangen.

Am 11. Oktober, als wir die Ecke bei Ceuta umsegelt hatten, trafen wir bei Sonnenaufgang vier große Kriegsschiffe an. Wir erkannten sie als Holländer, mithin als Feinde, die uns auf den Dienst lauerten. Es begann ein allgemeines Lamentieren und zugleich wurden alle Kräfte angespannt, um ihnen zu entwischen. Wobei ich Gott inbrünstig anrief, dass er es zulassen möge, von den Holländern gekapert zu werden, damit ich und so viele andere Sklaven ihre Freiheit wiederbekämen. Die Zaghaftigkeit des türkischen Lumpengesindels erhellt sich auch daraus, dass sie uns Sklaven zu tapferer Gegenwehr anspornten und uns allerlei Gutes versprachen, was ihnen in der Angst einfiel. Wir bekamen Weißbrot und geräuchertes Fleisch samt Versprechen auf mehr.

Inzwischen rückten die holländischen Schiffe immer näher an uns heran und es schien, als würden die unsrigen Algier nie mehr zu sehen bekommen. Die Freude, die bei mir entstand, war außerordentlich groß, zumal ich sah, dass wir gezwungen wurden uns zu schlagen und den Holländern nicht entwischen konnten. Es war nun mit uns so weit gekommen, dass wir fechten oder uns ergeben mussten, weshalb alles zur Gegenwehr parat gemacht wurde.

Die Holländer segelten auf einen Kanonenschuss an uns heran und fingen schon an uns stark mit Stücken zu begrüßen. Wir blieben ihnen, soweit es möglich war, nichts schuldig, bald aber machte sich ein holländisches Schiff an das von uns eroberte hamburgische. Dieses hatte einen einzigen Schuss bekommen, die furchtsamen Türken aber waren nicht gewillt sich zu wehren, deshalb sprangen die Holländer über. Die Türken streckten sogleich ihr Gewehr und baten um Gnade, übergaben also das Schiff nebst allen, die darauf gewesen. Die 50 Türken wurden in Eisen geschlossen und das eroberte Schiff mit

Holländern besetzt. Dieser glückliche Anfang machte mir jetzt zusammen mit meinen Mitsklaven guten Mut, da wir meinten nun an die Reihe zu kommen. Den auf dem Hamburger Schiff von den Türken gefangen genommenen Christen konnte die Wiedereroberung ihres Schiffes nicht im Geringsten helfen, sondern es schmerzte uns viel mehr, dass das Glück das unsere nicht getroffen hatte.

Nach der Eroberung dieses Schiffes zählten die Holländer nun fünf, die unsere zwei dermaßen in die Enge trieben, dass es hieß: Vogel friss oder stirb. Sie kanonierten nicht mit ganzen Lagen auf uns, sondern blieben an die zwei Stunden beständig in ihrer Contenance, wobei eine Kanone nach der anderen losgebrannt wurde. Darüber verwunderte ich mich sehr; denn Angst und Schrecken auf unserem Schiff waren so groß, dass wir uns hätten ergeben müssen, wenn nur ein Holländer das Herz gehabt uns mit Ernst anzugreifen.

Es wurden aber keine Anstalten gemacht bis etwa um 10 Uhr vormittags, da sie uns recht in die Mitte kriegen wollten. Hierbei trug sich folgender wunderliche Casus zu: Als nämlich unsere Patrone sahen, dass ihnen das Messer an die Kehle gesetzt war, griffen sie zu dem äußersten Mittel der Zauberei. Wir hatten einen sogenannten Maribut oder Pfaffen von Algier mit auf dem Schiff. Dieser ging mit dem Patron auf das Hinterdeck, wo ich ihm am nächsten stand. Der Maribut fing an einige unverständliche Worte zu murmeln, nahm danach die vom Patron in den Händen gehaltene hölzerne Schüssel, in der sich nichts als etwas gestoßenes Glas und Asche befanden, und schüttete selbige in das Meer. In diesem Augenblick begann es zu brausen wie bei einem heftigen Sturm, die Wellen schlugen wie Kanonen an unser Schiff, nichtsdestoweniger ließen wir die Segel fliehen und fuhren mitten zwischen diesen holländischen Schiffen hindurch, ohne dass uns diese etwas anhaben konnten. Gegen Abend legte sich der Sturm und wir sahen kein Schiff mehr, das uns verfolgen wollte. In dem ganzen Combat hatten wir nur sechs Tote und 17 Blessierte bekommen, aber auf dem »Weißen Pferd« vermissten die Türken mehr Volk.

Damit war alle Hoffnung, erlöst zu werden, auf einmal verschwunden und wir mussten uns wider unseren Willen nach Algier führen lassen. Nach dieser empfangenen Schlappe stieß uns nichts mehr zu und wir gelangten nach fünf Tagen am 16. Oktober auf die Reede von Algier. Obige von dem türkischen Pfaffen gebrauchte Art mit der Asche und gestoßenem Glas habe ich selbst mit meinen Augen gesehen, hätte auch nimmer gedacht, dass es solchen Effekt tun würde. Gott weiß es, worauf diese Bezauberung des Meeres gründet, doch half es uns so viel, dass wir glücklich durchkamen.

(Die zweite Kaperfahrt, an der Kühn teilnehmen musste, verlief noch unglücklicher. Sie erlitten vor Tanger Schiffbruch, konnten aber wenigstens gerettet werden. Kühn erzählt die Einzelheiten ...)

Unser gerettetes Schiffsgerät und alle Türken wurden von unserem Patron auf zwei englische Schiffe verfrachtet und nachgebracht, wir Sklaven mussten aber unter türkischer Bewachung in Tanger bleiben. Nach zehn Tagen kam der Befehl den Fußmarsch nach Tetuan anzutreten. Wir waren 34 an der Zahl, nebst 12 Türken als Bewachung. Zuerst mussten wir in die Schmiede, wo man uns zwei und zwei mit einer sechspfündigen Kette aneinander schloss. An mich wurde ein Russe von den Sklaven des Deys angekettet. Dann ging die Reise fort. Die Türken nahmen sich die Maulesel, etliche von uns mussten auch den Proviant tragen, der unterwegs verzehrt werden sollte.

Als wir von Tanger abmarschierten, war es eben der 1. Juli. Nachmittags gelangten wir zwischen große sandige Hügel, die uns wegen unserer schweren Ketten, hauptsächlich aber wegen der grausamen Sonnenhitze, die unsere Füße in dem heißen Sand verbrannte, schwer zu schaffen machten. Es ging ziemlich langsam vorwärts, doch kamen uns etliche Bäche, die zwischen den Hügeln und Bergen herabflossen, sehr zustatten. Nach vier Stunden gelangten wir abends aus der hügeligen Gegend heraus und kamen zu einer Karawanserei oder türkischen Herberge, in der es aber keinen Wirt gibt und die ankommenden Reisenden sich selbst versorgen müssen. Wenn sie Proviant mitgebracht haben, können sie nach Belieben essen und trinken und auch ihre Pferde und Maultiere füttern. In diese begaben sich unsere Bewacher mit ihren Tieren, wir aber mussten wegen Raummangels alle zusammen im Freien bleiben. Einen Steinwurf entfernt lag ein Gebüsch, in dessen Gras wir übernachten wollten, was uns auch gestattet wurde. Als die Sonne untergegangen war, schliefen wir tief, bis der Morgen graute und man einander sehen konnte. Als ich erwachte, erblickte ich zwei abscheuliche Tiere, die weiter oben bei den dort Liegenden herumschlichen und sie berochen. Ich zitterte wie Espenlaub und sagte es meinem gleichfalls erwachten Kameraden ins Ohr. Er richtete sich auf und erkannte sogleich zwei Löwen. Mit leiser Stimme sagte er zu uns, wir sollten still sein und so tun als ob wir schliefen. Die zwei ungeheuren Tiere gingen von Mann zu Mann und berochen jeden. Wie mir zumute war, als mir einer auf die Beine trat, mit seinem Maul das Gewand aufhob und mich am bloßen Bein leckte, werde ich mein Lebtag nicht vergessen. Schließlich verließen sie uns, ohne einem ein Leid anzutun, zumal sie auch die Türken in der Karawanserei gerochen haben mochten, wohin sie mit langsamen Schritten trotteten. Da aber selbige verriegelt war, fingen sie abscheulich an zu brüllen, was mir sehr fremd vorkam, da ich dergleichen bisher nie gehört hatte. Ich wurde von meinem Nachbar noch mal gewarnt, ganz still zu liegen und kein Geräusch zu machen, weil diese Tiere den Schlafenden nichts antun, wohl aber alle zerreißen, die sich bewegen. Als die Wächter das Gebrüll der Löwen hörten, nahmen sie ihre Flinten zur Hand und schossen tapfer heraus, es waren aber mehr Schreckschüsse. Die Tiere wandten sich wieder gegen uns, nun aber begannen wir auf Zureden der alten Sklaven furchtbar zu schreien und die Türken begleiteten uns mit ihrem Schießen. Daraufhin liefen die Löwen in Richtung Ceuta auf die Berge zu.

Am Morgen machten wir uns wieder auf den Weg durch eine große sandige Ebene, wo wir erneut unter der grausamen Hitze litten, dabei hatten wir das Unglück keinen Tropfen Wasser zu finden, sodass wir fast verschmachteten. Nachmittags kamen wir ganz matt in Tetuan an, wo wir erst beim Tor mit Essen und Trinken versorgt, dann aber in das abscheuliche dortige Gefängnis gebracht wurden.

Es wird die Matamore genannt und ist ein großes Gewölbe unter der Erde, in dem etwa 200 Menschen sich aufhalten können. Oben in der Gasse sind drei vergitterte Öffnungen, durch die das Licht hereinfällt. An diesen haben die Sklaven ein Seil mit einer Rolle angebracht, an der vorübergehende Christen Wasser oder auch Speise herablassen, wenn es die Gefangenen bezahlen können. Viele von diesen ziehen aber auch am Seil, um etwas aus Barmherzigkeit zu bekommen, und es gibt stets Streit dabei; denn jeder will etwas davon haben, also reißt es einer dem andern aus der Hand, auch kriegen sich einige bei den Köpfen und schlagen sich tapfer darum. Es darf auch niemand hineingehen und mit den Sklaven reden, es sei denn, dass er ihnen ein Almosen geben wolle. Das Schlimmste an diesem verfluchten Loch ist aber, dass es dort keinen Abtritt gibt, weshalb stets zwei oder drei ein Gefäß haben, welches abends durch ein Gitter herausgezogen und gegen Bezahlung eines Barbi (was so viel ist wie ein Heller) gesäubert und wieder hinabgelassen wird. Das alles verursacht einen furchtbaren Gestank.

Wir Sklaven hatten kein Stroh und keine Decken, sondern mussten auf der Erde liegen. Wegen der vielen Menschen lagen wir ganz eng und es herrschte eine abscheuliche Hitze, die Plage durch das Ungeziefer lässt sich gar nicht beschreiben. Doch war das alles noch erträglich gegen die Unruhe, die leichtfertige Mohrenbuben verursachten, wenn sie entweder Kot oder Steine durch die Gatter auf uns warfen oder stinkendes Wasser hereinschütteten, was meistens gegen Mitternacht geschah, wenn wir fest schliefen. Dann entstand ein solcher Lärm, dass alle munter wurden. Wollte man nicht getreten werden, so musste man aufstehen und weil keiner dem andern weichen konnte, so setzte es oft Streit und Schläge und die ganze Matamore blieb bis zum hellen Morgen unruhig.

Wir lagen hier bis zur dritten Woche. Dann kam der Kerkermeister und rief uns Sklaven der Reihe nach mit Namen auf und wir säumten nicht, die stinkende Höhle zu verlassen.

Wir wurden 66 an der Zahl nach dem Strand gebracht, wo zwei Rudergaleeren auf uns warteten, die von Algier gekommen waren, um uns zu transportieren. Am 23. Juli erfolgte unser Embarquement und wir hatten die Ehre, auf den Ruderbänken zu sitzen, weil wir wegen völliger Windstille keine Segel gebrauchen konnten. Umso ernstlicher mussten wir rudern, wobei uns die Peitsche des Guardians half. Endlich liefen wir glücklich in den Hafen von Oran ein und warfen an einem schönen und angenehmen Platz Anker. 14 von uns wurden von den beiden Galeeren angeheuert oder nach Oran gebracht. Drei Tage hielten wir uns hier auf, ehe die Anker aufgewunden wurden. Wegen ungünstiger Winde erreichten wir erst nach fünf Tagen Algier. Mein Patron stand am Hafendamm, nahm uns mit gelassener Miene in Empfang und führte uns wieder nach unserer gewöhnlichen Herberge. Er hatte viel eingebüßt und war deshalb sehr kleinlaut und sooft er uns ansah, seufzte er tief und gab uns zu verstehen, dass er niemals mehr auf Kaperei auslaufen wolle.

Kapitel 3

Ein Schiff wird auf folgende Weise zur Kaperei ausgerüstet: Etliche Kapitalisten schließen sich zusammen und rüsten ein Schiff aus. Davon übernehmen einige die Hälfte, andere den vierten Teil der Unkosten. Erstlich heuern sie einen Kapitän an, den sie Rays nennen, welcher Schiffspatron oder Oberkommandeur auf dem Raubschiff wird. Neben ihm gibt es einen Schiffer oder Steuermann und andere Seeoffiziere, diesen wird nun nach Proportion ihrer Dienste von dem Kapital ihre Gage ausgesetzt, sodann schaffen sie die übrige Kriegsrüstung wie Pulver, Kugeln, Gewehre, Piquen, Musketen, Säbel wie auch Mundproviant für mindestens drei Monate an, der aus Reis, Öl, Essig, Zwiebeln, Zwieback und Hülsenfrüchten besteht. Sie werben Janitscharen an, so viel sie auf dem Schiff beherbergen können, und je nach Größe wird manches mit 350 und mehr Leuten besetzt. Geht es mit der Anwerbung der Equipage nach Meinung des Kapitäns nicht geschwind genug vonstatten, so lässt er einen Wimpel vom Hinterteil seines Schiffes wehen, bald ist Volk genug da, dass man oft die Übrigen mit Gewalt zurücktreiben muss. Sämtliche Soldaten stehen unter der Aufsicht ihres Odabassi, der wieder etliche Unteroffiziere oder Buluckbassen unter sich hat. In Disziplinsachen kann der Rays oder Kapitän ohne dessen Bewilligung nichts unternehmen.

Was aber die Bootsknechte und Kanoniere anlangt, so sind das Sklaven, die von ihren Herren auf Fortun, das ist auf einen gewissen Anteil Beute, mitgegeben werden. Fehlt diese aber, und der Kapitän bringt keine Prise auf, haben die Reeder ihr Geld, der Kapitän seinen Ruhm, die ganze Equipage allen ihren erhofften Profit und Sold verloren, mit einem Wort, so sind alle Mühen und Unkosten umsonst.

Sobald nun alles Notwendige an Bord ist, wird der Wind vorsichtig genommen, das Kastell gegrüßt und alsdann geht es zum Loch hinaus, jeder sucht ein Revier, wo er meint vom Glück begünstigt zu werden. Der eine kreuzt im Kanal, der andere in der Spanischen See, der dritte wagt sich in das Mittelländische Meer und jeder tut sein Möglichstes, um Beute und Ehre nach Hause zu bringen. Viele wagen sich nach den Kanarischen Inseln, ja wenn sie auf See nichts finden, unternehmen sie eine Landung, und glückt diese, so müssen Menschen, Vieh und alles mit fort. Jedoch sind durch die Wachfeuer und weißen Fahnen jetzt solche Anstalten gemacht, dass die Strandwachen durch diese Zeichen in kürzester Zeit eine ganze Provinz alarmieren können. Hat sich nun das Lumpengesindel zu weit gewagt, so werden sie öfter von den Insulanern und anderen Einwohnern tapfer empfangen und mit blutigen Köpfen wieder nach ihren Schiffen zurückgejagt. Als man von solchen Anstalten noch nichts wusste, haben diese Bestien im vorigen Saeculo die grausamsten Ravagen unternommen, wie besonders die Insel Madeira erfahren musste. Sie liegt im Atlantischen Meer zwischen den Azorischen und Kanarischen Inseln und gehört den Portugiesen, welche sie 1420 entdeckten, ist reich an Getreide, Zucker, Honig, Früchten und wird wegen ihrer Schönheit und Fruchtbarkeit von etlichen die Königin der Inseln genannt. Diese haben sie ganz und gar durchstreift, aller ihrer Güter, Reichtümer und Einwohner beraubt, indem sie mehr als 1200 in die Sklaverei hinwegschleppten. Dergleichen Schicksal erlitt die Insel Lancerotta, die zu den Kanarischen Inseln gehört, gleich zweimal, und wurde dermaßen ausgeplündert, dass kein lebender Mensch darinnen übrig geblieben ist.

Ehe diese Korsaren mit den Engländern und Holländern Frieden schlossen, segelten sie mit ganzen Flotten im Mittelländischen Meer umher, lauerten den aus der Levante, von Smyrna, Alexandria, Aleppo etc. heimkehrenden Schiffen auf, von denen sie alle Zeit vorher das sicherste Aviso hatten. Diese überfielen sie in den griechischen Gewässern und überwältigten sie leicht, weil es lau-

Ansicht der Stadt Algier
im 18. Jahrhundert

ter Kauffahrer waren. Sie schleppten dadurch einen unbeschreiblichen Schatz nach Algier, das machte sie so keck und vermessen, dass sie sich in den Kanal an die Bretonische und Normannische Küste wagten. Wie denn Morat Rays, ein flämischer Renegat, in Irland mit 200 Türken an Land ging und über 237 Personen nach Algier in die Knechtschaft schleppte, ohne den Raub, den er zugleich mit erbeutete.

Wenn sie auf Raub ausfahren, pflegen sie allerhand Zauberei vorzunehmen, gehen besonders zu dem Maribut, welcher ihnen ein beschworenes Schaf mit an Bord gibt, das nur in äußerster Not mit sonderbaren Zeremonien, die sie geheim halten und mir unbekannt sind, geschlachtet werden muss. Desgleichen beschwören sie einen christlichen Degen und einen türkischen Säbel, die sie gegeneinander auf einen Tisch legen, bis das Gefecht beginnt. Und welcher den Tisch mainteniert und den anderen hinabstößt, dem schreiben sie den Sieg zu. Doch oft irren sie und werden vom Teufel mit seinen Offenbarungen betrogen, wie das Exempel des Assan Calaffat, eines griechischen Renegaten, bestätigt.

Man hielt ihn zu seiner Zeit für den Schrecken des Mittelmeeres und in der Tat war er es auch, da er mit sieben Schiffen und etlichen Galeeren alles in Unsicherheit versetzte. Die Genueser, Venezianer, Neapolitaner, Sizilianer, aber auch Franzosen, Engländer und Holländer büßten viel durch ihn ein, bis endlich der Tag der Rache kam und ihn jämmerlich ums Leben brachte. Das ging so zu: Assan war kaum in See gelaufen, so fand er 15 christliche Segel vor sich, die sich anschickten mit ihm zu fechten, um ihn und seine Spießgesellen zu besiegen. Sobald Assan ihrer ansichtig wurde, ging er in seine Kajüte, um seine Zaubereien vorzunehmen und sich zu erkundigen, wie das bevorstehende Gefecht verlaufen werde. Damit ging es folgendermaßen zu. Alle Abende, wenn die Sonne untergegangen war, legte er ein Buch auf den Tisch und nach etlichen Beschwörungen öffnete sich dieses ohne fremde Hilfe und gab ihm durch die Aufzeichnungen zu verstehen, was er für Glück oder Unglück haben sollte. Der Teufel hatte ihm aber schon am vorangegangenen Abend seine Tücke spüren lassen, weil er ihm nichts von der Christen Schiffe gemeldet. Diesmal erwies er sich als ein listiger Betrüger, indem er aus dem Buch so viel sah, dass sein Schiff weder in der Christen Hände fallen, noch er selbst gefangen würde, welches der Renegat als ein gutes Zeichen ansah. Er ließ also seine Blutfahne wehen und ging den Christen mit frischem Mut entgegen. Er führte eine Galeone, die mit 50 Kanonen und 500 Mann besetzt war. Mit dieser erwartete er 8 Galeeren, die auf ihn zukamen, während die 7 anderen christlichen Schiffe sich gegen die übrigen Türken wandten. Eine von den Barbaren genommene und besetzte Tartana wurde zuerst angegriffen und in Grund geschossen, während sich die Besatzung kümmerlich auf Assans Galeone retten konnte. Danach dauerte das Gefecht an die zwei Stunden, in denen ein genommenes holländisches und zwei türkische Schiffe erobert wurden. Danach rissen die Übrigen aus und ließen ihren Admiral mitten unter den Feinden im Stich. Assan war vor Zorn und Grimm fast von Sinnen, als er seinen Verlust vor Augen sah. Er griff also zum äußersten Mittel, indem er das Schaf, von dem oben die Rede war, opferte, aber obwohl er durch diese Zauberei schon öfter guten Wind erhalten hatte, so war jetzt der Teufel nicht zu Hause. Es kam plötzlich zu einer Windstille, die nicht nur sein Schiff an der Gegenwehr hinderte, sondern die anderen Schiffe in ihrem Hasenpanier hemmte, sodass sie von den nachfolgenden Christen eingeholt und erobert werden konnten. Der Räuber sah die Gefahr vor Augen, verließ sich aber auf die Antwort seines Orakels und wollte sich nicht ergeben, sondern wehrte sich so ritterlich, dass unter andern der spanische Admiral Pimentel erschossen wurde. Die Christen taten ihr Äußerstes, um die Galeone zu erobern, sie wollten sie aber nicht in Grund bohren, weil großer Reichtum und viele Türken und Sklaven sich darauf befanden. Das verlängerte den Streit noch um neun Stunden. Als nun der Korsar spürte, dass es unmöglich war, die Christen länger abzuhalten, ließ er die kostbare Beute von 200 000 Dukaten über Bord ins Meer werfen, damit sie nicht in der Feinde Hände fiele, steckte hierauf sein eigenes Schiff in Brand und warf eine schöne Dirne, deren er sich vorher bedient hatte, hinein, sich selbst aber stürzte er verzweifelt ins Meer, wurde aber sogleich von den Christen wieder aufgefischt und zu der Flotte gebracht, wo er nach kurzem Verhör lebendig geschunden wurde.

Sobald ein solches Raubschiff außerhalb Algiers ist, so werden die türkischen Flaggen abgenommen, die oft sehr kostbar waren, an ihrer Stelle aber setzten sie entweder französische, englische oder holländische auf, damit sie die genannten Nationen passieren und die ihnen nahe kommenden christlichen Schiffe nicht allzu sehr erschreckten. Obgleich sie viele Mühen anwendeten, um möglichst unerkannt zu bleiben, so erkannte man sie doch gleich an ihrer Ausrüstung und es traf für sie das Sprichwort zu, dass, wenn man einen Bauern unter die Bank steckt, doch die Schuhe hervorgucken.

Wenn die Christen die Zurüstung eines solchen Schiffes betrachten, so finden sie stets etwas, woran sie den Räuber erkennen. Sie wenden daher alle erdenklichen Mittel an, um dem Hund den Wind abzugewinnen oder ihn zu echappieren. Sehen umgekehrt die Räuber, dass so ein Christenschiff schwächer ist als das ihre, so schießen sie sogleich nach den Vorstangen und Masten, um eine Flucht zu verhindern. Auf dem Verdeck erscheinen die türkischen Soldaten mit bis auf den Ellbogen entblößten Armen, die Säbel in der Faust und diese schwenken sie unter grässlichem Geschrei. So glauben sie ihren Gegner den Mut zu nehmen, rufen den Christen zu, sie sollten sich ergeben und bieten ihnen auch Quartier an. Wenn nun die Christen Türken in ihrer fürchterlichen Positur sehen, so überfällt sie bisweilen eine große Furcht und sie ergeben sich ohne Not, wie ich gleich an einem Beispiel anführen will.

Ein Engländer, der sein Herz und Courage zu Hause gelassen hatte, wollte von S. Sebastian in Spanien nach England überfahren. In der Gegend von Rochelle begegnete ihm ein französischer Kauffahrer, der ihn warnte, er soll sich vorsehen, da fünf türkische Schiffe in diesen Gewässern kreuzten. Er aber verachtete alle Gefahr und Vermahnung, nahm seinen Kurs immer gegen den Kanal weit vom Lande ab, so lange, bis er zwei große türkische Schiffe auf sich zukommen sah. Er wollte entkommen, aber die Schiffe nahmen ihm plötzlich den Wind und er war gezwungen standzuhalten. Alsbald stellte sich die Mannschaft zur Gegenwehr, jedoch der furchtsame und eigensinnige Schiffer wusste nicht, was er anzufangen hatte. Auf dem einen Schiff zeigte sich ein Türke mit einer Flagge im Arm und ein Sklave musste rufen: »Streichet vor Algier!« Das bedeutete so viel wie: »Ergebt euch der Stadt Algier!« (Segel streichen heißt, die obersten Segel etwas fallen lassen, und das ist auf See ein Zeichen eines Grußes unter Freunden, wenn es aber gegen den Feind geschieht, so ist es ein Zeichen der Übergabe.) Jener ließ also gleich die Flagge auswehen und zeigte, dass er bereit war sich zu ergeben. Hierauf wurde der Schiffer von der Mannschaft hart angelassen, doch zu spät. Nun schlug ihm der Türke vor, er solle sich unter der Bedingung ergeben, dass die Besatzung frei sein, der Kaper das Schiff aber samt aller Beute behalten solle. Der närrische Schiffer aber verstand nicht einmal, was accordieren sei, rief ihnen daher zu, ob sie gut Quartier geben wollten, was sie bejahten. Der tapfere Mann meinte, er habe alles gut ausgerichtet, strich die Flagge, verließ darauf sein eigenes Schiff und segelte mit drei Matrosen auf das türkische, wo er sich samt der ganzen Mannschaft auf Gnade und Ungnade ergab. Und obwohl sie ihm gut Quartier zugesagt hatten, so behandelten sie ihn doch, wie es gewöhnlich geschieht. Es waren vornehme Spanier auf seinem Schiff, die der König kaufte, die Übrigen wurden hierhin und dorthin verhandelt.

Wenn aber ein resoluter Schiffer seine Chance wahrnimmt, so kann er den Türken sattsam zu schaffen machen, zumal wenn er über Geschütz und Volk verfügt, selbst wenn es nur die Hälfte des Gegners ist; denn wenn sie nicht wenigstens eine starke Galiotte oder zwei mittelmäßige Schiffe oder Karavellen gegen ein bewaffnetes Kauffahrteischiff einsetzen können, beißen sie selten an, weil sie die Tapferkeit der Christen manchmal unterschätzt haben. Es stört sie aber nicht, wenn ihnen noch so viel Volk beim Kampf draufgeht, weil es die Übrigen dann besser bei der Verteilung der Beute haben und gewiss betrüben sie sich über den Verlust etlicher hundert Mann nicht so sehr, als wir es um einen Hund zu tun pflegen. Den Christensklaven trauen sie sehr selten. Diese müssen häufig als Bootsknechte dienen oder deren Amt versehen; denn die Türken verstehen sich nicht sonderlich viel auf die Seefahrt, ihre Offiziere sind auch meistens Renegaten, denen sie ihr Geschütz anvertrauen.

Wie es zugeht, wenn sie ein Christenschiff erobern und wie die armen Gefangenen anfänglich torquieret und in Algier verkauft werden, solches habe ich an meiner Person gezeigt. Die auslaufenden Korsaren haben ihre bestimmte Zeit, wie lange sie auf See sein dürfen, diese ist 40 höchstens aber 60 Tage, an denen sie entweder einen Fang tun oder unverrichteter Sache wieder zurückkehren müssen, es sei denn, dass sie darlegen, sie hätten wegen Sturm oder wegen Bedrohung durch christliche Schiffe nicht zurückkehren können. Die meisten halten sich allerdings wenig daran, sondern versehen ihre Schiffe meistens mit Proviant für drei Monate, bleiben dann auch so lange aus, zumal wenn sie nicht glücklich sind und gleichwohl gerne etwas erhaschen möchten. Wenn sie nun eine Prise mit viel Sklaven gemacht haben, so werden die Christen zugleich in die türkischen Schiffe gebracht und das Eroberte mit Türken besetzt, hiermit segeln sie nach Algier, sobald das Schiff hat die Anker fallen lassen, grüßen sie die Stadt durch Losbrennen ihres schweren Geschützes. Dann kommt das Volk haufenweise an die Mole gelaufen, um die Prise zu besehen. Man beeilt sich, sowohl die Sklaven als auch die Waren zu Geld zu machen, und danach wird die ganze Masse zusammengeschlagen. Davon bekommt der Bassa oder Dey den siebten Teil, was ihm jedes Jahr an die hunderttausend Dukaten einträgt. Auch müssen alle Waren verzollt werden, davon erhält der Bassa wieder die Hälfte, von der anderen Hälfte wird die reguläre Miliz der Stadt bezahlt. Die Reeder rechnen hierauf dem Kapitän, allen Offizieren und dem gemeinen Volk Mann für Mann, auch den Sklaven, aufs Genauste ab, wie ihr Accord gelautet und der Überschuss ist alsdann der Gewinn von ihrem Kapital.

Der Bassa bekommt außer den erwähnten Summen jährlich von den Juden an die hunderttausend Dukaten Kopfgeld, und die Schätzungen von den Mohren und Arabern auf folgende Art eingetrieben: Er schickt alle Jahre drei Detachements Janitscharen aufs Land, von denen jedes aus 400 Mann besteht. Der eine Trupp zieht nach Westen in das Land der Tramisen, der andere gegen Osten nach Bona und Constantia, der dritte aber geht nach Süden, hat den gefährlichsten Marsch und ist bisweilen fünf bis sieben Monate unterwegs. Diese Exequierer nehmen statt des schuldigen Kopfgeldes Getreide, Vieh, ja sogar Menschen, nämlich die Kinder der dortigen Bewohner und machen sich damit bezahlt. Der Groß-Sultan bekommt weiter jährlich nichts als einige Sklaven männlichen und weiblichen Geschlechts, doch wenn Fürsten oder Generäle gefangen werden, muss diese der Bassa augenblicklich nach Konstantinopel schicken.

Obwohl aber die meisten Einkünfte aus dem Sklavenhandel in dessen Beutel fließen, so gibt es keine elendere Kreatur, als einen solchen armseligen verkauften Menschen, da ihn sein Patron mit der schwersten Arbeit bedrückt. Man sieht hier viele Christen, die in ihrem Land vornehme Leute gewesen sind und daher zu so harter Arbeit nicht erzogen wurden, jetzt bei geringen Particuliers in der armseligsten Knechtschaft stehen. Ihr Buckel ist zum Prügeln ebenso reif wie der eines Bettlers, der neben ihm als Sklave arbeitet. Sie haben sogar ein härteres Schicksal als dieser, da der Türke eine große Ranzion von ihnen erpressen will. Daher accordieren sich große Leute am besten gleich anfänglich, so werden sie bis zur Ankunft ihrer Ranzion leidlich gehalten. Ist aber die Person arm, so verwendet sie der Türke zu jeder nur erdenklichen Arbeit. Fällt dem Patron ein, sein Sklave solle ein Schuster sein, so muss er sich in kürzester Zeit dareinschicken, soll er ein Schneider sein, muss es ebenfalls geschehen, Einwände dagegen gibt es nicht. Die Peitsche des Wächters macht großbärtige Männer zu munteren Lehrjungen. Gewöhnlich teilen sie in alte und junge Sklaven, die mit wenig Brot, wohl aber mit genügend Arbeit versehen werden. Die alten Sklaven, zu denen man alle zählt, die wegen der Zahl ihrer Jahre, wegen Verwundungen und anderen Unglücks nicht mehr gesund sind, zuschanden geschlagen wurden und mit keiner schweren Arbeit dem Patron Vorteil erbringen, sich aber das Brot verdienen können, müssen das Wasser entweder auf Eseln in der Stadt umherführen oder an den höher gelegenen Orten, wo es keines gibt, verkaufen. Andere müssen es auf den Köpfen umhertragen, beide aber unaufhörlich schreien: »Wer kauft Wasser?« Sie müssen sich aber wohl versehen, dass sie mit ihrer Last in den engen Gassen keinen Türken berühren, sonst setzt es kräftige Schläge. Solche zu vermeiden, schreien sie, wenn jemand noch ferne von ihnen ist. Bringen sie nun dem Patron von diesem Handel nicht alle Tage ihren ordentlichen Tribut, dass er wohl zufrieden sein kann, so wartet abends gewiss der Guardian mit der Geißel auf sie, dass ihnen der Appetit oft zum Essen darüber vergeht. Deswegen versuchen die meisten mit ihrem Patron auf einen Monat zu contrahieren, da sie dann mit der Zahlung eher zurechtkommen. Was ein Tag nicht bringt, bringt der andere, und so können sie monatlich weit besser als tageweise mit der Zahlung übereinkommen. Dabei sind sie die vortrefflichsten Diebe und wissen mit solcher List und Behändigkeit dieses Handwerk so vorsichtig zu treiben, dass sie meistens ihr Brot reichlich gewinnen. Man braucht sie auch, um allerhand Obst oder Früchte, Küchenkräuter, Salat, Melonen zum Vorteil ihrer Herren zu verkaufen, die Gärten zu besorgen, das Brot nach den Backöfen zu bringen und warm wiederzuholen, das für die Türken eine große Delikatesse ist, daher das warme Brot auch mehr kostet als das alte. In Ermangelung von Negersklavinnen müssen sie auch den Teig kneten und zubereiten. Alle Wochen müssen sie die Fußböden durch das ganze Haus säubern und abreiben, weil die Türken auf dergleichen Reinlichkeit das meiste halten, und ihre Fußböden mit allerhand bunt gefärbten Steinen belegt haben. Wenigstens alle vier Wochen müssen sie mit Kalk und Milch die Wände der Häuser innen und außen anstreichen, teils zum Prunk, teils zur Vernichtung des Ungeziefers, womit sonst Algier überhäuft und beladen ist. Die von ihren Patronen am leidlichsten gehalten werden, müssen die kleinen Kinder tragen und warten, viele werden anderen Türken gegen die Tagesmiete zur Säuberung ihrer Häuser überlassen. Man schickt sie aufs Feld, um Kühe, Schafe und Ziegen bei wenig Brot und in größter Sonnenhitze zu hüten, oder lässt sie in Ermangelung von Sklavinnen das leinene Zeug außerhalb der Stadt an den Brunnen säubern und dergleichen Arbeit mehr. Das sind aber lauter gelinde Spielsachen mit ihren Sklaven.

Die jungen Sklaven, unter denen man lauter resolute, muntere, kühne und unverwundete Leute versteht, müssen ganz andere, weniger erträgliche Arbeiten als jene verrichten.

1. müssen sie alles Mehl auf einer Handmühle herstellen, das der Patron für sein ganzes Hauswesen braucht, und das ist mehr als Pferdearbeit, weil die Maschine schwer zu drehen ist. Auch dürfen die Müller nicht innehalten, um Luft zu schöpfen, sondern müssen in continuo arbeiten, sonst traktiert sie der dabeistehende Patron oder sein Vertreter sehr übel.

2. müssen sie wie bei uns die Pferde tun, im Pflug ziehen und das Land bebauen. Oft werden ihrer zehn Paare vor einem Pflug gespannt und mit derben Prügeln zur Arbeit angetrieben.

3. müssen sie das Grabscheit und den Spaten in den Gärten führen, das war meine Arbeit auch.

4. endlich müssen sie sich zu einer Profession oder zu einem Handwerk bequemen, zu dem sie der Patron bestimmt. So musste ich von einem Metzger zu einem Maurer wider Willen und Dank werden, durfte auch nicht sauer dreinblicken noch mit Entschuldigungen kommen, sondern gehorchen. Gehorsam ist das beste Opfer. Ich sah auch, dass mich das Schicksal nicht übel geleitet hatte; denn wenn ich in heißer Sommerhitze mit einem Stein an meiner Mauer klapperte und mit Bequemlichkeit arbeiten konnte, so mussten andere Sklaven sich bald mit ihrem Karren, auf dem sie Getreide einbrachten, fast zu Tode

schinden. Wenn wieder andere Sklaven mit Leib- und Lebensgefahr in den Steinbrüchen hantieren mussten, konnte ich mit weniger Gefahr in Gesellschaft vieler anderer die Materialien am Hafen oder sonst in der Stadt leicht verarbeiten.

5. zuletzt müssen sie die Equipierung der zum Auslauf bereitstehenden Schiffe an Bord bringen, das Schiff teeren helfen, und wenn alles fertig ist selbst als Matrosen mitgehen, Tag und Nacht in den Weiten des Meeres arbeiten, Hunger, Blöße und Gefahren ausstehen und stets Betrübnis und Grausamkeit erwarten. Verläuft die Kaperei glücklich, so wird der Türke grausam hoffärtig und weiß nicht, wie er den armen Sklaven hart genug halten soll, geht es unglücklich, muss der Sklave wieder allen Verdruss auf sich nehmen und sich vor Rippenstößen und Prügelsuppen sorgfältigst hüten. Kurz, es gehe wie es gehe, der Sklave ist alle Zeit Anstoß und Hindernis. Am abscheulichsten ist aber, dass die Sklaven bei den Türken alle Exekutionen, sei es Rädern und Schinden, verrichten müssen. Sonst bekamen sie für eine exekutierte Person 12 Groschen, nachdem aber ein Engländer sich umsonst erboten hat, zehn Mohren aufzuhängen, und dieses Versprechen auch wirklich einlöste, so ist von Stund an das Honorarium abgekommen und sie müssen diese Arbeit jetzt umsonst verrichten.

Diejenigen Sklaven, die eine Kunst oder ein Handwerk verstehen, das im Lande beliebt ist, wie etwa Barbierer, Zimmerleute, Segelschneider, lassen sie nicht gerne los und wenn es zur Ranzion kommt, muss sie wichtig genug sein. Darum tun die Inhaber solcher Professionen gut daran, sich zurückzuhalten, so lange sie können. Wird es aber bekannt, können sie ihren Herren ein gutes Stück Brot verdienen, dabei sehr reichlich und wohl leben und von aller schweren Sklavenarbeit befreit sein.

Insgemein hält man den Zustand der christlichen Sklaven in den türkischen Raubnestern für sehr elend, wie es denn auch in der Tat ist, aber wiederum nicht in allen so böse, wie es manche angeben; denn die es schlimm haben, machen sich ihr Unheil selbst durch ihre eigene Schuld und das harte Tractament wird häufig ihrer Bosheit, ihrem Frevel und Ungehorsam zugeschrieben. Der Vorsatz, ihren Patronen kein gutes Wort zu geben, macht sie bei diesen verhasst, wiewohl auch bisweilen einige unverschuldeter Weise viel ausstehen müssen. Die Sklaven grüßen sich in Algier anstatt des Guten Tages mit den Worten: »Gott gebe dir Freiheit«, was auch das Einzige ist, was sie begehren und sich wünschen können. Sooft ich auf Kaperei ausgelaufen bin, sooft habe ich gedacht, nun würde ich von einem Christenschiff in Freiheit gesetzt werden. Ich habe auch meine Befreiung öfters vor Augen gesehen, aber dennoch wieder in mein Marterloch kriechen müssen, wobei es anderen weit besser geglückt ist, die durch christliche Schiffe ihrer Fesseln und Banden entkamen. So weiß ich auch fast keinen anderen Weg und kein Mittel, wie man von hier aus desertieren könne. Wollte man sich auf einem fremden Schiff verbergen, und der Schiffer wüsste etwas davon, so würde dasselbe mit allen Gütern zur Prise gemacht und die Mannschaft müssten Sklaven werden. Hat sich ein desertierter Sklave auf ein Schiff geschlichen, und weiß solches nur ein Einziger von der Mannschaft, so klagt er es dem Schiffer und will sich nicht gerne einem anderen zu Gefallen in Gefahr begeben. So ist es unmöglich, auf solche Art zu entfliehen. Selbst wenn ein Vater auf einem freien Schiff wäre und könnte etwa seinen gefangenen Sohn aus der Sklaverei erlösen und heimlich auf dem Schiff verbergen, dürfte er es doch der anderen wegen nicht tun, weil sie sich vor der oben genannten Strafe fürchten müssten.

Viele haben vordem und zu meiner Zeit versucht in einem selbst gezimmerten Boot zu entkommen, man hat aber nur sehr wenige Beispiele, dass dieses gelungen ist. Sieben Engländer verbündeten sich miteinander und beschlossen ein Boot zu bauen und damit zu fliehen. Unter ihnen war der vornehmste William Ockley. Dieser ließ sich von den übrigen sechsen einen schrecklichen Eid schwören, dass keiner etwas verraten wolle. Darauf erzählte er, wie von ihm ein Boot ausgesonnen sei, in welchem ihrer sechs fliehen könnten. Ockley hatte nämlich einen Keller gemietet, in dem er mit Erlaubnis seines Patrons allerhand Waren verkaufte und den Profit davon seinem Herrn übergab. Da diesen Raum niemand betrat als er selbst, wurde er als Werkstatt für die Herstellung des Bootes gewählt. Hier nun wurden der Kiel und die Rippen gezimmert. Da es aber großen Argwohn erregte, so wurden alle Teile entzweigeschnitten, mit Fugen und Löchern versehen und aneinander gepasst, sodass sie mit Pflöcken wieder verbunden werden konnten. Statt die Rippen mit Brettern zu bedecken, verwendeten sie auf Anraten Ockleys Kannefass, da das Pochen und Poltern im Keller die Sache gar bald verraten hätte. Dann brachten sie Teer, Pech und Talg herbei, kauften einige Töpfe, in denen diese Materialien geschmolzen wurden. Dann bereiteten sie eine Masse um den Kannefass zu beiden Seiten anzustreichen und wasserdicht zu machen, was ihnen in zwei Nächten gelang. Hierauf schaffte ein Zimmermann den Kiel in zwei Teilen an den verabredeten Ort, danach auch das andere Holzwerk, da auf ihn kein Argwohn fiel, sondern die Leute gewohnt waren, dass er Zimmerhölzer herumschleppte. Schließlich wurde der Kannefass und ein Stück zum Segeln einzeln an Ort und Stelle gebracht. Sie nahmen ein wenig Brot zu sich und zwei Ziegenschläuche mit frischem Wasser. Da nun alles zur Flucht bestimmt war, so gingen sie abends eilends aus der Stadt und verbargen sich in Hecken und Gebüschen, um sich nachts am vereinbarten Platz zusammenzufinden, der eine Stunde von der See entfernt hinter einem Berg lag. Da fügten sie das Boot zusammen, banden Schilf von einer Rippe zur anderen, damit der Kannefass den Wellen nicht nachgeben konnte. Als alles bereit war, nahmen vier Mann das wunderliche Boot und trugen es ans Meer, hier zogen sie sich aus, warfen ihre Kittel hinein und brachten es so weit ins Wasser, wie sie waten konnten. Als sie einsteigen wollten, war es aber zu leicht für sieben Personen und wollte sinken. So blieben nur fünf im Boot, während zwei wieder heraussprangen und den anderen mit weinenden Augen eine glückliche Reise wünschten. Diese gingen am 30. Juni 1644 ohne Ruder, Tau, Kompass, Anker und Steuermann in See, mit dem inbrünstigen Gebet, dass sie Gott bald in die Christenheit führen wolle. Vier saßen an den Rudern, der fünfte aber schöpfte beständig das Wasser aus dem Boot, das durch den Kannefass eintrat. Als der Tag anbrach, waren sie noch im Angesicht der Schiffe, die auf der Reede lagen, und sie bemühten sich so gut sie konnten der Stadt und den Schiffen zu entkommen. Doch die liebe Not folgte ihnen auf dem Fuße nach, denn als sie Algier nicht mehr sahen, wollten sie etwas Brot und Wasser zu sich nehmen, allein das salzige Seewasser hatte es aufgeweicht und ungenießbar gemacht. Auch das Wasser in den frischen Fellen stank so, dass sie es vor großem Ekel nicht genießen konnten. Sie versuchten das Seewasser zu trinken, doch das vermehrte nicht allein ihren Durst, sondern minderte auch ihre Kräfte beim Rudern. Zu allem Übel wehte noch ein heftiger Gegenwind, sodass sie mit aller Mühe nicht weit kamen. Erst am dritten Tag schlug der Wind um und sie legten einige Meilen zurück, mussten nun aber unter einer grausamen Hitze leiden, weshalb der fünfte Mann die splitternackten Ruderer immer mit Wasser begoss, um sie etwas abzukühlen. Tagsüber richteten sie sich bei ihrer Fahrt nach der Sonne, des Nachts aber nach den Sternen. Vier Tage und vier Nächte blieben sie ohne Essen und Trinken, am fünften aber, als sie alle Hoffnung aufgaben, weil sich nirgends Land sehen ließ, warfen sie die Ruder nieder und schöpften nur noch das eindringende Wasser aus dem Boot. Ersaufen wollten sie nicht und sterben auch nicht, doch wussten sie kein Mittel,dem Tod zu entgehen. Indem sie nun dem Mann mit der Sense entgegensahen, gewahrten sie eine Schildkröte in der See, die sie erhaschen konnten. Sie brachten sie ins Boot, schnitten ihr den Kopf ab, ließen das Blut sauber ablaufen, von dem jeder seine Portion trank. Die Leber wurde roh verzehrt und das Fleisch ausgesaugt, das ihnen gleich wohl neue Kräfte gab, sodass sie die Ruder wieder anfassten und so lange arbeiteten, bis sie am Nachmittag Land erblickten. Sie vermuteten, dass es die Insel Formentera sei. Da sie aber gehört hatten, dass diese wegen der giftigen Tiere und Schlangen unbewohnt sei, beschlossen sie bis zur Insel Majorca zu rudern, die sie schon erblicken konnten. Sie arbeiteten die ganze Nacht unaufhörlich, aber erst am folgenden Tag erreichten sie abends gegen 10 Uhr das Ufer. Dieses war aber so steil, dass sie nirgends anlegen konnten, deswegen fuhren sie längs der Küste hin, bis sie einen bequemen Platz fanden, an dem sie endlich ausstiegen. Hier war ihr Erstes, dass sie Gott für diese wunderbare Erlösung herzlich dankten, dann suchten sie frisches Wasser, wobei sie zwei Wächter antrafen, die wegen der Räuber bestellt waren. Diesen erzählten sie von ihrer Flucht und ihrem Zustand und baten um etwas Brot, worauf ihnen die Männer einen verschimmelten Kuchen gaben und frisches Wasser zeigten. Sie kehrten dann zum Boot zurück, banden das Werkzeug ihrer Erlösung am Strand fest und machten sich auf den Weg nach Majorca, wo sie freundlich aufgenommen und eine Zeit lang versorgt wurden, bis sie nach England gehen konnten. Ihr Boot ist zum Andenken an diese wunderbare Flucht im Dom von Majorca aufgehängt worden.

Aus diesem Exempel kann der geneigte Leser zur Genüge ersehen, wie sehr die algerischen Sklaven sich auch unter Gefahr von Leib und Leben nach ihrer Freiheit sehnten. Viele haben zwar versucht zu Lande zu entkommen, aber da ist es fast gar nicht möglich, da nicht allein wilde Araber herumstreifen, sondern der Dey lässt auch das ganze Jahr über etliche hundert Spahis die Gegend um Algier durchkämmen. Es haben zwar einige versucht, in türkischen Kleidern zu fliehen, aber nur wenige sind durchgekommen. Denn das Land um Algier ist so wüst, dass man nur sehr wenig zum Lebensunterhalt findet, und es lässt sich auch nirgends eine Unterkunft finden, weil hier nur Türken und Mohren wohnen. Die Festung Oran ist jetzt zwar wieder in spanischen Händen, wer will sich aber so weit wagen? Auch wird es in ganz Algier gleich bekannt, wenn nur ein einziger Sklave desertiert ist, dem man auf viele Meilen nachsetzt, bis er ertappt wird.

Überhaupt, was hilft es einem solchen, wenn ihm ja der Appetit zum Entwischen ankommen sollte? Nichts als eine Leibes- oder Lebensstrafe, ganz wie es dem Patron gefällt, wozu sich nach ausgestandenen Prügeln oder dem Verlust der Nase oder Ohren eine desto härtere Dienstbarkeit samt einer dreißig- und mehrpfündigen Kette gesellt.

Ich will nur noch ein wenig über die Art berichten, wie einige arme Sklaven, die sich zeitlebens nicht ranzionieren können, durch die Patres misericordiae befreit werden. Von denen gibt es zwei Gruppen, nämlich die spanische, die man »die erlösenden Patres« nennt, die anderen sind Italiener, die allerdings häufig nach Tunis und Tripolis gehen und dort in Menge italienische Sklaven loskaufen. Dem spanischen Orden Señora della Mercet ist es erlaubt, große Geldsummen in ganz Spanien als Almosen einzusammeln, welche auch von den Einwohnern in der Hoffnung, mit einem Werk der Barmherzigkeit bei Gott etwas zu verdienen, gern gegeben werden. Zudem hat ihnen der König auch zugestanden, dass ihnen die Hinterlassenschaft jener Fremden zufällt, die in Spanien sterben und bei denen sich kein rechtmäßiger Erbe meldet. Solange gefangene Spanier in Algier sind, wird an keines Ausländers Ranzion gedacht. Sie gehen dabei auf folgende Weise vor: Wenn sie einmal im Jahr ankommen, so haben sie noch verschiedene Sklaven auf ihrer Vormerkliste, die das Jahr zuvor übrig geblieben sind und nicht ranzioniert werden konnten. Diese sind also die Ersten, danach fragen sie weiter nach anderen, die sich sodann in Menge anbieten, daraus nehmen sie so viele, wie sie bezahlen können. Das müssen solche sein, die am längsten gefangen waren und von welchen sie wissen, dass sie sich mit ihren eigenen Mitteln nicht loskaufen können. Da sich viele türkische Gefangene in Spanien, vornehmlich in Ceuta, befinden, so sollte man meinen, dass ein guter Teil davon gegen so viele Spanier jährlich könnte ausgewechselt werden, aber das geht bei den Türken nicht wie bei den Christen; denn kein Barbar würde seinen Sklaven, der ihm viel Geld kostete und mit dessen Verkauf er einen Gewinn zu machen hofft, gegen seinesgleichen auswechseln. Deshalb kaufen Türken, die Verwandte in Spanien gefangen sitzen haben, Christen los und verhandeln diese an die Patres, was aber nicht Mann für Mann geschieht, sondern es werden meistens zwei, drei bis vier gegen einen Christen gerechnet. Die Patres fragen dann in Ceuta nach den bezeichneten Türken und kündigen ihnen die Freiheit an. Die ausgewechselten Christen werden von den Türken bis Tetuan begleitet, wo sie aber erst einmal in die dort befindliche Matamore kriechen müssen, bis sie ihre völlige Freiheit erhalten, denn die Türken halten es für eine Todsünde, einen gefangenen Christen direkt gegen einen der ihren auszuwechseln.

Kapitel 4

Das Glückseligste und Bemerkenswerteste, das ich in dieser Zeit genossen habe, war, dass ich in der Barbarei auf lutherische Art zum heiligen Abendmahl gehen konnte. Ich hatte zwar keine Gelegenheit gehabt in so vielen Jahren eine Predigt des göttlichen Wortes zu hören, wonach ich mich vielmal herzlich aber vergebens sehnte, doch fügte es sich, dass mich Gott nebst anderen meinesgleichen auf eine wundersame Art mit dem heiligen Sakrament in unserem großen Elend erquickte und uns erfahren ließ, dass wir nicht ganz von der wackeren Gemeinschaft der christlichen Kirchen ausgesondert lebten.

Anno 1729, den 6. August, als wir eben auf der Werft innerhalb des Hafens an unserem Schiff arbeiteten, kamen zwei schwedische Schiffe nach Algier und warfen einen halben Flintenschuss weit vom Kastell Anker auf der Reede. Sie grüßten die Stadt mit Lösung ihres schweren Geschützes und es wurde ihnen nach hiesiger Sitte mit einem Kanonenschuss geantwortet. Das schwedische Kriegsschiff ließ darauf eine weiße Flagge wehen und schickte etliche Abgeordnete in einer Schaluppe an Land, um dem Dey die Aufwartung zu machen und ihm und dem Divan die Ankunft eines schwedischen Gesandten zu vermelden. Diese Nachricht war den Türken ungemein lieb, da sie wohl wussten, dass sie keinen Schaden davon hatten. Der Dey schickte also sofort eine prächtige Schaluppe zu dem schwedischen Kriegsschiff, ließ den Herrn Gesandten das Gegenkompliment machen und ihn ersuchen in seinem Boot nach Algier überzusetzen. Der Gesandte begab sich in Begleitung etlicher 30 Personen, unter ihnen viele adelige Volontäre in die Schaluppe und wurde am Moulie-Tor ausgesetzt, an dem eine Janitscharentruppe paradierte und einige Mitglieder des Divans bereitstanden, den Herrn Gesandten zu empfangen, und nachdem sie sich mit ihm zu Pferde gesetzt hatten, ihn nach dem Palast zu begleiten, wo er gleich bei seiner Ankunft den Divan versammelt fand und ohne langes Verweilen in diesem Audienz hatte. Jedoch ist von dieser Unterredung nichts bekannt worden, als was man mit Augen gesehen. Und das war ein propres neu erbautes Kriegsschiff von mittlerer Größe, aber gut ausgerüstet mit Kanonen, Pulver und Blei und vielerlei Waffen, womit der König von Schweden den Dey von Algier regalierte. Es musste zwar äußerlich verlautet werden, die Regierung habe dieses Schiff von den Schweden erhandelt und gekauft, aber wir christlichen Sklaven wussten es ganz anders und konnten es leicht geschehen lassen.

Der schwedische Gesandte hatte nun seinen eigenen Prediger mit, einen in der Tat frommen und eifrigen

Mann. Als wir das erfuhren, schlossen sich einige von uns zusammen und begehrten von ihm das Abendmahl. Wir schickten also einen aus unserer Mitte ab, der von Geburt ein Däne war und studiert hatte, und ließen den Prediger unser Verlangen wissen, der damit wohl zufrieden war, dass er mitten unter den Heiden einer solchen kleinen christlichen Gemeinde als der unsrigen die Heilsmittel austeilen sollte, wobei er uns zugleich Zeit und Ort bestimmen ließ, was uns von Herzen erfreute.

Es war eben an einem Sonntag, an dem wir uns früh einzeln zu des schwedischen Konsuls Behausung begaben, wo uns der Prediger, ehe wir zusammenkamen, einen nach dem andern vornahm und uns im Beisein des Konsuls über unsere Sklaverei befragte, was ungefähr zwei Stunden dauerte, bis wir alle zusammenkamen, 46 an der Zahl. Darauf führte uns der Konsul selbst in ein großes Zimmer, in dem wir den Gesandten mit seinem Gefolge fanden, die alle diesem heiligen Akt gern beiwohnen wollten. Sobald der Prediger zu uns eingetreten war, verrichtete er ein herzliches und inbrünstiges Gebet zu Gott, das er unsere, von der göttlichen Wahrheit so lange entfernten Herzen mit seinem Geiste erwecken, erleuchten und zu unserem heiligen Vorhaben vorbereiten möchte. In der zweiten Stunde examinierte er uns aus Luthers kleinem Katechismus und fand uns schlecht in unserem Christentum beschlagen, darauf unterwies er uns in den nötigen Stücken, worauf er mit uns niederkniete, noch einmal ernstlich betete, vorbeichtete und, als er uns das Sündengeständnis mit der Zusage des neuen Gehorsams abgefordert hatte, die heilige Absolution erteilte. Dann bereitete er den Altar des Herrn vor und kommunizierte uns. Als wir nun das heilige Abendmahl genossen hatten und eingesegnet waren, bekamen wir noch eine herzliche und nachdrückliche Vermahnung und beschlossen unsere Andacht mit dem bekannten Lied »Nun danket alle Gott«. Nach vollbrachtem Gottesdienst mussten wir uns an etliche Tische setzen und der Herr Konsul ließ uns eine schöne Mahlzeit auftragen. Es war das einzige Mal in den vielen Jahren meiner ausgestandenen Sklaverei, dass mein Mund Fleisch kostete. Die jungen schwedischen Adligen ließen sich mit uns in allerhand Gespräche ein, worüber der Tag verstrich und wir bald vergessen hätten, dass wir Sklaven waren. Wir dachten also an unsere Rückkehr, nahmen mit viel Demut sowohl vom Konsul als von dem Prediger wie auch von der ganzen Gesellschaft Abschied, wobei jeder von uns mit einem Dukaten beschenkt wurde, und wir kehrten getröstet zu unseren Patronen an Ort und Stelle zurück.

Zu Beginn des Jahres 1730 ging unser Schiffbau wohl vonstatten und ich hatte das Zimmerhandwerk so gut begriffen, dass ich unserem Meister wenig nachzugeben schien. Ich hatte aber zwei Unfälle dabei auszustehen, die mir gar leicht den Tod hätten bringen können. Als wir den Rumpf des Schiffes fast fertig hatten, geschah es, dass ein Balken, den wir emporgezogen hatten und der von anderen oben befestigt werden sollte, durch deren Ungeschick wieder herabfiel und mich unfehlbar würde erschlagen haben, wenn ich nicht zufällig den Schatten, den er warf, wahrgenommen hätte. Ich bückte mich also geschwind, um dem Unglück zu entgehen, er traf mich aber trotzdem auf dem Rücken so heftig, dass er mich zu Boden schlug, betäubte und mir eine Zeit lang die Sprache nahm. Der Patron kam selbst gelaufen und ließ mir die gewöhnliche Sklavenarznei, warmen Wein und Baumöl eingießen, wodurch ich wieder zu mir selbst kam, aber heftig anfing Blut auszuspeien. Nach dem Unfall konnte ich mich vier Tage nicht regen und musste in dieser Zeit noch verschiedene Medikamente einnehmen, bekam auch aus der Küche meines Patrons, der sich sehr mitleidig anstellte, warme Brühe gereicht. Ich blieb auch von aller Arbeit frei, bis ich wieder völlig genesen war, ohne dass ich bei meiner Besserung dann und wann einen Gang tun musste. Doch habe ich den Schlag über ein Vierteljahr gefühlt, besonders wenn ich mit der Axt arbeiten sollte.

Ungefähr drei Wochen danach arbeiteten wir sieben Mann auf der Stellung des Schiffes, als das Gerüst unter unseren Füßen mit großem Krachen zusammenbrach. Fünf Sklaven und ein Tagarin, der unser Zimmermeister war, fielen hinunter und taten einen üblen Luftsprung, der Zimmermeister fiel sich sein Beil in den Hintern, ein Sklave brach beide Achseln, der andere den rechten Arm zweimal, die Übrigen hatten die Rippen zerschellt und große Löcher in den Köpfen. Ich selbst hatte einen Strick ergriffen, an dem ich mich so lange festhielt, bis die anderen Sklaven unten im Schiff mich über Bord holten und glücklich retteten. Der Patron wollte den Zimmermeister seiner schlimmen Wunden ungeachtet noch üblich traktieren, besann sich aber anders, verstieß ihn von der Arbeit und brachte uns einen neuen Meister, der so große Veränderungen am Schiff vornehmen musste, dass der Patron darüber verdrießlich wurde, den alten Zimmermeister bei dem Dey verklagte, welcher nach untersuchter Sache ihn zu 100 Stockschlägen auf die Fußsohlen und zur Ersetzung aller Unkosten verurteilte.

Als Ausgleich für diese zwei harten Unfälle schenkte mir der Himmel eine Annehmlichkeit. Ich arbeitete eines Tages sehr früh vor Sonnenaufgang an der Seeseite und hatte meine Lust an den spielenden Wellen, weil das Meer etwas unruhig war, als ich plötzlich einen Schlag im Wasser hörte wie von einem gewaltigen Fisch. Ich lief hinzu und lauerte, sah aber nichts und begab mich wieder an meine Arbeit. Das Schicksal hatte mir aber eine gute Beute zugedacht und mein vorheriger Gedanke hatte mich nicht betrogen, indem eine anlaufende Welle mir einen sehr großen Fisch auswarf. Ich bedachte mich nicht lange, sondern eilte mit meiner Zimmeraxt auf ihn zu und hieb ihm mit Leibeskräften auf den Rücken, wobei ich ihn so gut traf, dass ich die Gräte mitten entzweispaltete. Ich schleppte meine Prise, die über 60 Pfund wog, unter ein altes Boot und teilte es meinen Kameraden mit, die sich bald mit mir dahin verglichen, ich solle den Fisch, sie aber wollten den

Wein zum Besten geben, so geschah es auch. Wir begaben uns am Feierabend vom Schiff, marschierten mit unserem Fisch zu einem Korsen, der ihn uns so delikat zurichtete, dass wir ihn mit Vergnügen verzehrten.

Das Schiff wurde vor Wintersanfang fertig gestellt, sodass der Patron gut Staat damit machen und ein Auslaufen im nächsten Frühjahr vorbereiten konnte. Mir kam indessen der närrische Gedanke, ob ich nicht auch ein Schiffchen zu meiner Flucht bauen könnte, dazu boten mir zwei alte Boote, die auf der Schiffswerft lagen, gute Gelegenheit. Das eine lag dicht am Meer am Moulie-Castell, und das schien mir für mein Vorhaben das Günstigste. Ich offenbarte meinen Plan zuerst meinem ehemaligen Steuermann, der mir zwar anfänglich allerlei Einwürfe machte, sich zuletzt aber meinen Vorschlag gefallen ließ, dass wir nachts die Schaluppe neu teeren, vom Schiff aus mit dem nötigen Proviant versehen und doppelte Ruder anlegen wollten. War Algier dann erst einmal aus der Sicht, ließ sich im Meer dann eine Segelstange aufrichten. Wir nahmen noch fünf Sklaven, die wir für unsere Vertrauten hielten, mit in unser Komplott. Endlich waren wir unserer sogar elf, wobei der eine dies, der andere das zu unserer glücklichen Fahrt herbeischaffen wollte. Wir legten also wirklich Hand an und brachten unser Werk so weit zustande, dass wir den Andreas-Abend 1730 für unsere Flucht festsetzten. Es fehlte nichts mehr als das Segel, das ein Sardinier zu liefern versprochen hatte und das am Abend bei uns sein sollte. Unserer acht waren beisammen und wir kauten schon an dem Zucker unserer Freiheit, als einer von den Mitverschworenen gesprungen kam und berichtete, dass der Sardinier mit seinem Segel ertappt und in Prison gesetzt worden sei. Wir resolvierten uns also kurz, alle unsere Bereitschaft in See zu werfen. Die drei Deutschen, die bei uns waren, stahlen sich in ihres Patrons Haus, dass sie niemand bei Nacht vermisste, und wir hofften, es würde nun alles gut werden. Am nächsten Vormittag gegen 10 Uhr kam aber der Patron des Sardiniers, dem ein verfluchter Mohrenjunge verraten hatte, nebst etlichen Janitscharen und durchsuchte alles auf der Werft, fand aber nichts, was die Aussage des Sardiniers bestätigte, er habe das Segeltuch verkaufen und den Ertrag verschmausen wollen. Dafür erhielt der gute Kamerad 600 Prügel, 300 auf die Fußsohlen und 300 auf den Hintern. Damit war zwar das Wetter vorüber, aber auch unsere Freiheit; denn der Patron wurde misstrauisch und ließ uns des Nachts nicht mehr auf dem Schiff schlafen. Inzwischen hatte dieser missglückte Versuch dem Steuermann so viel Lust an der Freiheit erweckt, dass er dem Patron 1500 Taler für seine Ranzion anbot, der aber bestand auf 3000 Talern. Darüber grämte sich der gute Mann dermaßen, dass er am 10. Januar 1731 in des Patrons Haus starb. Ich war nicht bei seinem Tod dabei, sondern arbeitete auf dem Schiff, als der Patron kam und sechs von uns mit folgenden Worten beorderte: »Geht ins Haus und schleppt eure verreckte Bestie auf euren Rasen.« Wir folgten augenblicklich dem Befehl und trugen den verblichenen Leichnam auf der Christen Gottesacker, wo wir ihn ehrlich begruben und von Herzen zu seiner seligen Erlösung Glück wünschten.

Dem Patron ging der Verlust der Ranzion des Steuermanns ziemlich im Kopf herum. Geld brauchte er und nun war beides, Sklave und Geld, verloren. Er drang deshalb in einen jungen Hamburger, den er vor einem Jahr gekauft hatte, dass er seine Ranzion zu 1800 Talern zahlen sollte. Der gute Mensch bot ihm darauf 800 Taler, weil aber der Patron mit so wenig nicht zufrieden sein wollte, so musste er die allerunflätigste, beschwerlichste und sauerste Arbeit verrichten und hatte es am allerschlechtesten unter uns, was er mit standhafter Geduld ertrug, dass es uns oft jammerte.

Sobald das Frühjahr anbrach, liefen zwei Schiffe von uns in See, auf die unser Patron auch einige von seinen Sklaven aus unserer Mitte mitgegeben hatte in der Hoffnung, dass sie mit reicher Beute heimkommen würden. Es sind aber Schiffe und Sklaven ausgeblieben und aus der erhofften Prise ist gleichfalls nichts geworden, weil sie in der Nähe von Goletta im Mittelmeer gestrandet sind, die ganze Mannschaft von zusammen 50 Mann bei dem harten Sturm nebst 80 metallenen Kanonen verloren ging. Unserm Patron tat der Verlust seiner drei Sklaven sehr weh, mehr schmerzte es ihn aber, dass er nichts mit ihnen gewonnen hatte, weil der Geldmangel bei ihm ziemlich zunahm und er seinen Kapitän an den Nagel hängen und als Schiffsoffizier hätte dienen müssen, wenn sich ihm in der Folgezeit das Glück nicht wieder zugekehrt hätte. So machten wir aber gute Beute und mein Patron war in kurzer Zeit ein großer Reeder und reicher Kapitalist in Algier.

Kapitel 5

Wenn die Korsaren abtakeln ist es üblich, dass sie ihre Segel und Stangen in dem Moulie-Castell unter der Aufsicht eines hierzu bestellten Offiziers abgeben. Dieser muss alles aufs Prompteste wieder liefern, wenn sie erneut auslaufen wollen. Es geschah aber, dass bei dem allgemeinen Durcheinander das Schiffsgerät meines Herrn nicht sogleich gefunden werden konnte, darüber entrüstete sich dieser dermaßen, dass er den Offizier nicht nur heftig ausschalt und mit vielen Schmähworten ehrenrührig angriff, sondern auch den Säbel zog und ihm drohte den Kopf zu spalten. Nun stand dieser Offizier in gutem Ansehen bei dem Dey, er war von hohem Alter und schneeweiß, beklagte sich also im Divan mit einer altergemäßen Würde und begehrte Genugtuung. Mein Patron wurde augenblicklich gefordert und zu 400 Stockschlägen verurteilt, davon er 200 auf die Fußsohlen und 200 auf den Hintern bekam. Ich musste ihn nach erlittener Strafe am Arm heimgeleiten und dachte, nun weißt du Menschenschinder auch, wie es tut, wenn man die armen Sklaven ohne Grund peinigt, wie du häufig getan hast. Und die Zucht war nicht einmal ohne Segen; denn mein Patron änderte künftig sein Verhalten so sehr, dass ich einen gnädigen Herrn an ihm hatte.

Die andere Begebenheit geht mich selbst an. Mein Patron hatte zwei Söhne, der jüngere hatte sich von einem türkischen Jungen einen Stieglitz aufschwätzen lassen und sollte dafür nach hiesigem Geld einen halben Taler bezahlen. Weil er nun kein Geld hatte und dennoch den Vogel gern haben wollte, so kam er zu mir, als ich am Schiff arbeitete, erzählte mir von seinem Handel und der Notwendigkeit ihm einen halben Taler zu schaffen, zu dem er mir ein und den andern Bekannten vorschlug, von welchen ich das Geld borgen sollte. Ich wies aber den Jungen mit seiner närrischen Bitte ab und sagte, dass er selber hingehen und borgen solle. Da er nun wusste, dass er ohne mich nichts bekam und den Vogel fahren lassen musste, so hatte sich dieser kleine Hund dermaßen geärgert, dass er nicht zur Mittagsmahlzeit erschien, als ich ihn rief. Da der Patron sich erkundigte, warum er nicht essen wolle, so sagte der Galgenvogel in meiner Abwesenheit, ich hätte ihm heiße Steine zu fressen gegeben, worüber der Patron zornig wurde, mich rief und nach der Wahrheit fragte. Obgleich ich dieselbe erzählte und die Anschuldigung abstritt, wollte es doch nichts helfen, sondern er rief den Bootsmann, einen Türken, befahl ihm, dass er mir augenblicklich Streiche auf den Hintern geben sollte. Ich musste gehorchen und mich niederlegen, da der Bootsmann wacker zu dreschen anfing, worüber ich fast hätte von Sinnen kommen mögen, schrie ich unter den ersten Schlägen gar erbärmlich, klagte Gewalt und Unrecht. Als ich nun 12 bis 15 Hiebe weghatte, erbarmte es gleichwohl das junge Rabenaas, dass ich so unschuldig leiden musste, er fiel deshalb dem Bootsmann in die Arme und rief sogleich seinen Vater um Gnade an, der denn auch einen Wink gab mich aufstehen zu lassen, und dann in seine Kajüte ging. Der Zorn hatte mich aber dermaßen eingenommen, dass ich ohne Scheu hinter dem Patron herlief, ihm nochmals die Wahrheit sagte, wobei ich eine geladene Flinte von der Wand holte und ihm sie mit den Worten vor die Füße warf: »Da, Hund, schieß mich nur tot, ich bin meines Lebens müde und begehre nicht länger dein Sklave zu sein.« Dann trat ich hin, hob die Augen empor, faltete meine Hände und erwartete was er mit mir anfangen würde. Statt aber böse zu werden, belachte er meinen Entschluss und meine Dreistigkeit und befragte mich noch einmal über das, was mit seinem Sohn vorgegangen war. Da ich nun bei der ersten Aussage blieb, rief er den Jungen in die Kajüte, wo dieser seine falsche Aussage zugestand. Als er wieder gegangen war, schüttelte der alte Beelzebub den Kopf und sagte, ich solle nur still sein, es werde nicht wieder geschehen, aber auch ich dürfe mich nicht unterstehen noch einmal solche Worte zu sagen und er erklärte, wenn das einer von meinen Mitsklaven gemacht hätte, so hätte er es nicht hingehen lassen und es wäre ihm gleich gewesen, ob er einen Sklaven mehr oder weniger besäße. Da er nun meinte, ich solle stillschweigend seine Vermahnung annehmen und an meine Arbeit gehen, besaß ich die Kühnheit, ihm in die Rede zu fallen und sagte: »Ich bin wohl dein, aber nicht deines Jungen Sklave!« Daraufhin wies er mich, ohne zu antworten, mit zorniger Gebärde aus der Kajüte. Und wenn ich nicht bei ihm in Gnade gestanden wäre, so hätte er als ein böser Mann und Christenfeind mit mir kurzen Prozess gemacht, wie ein Beispiel beweist, dass sich vor meiner Zeit ereignete.

Ein Sklave arbeitete am Hause seines Patrons, dem aber die Arbeit nicht recht gefallen wollte und er war ihm auch sonst nicht gewogen und peinigte ihn daher auf allerhand Art. Einmal gab ihm der Patron ein paar Maulschellen, worauf der Sklave ein paar wütende Worte ausstieß, die den Patron dermaßen in Zorn brachten, dass er dem Wächter Befehl gab dem Mann 100 Prügel zuzuzählen. Der Sklave musste wirklich ins Haus, um die Strafe zu empfangen, in seiner Unschuld aber fasste er einen verzweifelten Entschluss. Er lief in des Patrons Zimmer, holte eine Flinte von der Wand, in der Absicht, diesen zu erschießen. Als er aber losdrückte, war sie nicht geladen gewesen, der Patron lief aus der Stube hinaus und rief um Hilfe, der Sklave wurde gleich festgenommen, in das Haus des Deys gebracht, wo man ihn aufforderte, seinem Glauben abzuschwören, jedoch er weigerte sich und bat um Gnade. Nichtsdestoweniger wurde er zum Feuer verurteilt, augenblicklich zur Stadt hinausgeführt und verbrannt.

Noch ein anderes Beispiel muss ich bringen: Ein spanischer Sklave ging abends aus einem Fonduk etwas berauscht nach Hause, dabei begegnete ihm ein Renegat, ebenfalls ein Spanier. Dieser fuhr seinen Landsmann hart an in der Meinung, dass er mehr Rechte habe als der Christ, und drohte ihm mit Schlägen, wenn er das Maul nicht halten wolle, worauf der Sklave antwortete, wenn es sein Herr leiden könne, so brauche er ihn ja nicht wegen seines Trinkens zur Rede zu stellen, worauf der Renegat dem Sklaven eine Ohrfeige gab, dass er hinfiel. Daraufhin zückte dieser ein Messer und verletzte den Renegaten über dem Auge. Dieser verklagte den Sklaven, der stehenden Fußes zum Tode verurteilt und folgendermaßen hingerichtet wurde. Man entkleidete ihn ganz, band ihn mit den Füßen an den Schwanz eines Maultiers und schleifte ihn eine gute Weile in der Stadt herum, wodurch ihm der Kopf und die Hände fast völlig abgerissen und die Knochen zum Rücken herausstanden. Danach wurde er durch das Tor geschleift, auf einen Scheiterhaufen gesetzt und sollte verbrannt werden, weil aber nicht genug Reisig und Holz da waren, ging das Feuer dreimal aus und er lebte noch etliche Stunden, doch es ist nicht zu beschreiben unter welchen Ängsten und Schmerzen. Endlich erbarmten sich etliche Renegaten unter seinen Landsleuten, holten einen großen Stein, warfen diesen auf seine Brust und er starb endlich.

Aus diesen Beispielen sieht man, was ich mir bei meiner Tat hätte gefallen lassen müssen, wenn der Patron die Flinte genommen und mir den Rest gegeben oder mir mit seinem Säbel den Kopf vom Leibe getrennt hätte.

Als wir nun endlich fertig waren und nur noch auf den guten Wind warteten, kam ein solcher endlich Mitte Februar 1733 auf. Es wurde sogleich ein Zeichen gegeben, wir lichteten die Anker, verließen den Hafen von Algier und segelten mit gutem Winde ab. Nach fünf Tagen erreichten wir die Straße von Gibraltar, durchsegelten sie und kreuzten etwa anderthalb Monate in der Spanischen See, wo wir wohl bisweilen Schiffe gewahrten, doch war nie eines allein, sondern stets vier bis sechs, sodass mein Patron nicht anzugreifen wagte. Einmal erblickten wir auf der Höhe von Cadix ein großes Schiff. Mein Patron, der schnell mit dem Perspectiv auf den großen Mast geklettert war, hielt es für ein Kriegsschiff und gab daher geschwind Befehl, dass wir alle Segel setzen sollten, um ihm durch diese Anstrengung und mit Hilfe der Nacht zu entgehen, was uns auch gelang, denn am andern Tag hatten wir die weite See erreicht und fuhren an der portugiesischen Küste entlang. Wir hatten ungefähr einen halben Monat auf der Höhe von Lissabon gekreuzt, als der Patron voll Kummer und Verdruss sich entschloss wieder nach Algier zurückzukehren, da die Zeit zu kreuzen vorbei und nicht mehr viel Proviant vorhanden war. Da wir nun wieder gegen Gibraltar anliefen, entdeckten wir drei große Schiffe südwestlich von uns und als wir näher heranfuhren, erkannten wir, dass es drei Brasilienfahrer waren, die vielleicht reich beladen nach Lissabon zurückkehrten. Sie schienen dem Patron eine gute Prise zu sein, er gab den Befehl zum Angriff und jeder musste ungesäumt auf seinen Posten gehen. Da wir den Portugiesen den Wind genommen hatten, steckten wir statt der bisher geführten englischen Flagge die türkischen Wimpel aus grüner Seide auf. Die Portugiesen flüchteten aber nicht, sondern stellten sich beherzt entgegen, formierten sich im Halbkreis und beschossen unser Schiff, dass es uns schlecht erging. In seiner Angst fasste der Patron den Entschluss durch ein Manöver entweder zu entwischen oder zu siegen. Deshalb hielten wir plötzlich mit Schießen ein, drehten das Ruder und taten, als ob wir fliehen wollten. Dadurch wurden die Portugiesen beherzt, setzten tapfer hinter uns her und schossen auch dem Patron zweimal durch die Kajüte. Sein Plan ging aber auf, denn die Schiffe trennten sich auf diese Weise. Der eine Portugiese war so hitzig, dass er von seinen Gefährten zu weit ab und uns zu nahe kam. Wir wendeten alsbald mit vollen Segeln auf ihn ein und feuerten mit den Kanonen und den Musketen, dann hängten wir unser Schiff an das portugiesische an und suchten zu entern, aber die anderen beiden Portugiesen, die ihren Gefährten nicht verlassen wollten, kamen resolut auf uns zu. Es waren bereits an die sechzig Türken auf das christliche Schiff übergesprungen, doch die Portugiesen fochten wie die Löwen, es mochten wohl erfahrene alte Soldaten sein, die in Indien ausgedient hatten und denen nun die Mannschaften der anderen beiden Schiffe zu Hilfe kamen. Die Türken mussten unter Hinterlassen vieler Toter hastig über Bord gehen, wir hängten eilig die Leinen los und kamen durch einen starken Stoß von den Portugiesen ab, hofften auch im Pulverdampf glücklich zu entwischen. Die Portugiesen setzten uns aber über eine Stunde nach und hätten uns gewiss auch genommen, weil wir durch ihr Geschütz übel zugerichtet waren. Wir hatten schon den Fockmast, viel Tauwerk vom Großenmast, die Kajüte und die schöne große Flagge verloren, auch solche Puffer aufs Schiff bekommen, dass wir ohnehin hätten pumpen müssen, wenn sie ihren Sieg ausgenutzt hätten, aber ihr Mut wurde immer schwächer und sie verließen uns endlich. Wir erfuhren später, dass es Kauffahrtei-Schiffe gewesen waren, denen es an Mannschaft gefehlt hatte, sodass jedes kaum hundert Mann an Bord führte.

Wir besserten uns auf See aus, so gut wir konnten, segelten danach voll Verdruss durch die Straße und kamen

Mitte Mai in Algier mit einer langen Nase und einem blauen Auge wieder an. Bei unserer Ankunft lösten wir keine Freudenschüsse, sondern takelten gleich nach dem Einlaufen ab. Wir hatten 42 von der Mannschaft verloren und 20 waren verwundet, darunter der Patron selbst, den eine Kugel am Kopf gestreift, eine andere den oberen Teil des rechten Armes durchschlagen hatte. Er schäumte vor Wut und Verzweiflung und ließ seinen Verlust uns arme Sklaven entgelten, indem er uns beim Bau seines neuen Gartenhauses strapazierte. Die Arbeit war in der Tat dazu eingerichtet. Wir mussten bei der größten Sonnenhitze im Steinbruch unaufhörlich brechen, die Steine zurichten und sie dann zwei Stunden weit schleppen und auf den Bau bringen. Angst, Durst, Mattigkeit warf mich oft zu Boden, aber der Prügel des Patrons half mir allemal trefflich wieder auf die Füße und ich hätte gerne alles ausstehen und tun wollen, wenn ich nur genug Wasser gehabt hätte, aber das wurde uns nicht gewährt.

Ich hatte schon dreimal durch den holländischen Konsul nach Hause um Ranzion geschrieben, wusste auch gewiss, dass meine Briefe alle angekommen waren, erhielt aber keine Antwort. Viele, die das Elend bei weitem nicht so lange wie ich getragen, gingen doch wieder erlöst in ihre Freiheit dahin, nur ich nicht, ich musste mich in einem fremden Land plagen und sah kein Ende meines Elends als in meinem Tod, den ich mir oft wünschte. Doch was ich suchte, das scheute mich, und erreichte mich weder in den Weiten des Meeres noch unter dem Donner des Geschützes noch in den Händen meines Patrons.

Kapitel 6

Während dieser Zeit ist es anderen Korsaren auch nicht besser ergangen. Der Dey allein hat fünf Schiffe verloren, ein Reederschiff, das 50 Kanonen führte, wurde bei Malaga von einem Spanier überlistet und aufgebracht. Dieser mietete nämlich zwei englische Kriegsschiffe, richtete sie wie Kauffahrtei-Schiffe ein, brachte aber besonders schweres Geschütz darauf unter, das lauter 35-pfündige Kugeln schoss, dazu viele Mannschaft, die sich alle versteckt halten musste. So segelte er durch die Straße von Gibraltar nach der Höhe von Cadix unter hamburgischer Flagge. Hier kamen ihm drei algerische Raubschiffe entgegen und die spanischen Schiffe stellten sich ängstlich und flüchteten. Die Korsaren folgten nach und freuten sich schon auf die gute Prise. Der spanische Kapitän gab sich wie ein richtiger Kauffahrer, ließ die Stückpforten zu und das Volk unten im Schiff auf guter Hut sein, wodurch die Algerier so mutig wurden, dass sie anlegen wollten. Plötzlich öffneten aber die Spanier ihr Stückpforten und gaben den Korsaren ganze Lagen. Sogleich präsentierten sich auch mehr als 100 wohl bewaffnete Soldaten auf den Verdecken, die auf zwei türkische Schiffe so kühn hinübersprangen, dass sie in der ersten Wut mehr als 400 Türken die Klinge passieren ließen. Das dritte Raubschiff wollte sich zwar durch die Flucht salvieren, wurde aber von den Spaniern auf den Strand gejagt und in Brand geschossen.

Der Kapitän Cajatto wurde in einem Sturm an der Küste von Granada zerschmettert und was nicht von der Mannschaft ersoff wurde von den Spaniern aufgefischt und zu Sklaven gemacht, darunter auch Cajatto selbst.

Ein Korsarenschiff, das ein portugiesischer Renegat kommandierte und vorher schon mehrere glückliche Landungen in Algarbien, wo er herstammte, unternommen hatte, versuchte in diesem Jahr wieder einen glücklichen Menschenfang durchzuführen. Er verwendete dazu nicht

Tanger und die Straße von Gibraltar im 18. Jahrhundert

nur ein gekapertes portugiesisches Schiff, das er mit den entsprechenden Flaggen versehen hatte, sondern steckte auch sich selbst und seine Türken in entsprechende Kleider, um desto weniger kenntlich zu sein. Während eines Sturms hatte er in einer großen Bai unweit Lugos sicher vor Anker gelegen und als der Sturm vorüber war, versuchte er eine Landung, indem er mit etlichen 70 Mann an Land ging. Zu seinem Unglück wurde aber von einer portugiesischen Fischerbarke entdeckt, dass er ein türkischer Räuber war. Die Fischer zeigten es sofort in Lugos an, worauf ein großes portugiesisches Kriegsschiff auslief und den Reis nebst seinem Kommando noch auf dem Festlande antraf, selbiges mit Hilfe des Landvolkes aufhob, den Renegatenkapitän und einige andere Renegaten der Inquisition übergab, die übrige Mannschaft aber zu Sklaven machte. Zwei andere Korsaren waren in dem entsetzlichen Sturm an den Strand bei Valencia verschlagen worden, wo sie scheiterten und die Mannschaft in die Knechtschaft fiel. Meiner sicheren Berechnung nach sind in diesem Jahr allein 242 Kanonen, das Volk gar nicht gerechnet, verloren gegangen. Der Dey ließ daher einen scharfen Befehl ausgehen, dass sich kein Korsar unterstehen sollte, ohne seine Einwilligung und Vergünstigung in See zu laufen, weil durch die bisherigen aufeinander folgenden Unglücksfälle mancher große Kapitalist verarmte.

Außer den oben genannten Unfällen zur See trug sich im August zu Algier folgende traurige Begebenheit zu. Ein italienischer Sklave namens Domenico, der mit uns bei der letzten unglückseligen Schifffahrt gewesen war und im Gefecht eine Verwundung am rechten Arm erlitten hatte, wurde von seinem Patron wegen seines lahmen Armes, mit dem er noch nicht genug arbeiten konnte, härter als sonst gehalten. Er hat eine Weile Mangel und Hunger ausgestanden, was ihm aber auf die Dauer unerträglich fiel, dadurch verleitete ihn der Teufel zu folgendem grausamen Mord. Als ihm eine von den schwarzen Sklavinnen seines Patrons, der einer der reichsten Kapitalisten in Algier war, seine Portion Essen in den Garten brachte und Domenico merkte, dass es nur halb so viel war wie sonst, gab er der Mohrin Schuld, sie habe davon gegessen, und warf ihr die Kost samt der hölzernen Schüssel an den Kopf. Diese aber blieb dabei, dass sie nicht mehr für ihn bekommen habe und drohte ihn zu verklagen, eilte auch mit lautem Geschrei dem Hause zu. Domenico besann sich nicht lange, denn er wusste, dass etliche hundert Prügel seiner warteten, eilte der Mohrin nach und schlug sie im Hof mit einem Holz tot. Des Patrons Konkubine, eine spanische Renegatin, lief auf das Geschrei hin in den Hof, um zu sehen, was vorging. Domenico fertigte aber sie und eine andere dazukommende Frau vor dem Hause kurz in die Ewigkeit ab. Der Patron sprang mit dem Säbel die Treppe hinunter, Domenico kam mit einer Hacke von der Seite herbei und traf ihn so gut an die Schläfe, dass er zu Boden stürzte und keinen Finger mehr regte. Er war noch ein sehr junger Mann, der kaum zwei Jahre Haus gehalten und also weiter keine Familie mehr hatte. Der Mörder öffnete daraufhin einen Schrank, nahm an die 10 000 Stück Dukaten daraus an sich, kleidete sich ganz türkisch ein und setzte sich auf des erschlagenen Patrons arabischen Hengst, mit dem er zum Tor hinausritt. Die Tat kam bald auf und etliche hundert Spahis mussten dem Mörder nachsetzen. Einige fanden ihn am anderen Tag gegen Abend in einem Busch, 14 Meilen von Algier entfernt. Er hätte leicht nach Oran entkommen können, wenn er nur den Weg gewusst hätte. Sie brachten ihn aber erst am fünften Tag nach seiner Flucht auf seinem gestohlenem Pferd wieder zurück, weil sie sich nicht sonderlich beeilt und sich auch von den geraubten Dukaten etwas zugute getan hatten. Der Dey sprach ihm sogleich das Urteil, dass er nackt an einem Pferdeschwanz zur Stadt hinausgeschleift und dann mit vier hölzernen Nägeln an die Stadtmauer angenagelt werde und den Freunden des ermordeten Patrons zur Rache und dem Mutwillen des türkischen Pöbels überlassen werden solle. Weil er kein Türke werden wollte, wurde dieses Urteil augenblicklich an ihm vollstreckt. Der Pöbel brannte ihm mit Kohlen und brennender Lunte Löcher in den Leib, andere peitschten ihm mit Ruten auf die Brust und den Bauch, sodass er heftig blutete, endlich als sie ihren Mutwillen genug mit ihm getrieben hatten, jagte ihm ein Renegat am anderen Tage eine Pistolenkugel durch den Kopf und machte so seinen unaussprechlichen Qualen ein Ende. Die christlichen Sklaven durften mit Erlaubnis des Deys den übel zugerichteten Leichnam von der Mauer abnehmen und auf ihrem Gottesacker begraben.

In diesem Jahr 1737 wollte den algerischen Korsaren nichts glücken. Osman Reis, ein italienischer Renegat, blieb mit seinem Schiff und 400 Mann Besatzung auf See verschollen, sodass man zu Algier nichts mehr von ihm gehört hat. Zwei königliche Schiffe, von denen jedes 250 Mann Besatzung an Bord hatte, wurden beide von den

Spaniern genommen, das eine bei Cadix, das andere bei Malaga. Ein Reederschiff war gestrandet und hatte die gesamte Ausrüstung und Mannschaft in der See verloren. Diese bösen Zeitungen hintereinander machten die hochmütigen Türken so kleinlaut, dass man überall nur Klagen hörte. Endlich brachte zum großen Trost eine türkische Karavelle ein brasilianisches Registerschiff ein, das sie in den spanischen Gewässern genommen hatte und das eine reiche Ladung von Zucker, Tabak, Häuten etc. besonders aber auch 40 Pfund Goldstaub und eine sehr vornehme portugiesische Familie an Bord führte, von denen die Türken den Mann zu Tode prügelten, weil er einen der ihren, der ihm unfreundlich begegnet war, zu Boden geworfen hatte. Das Weib wurde eine Renegatin und die Konkubine eines Paschas. Die zwei Knaben wurden ein Jahr lang in Mohammeds Aberglauben unterwiesen, darauf mit großen Feierlichkeiten in einer Moschee beschnitten und dem Großsultan nach Konstantinopel zum Präsent geschickt. Diese Prise weckte den sinkenden Mut der Algerier, deren Seemacht jetzt so geschwächt war, dass es einem Feind wenig Mühe gekostet hätte, das Raubnest zu zerstören. Deswegen befahl der Dey vier große Gallioten zu bauen. Ende dieses Jahres lief ein Korsar mit einem hamburgischen Schiff ein, das er in der Höhe der Biscaya gekapert hatte. Unter der gefangenen Besatzung war ein Mann, den ich kannte, weil wir zweimal miteinander in Grönland gewesen waren. Ich sprach ihn auf der Mole beim Schiffbau an und erfuhr von ihm, dass sein Korsar schon eine dänische Prise mit Wein beladen bei sich gehabt hatte, als er sie angriff. Während sie mit dem Räuber kämpften, hätten die Sklaven die Gelegenheit genutzt und die 10 Türken, die mit ihnen auf dem dänischen Schiff gewesen seien, über Bord geworfen, die Segel aufgezogen und wären mit Schiff und Ladung wohlbehalten davongekommen. Von mir, so erzählte er, rede man in Hamburg kaum mehr. Man sei zwar willens gewesen mich zu ranzionieren, habe auch alle Anstalten dazu gemacht und eine reiche Kollekte veranstaltet, dann aber von Marseille und vom holländischen Konsul nichts mehr über mich gehört. So sei die Meinung aufgekommen, ich müsste entweder tot oder tiefer ins Land hinein verkauft worden sein, und so wäre die Ranzion unterblieben.

Ich hätte bei Anhören dieser Nachricht sterben mögen. Denn nun hielt ich mich in der christlichen Welt ganz vergessen, ging ohne Trost vom Hamburger hinweg und plagte mich mit lauter sündigen Gedanken, darinnen ich mir nichts Besseres als den Selbstmord ausmalte. Ich stellte mir Algier und meines Patrons Hass abscheulicher vor als die Hölle, und den Umgang mit den barbarischen Türken ärger als mit dem Teufel selbst. Dazu kam noch, dass der Dey am 6. März 1738 eine abscheuliche Exekution an christlichen Sklaven verrichten ließ, die mein Gemüt erneut angriff. Es hatten sich nämlich einige seiner Sklaven, die an den Galliotten bauten, verabredet, bei der ersten sich bietenden Gelegenheit durchzugehen, wofür sie eine englische Brigantine, die auf der Reede vor Algier lag, ausersahen. Als sich die Mannschaft an einem Sonntag bis auf zwei Schiffsjungen in des Konsuls Haus aufhielten, ruderten 18 Sklaven in einer Schaluppe an das Schiff, sprangen alle hinein, kaperten den Anker, zogen die Segel auf und wollten eiligst fort, blieben aber aus Unvorsichtigkeit mit dem Ankerhaken an einem gleichfalls auf der Reede liegenden französischen Schiff hängen und mussten eine gute Weile halten, ehe sie wieder loskommen konnten. Inzwischen verkündete der Donner der Kanonen des Kastells, dass Sklaven entwischt seien, einige Janitscharen sprangen sogleich in zwei Schaluppen und ruderten dem Schiff nach, das wegen Windstille nicht sonderlich vorankam. Hätten die Sklaven Einigkeit und Courage bewiesen, wäre es ihnen leicht möglich gewesen, die beiden Boote in Grund zu schießen. So aber wurden sie beim Anblick der Türken so bestürzt, dass sie aufs Verdeck niederfielen und um Gnade baten. Die Türken banden ihnen daraufhin Hände und Füße und brachten sie vor den Dey, der die

Rädelsführer, darunter einen Spanier, zwei Portugiesen und vier Deutsche, verurteilte, dass ihnen die Hälse abgeschnitten werden sollten, während die anderen mit 1000, 800 und 500 Prügeln bestraft wurden. Nach der grausamen Hinrichtung der zum Tode Verurteilten fing das Prügeln an und die meisten wurden so erbärmlich zugerichtet, dass sie nicht überstanden. Die Sklaven mussten die Toten bei den Beinen hinaus auf den christlichen Kirchhof schleppen und dort begraben. Die mit weniger Schlägen durchgekommen waren, ließ der Dey in ein Spital bringen, dort kurieren, und als sie geheilt waren, wieder an ihre Arbeit weisen.

Kapitel 7

Das grausame Spektakel hatte sich in meine Seele so tief eingegraben, dass ich mich lange Zeit der Tränen nicht erwehren konnte, besonders wenn ich in mein elendes Nachtquartier kam. Der Leib war müde, das Herz den ganzen Tag traurig und verdrossen, Speise und Trank nahm ich wenig zu mir und ich erreichte den höchsten Grad der Verzweiflung. Ich wollte nicht mehr leben, doch auch nicht ungerächt sterben, deshalb schwur ich meinem Patron, seinem Weibe und den beiden Söhnen den Tod. In diesem großen Elend ergriff mich Gott, der mich bisher wohl hatte sinken, aber nicht gänzlich fallen lassen, und ließ durch eine höchst erfreuliche Begebenheit mein Gemüt wieder aufmuntern. Es war bei uns Christen der Dienstag vor Ostern 1738, als am frühen Morgen ein Bedienter des holländischen Konsuls in das Haus meines Patrons kam, nach mir fragte und mir im Namen seines Herrn mitteilte, dass ich mich in einer wichtigen Angelegenheit zu ihm begeben müsse. Diese Nachricht war mir so seltsam wie erfreulich. Ich stahl mich deswegen von der Arbeit fort und versprach meinen Kameraden ein gutes

Trinkgeld, wenn sie heute so viel vollbrächten, dass man mein Fehlen nicht spüren würde. Sobald ich in des Konsuls Haus eingetreten war, wurde ich vor diesen geführt. Er begrüßte mich mit großer Freundlichkeit, erkundigte sich, wie lange ich hier Sklave sei und ob ich mich nach meiner Erlösung sehne, fragte auch, wie viele Jahre ich meinen Bruder nicht gesehen hätte. Ich sagte, dass wir vor mehr als 13 Jahren zum letzten Mal in Hamburg beisammen gewesen seien, beantwortete ihm auch alle anderen Fragen wahrheitsgemäß und redlich. Er hatte einen Zettel neben sich auf dem Tisch liegen, in dem er, wie ich merkte, nachsah, ob meine Antworten mit den ihm gegebenen Nachrichten übereinstimmten. Während des Gesprächs ließ mir der gütige Herr Speise und Trank in Überfluss reichen, womit ich mich auch herzlich erquickte. Als nun die Mahlzeit vorbei war, fragte mich der Konsul, ob ich wohl wünschte meinen Bruder wieder zu sehen? Ich seufzte tief, vergoss Tränen und sprach: »Ach, gnädiger Herr, das wird in der Welt wohl nicht wieder geschehen.« Er stieß darauf mit dem Fuß an die Tür eines Nebenzimmers und siehe mein Bruder Georg Kühn trat augenblicklich in den Raum. Seine Gegenwart war mir so wunderbar, dass sie mich gänzlich betäubte und ich nicht ein Wort reden konnte. Mein Bruder fiel mir um den Hals und sprach: »Ach, kann es möglich sein, Michael, dass ich dich in solchem armseligen Zustand in der Welt vor mir sehen muss?« Darauf begannen wir zu weinen und ich antwortete: »Ach, liebster Bruder, ich bin der unglückseligste Mensch, der nun dreizehn Jahre in der Sklaverei geseufzt hat!« Da ging das Heulen und Schreien dermaßen von neuem an, dass auch der Konsul sich nicht der Tränen enthalten konnte, sondern brav mitmachen musste. Da ich nicht imstande war ihn nach der Ursache seiner Ankunft zu befragen, brach er als Erster das Schweigen und sprach: »Liebster Bruder, ich bin hierher gekommen, um dich aus deiner bisherigen Sklaverei mit Hilfe Gottes zu befreien.«

Wir mussten uns nun beide auf des Konsuls Befehl an

den Tisch niedersetzen und mein Bruder zeigte mir ein Schreiben mit einer Anweisung der Herren Generalstaaten aus dem Haag, in welchem dem Konsul meine Sache bestens anempfohlen wurde, wie derselbe mich ausfragen, mit meinem Patron wegen der Ranzionierung verhandeln und darüber durch meinen Bruder wieder Bericht erstatten sollte. Diese Worte klangen mir hart in den Ohren; denn ich hatte gehofft mein Bruder würde mich sogleich von Algier mit wegnehmen. Der Konsul aber riet mir mit vernünftigen Gründen zur Geduld, weil die Sache an sich ihre Richtigkeit hätte und so gewiss alles geschehen werde, wofür er selber haften wolle. Mein Bruder stimmte ihm bei und sagte, es sei ein Irrtum geschehen, da die Ranzionsgelder zwar bereit, aber noch nicht angewiesen seien. Er versicherte mir mit den kräftigsten Eidschwüren, nicht eher zu ruhen, bis er mich in Freiheit gesetzt habe. Danach bedankten wir uns demütig bei dem Konsul und beurlaubten uns. Ich begleitete meinen Bruder bis ans Wasser, wo ich Abschied von ihm nahm und in meine Höhle zur Ruhe kroch. Ich konnte die ganze Nacht nicht einen Augenblick schlafen, sondern brachte die Zeit größtenteils mit Betrachtungen meines Schicksals zu. Sobald ich am Morgen wieder an die Arbeit kam, wechselte ich mit meinem Nebensklaven die Verrichtung, ließ ihn in die Stadt zum Dienst gehen und blieb im Garten, sagte daraufhin dem ältesten Sohn meines Patrons, dass mein Bruder hier sei und bat zugleich um Erlaubnis, dass er zu mir in den Garten kommen dürfe, welches er willigst gestattete. Gegen Mittag kam mein Bruder, als eben der Sohn des Patrons bei uns Sklaven zugegen war. Nach einigen Wechselreden mit mir verdolmetschte ich ihm, dass dieser mein Bruder von nun an Geld zusammenbringen wolle, um mich loszukaufen, worüber der junge Türke lächelte und mir sanft auf die Schultern klopfte. Ich bat ihn aber, er solle beim Patron gelegentlich anbringen, dass dieser mich nach so viel treu geleisteten Diensten um eine billige Ranzion losließe, welche Bitte mein Bruder mit einer vortrefflichen ostindischen, reich mit Silber beschlagenen Tabakpfeife begleitete. Der Sohn des Patrons freute sich darüber außerordentlich und bezeugte, dass er alles bestens bei seinem Vater vertreten werde. Er verließ uns und wir blieben mit zufriedenem Herzen zurück. Der Patron ließ mir ausrichten, dass ich in der Zeit, in der sich mein Bruder in Algier aufhalte, alle Freiheit von der Arbeit haben sollte. Ich durchstrich daher mit ihm alle Tage die Stadt und zeigte ihm die Merkwürdigkeiten in ganz Algier, brachte ihn auch in einen Fonduk, wo er sich einmieten konnte.

Mein Bruder wagte es und schlief drei Nächte bei mir in einem Keller, wobei er die ganze Nacht nichts tat, als mein bisheriges Elend zu bejammern und zu beseufzen und immer wieder beteuerte, dass er ein derartiges Tractament nicht ein Vierteljahr aushalten würde. Einige Tage später brachte er mir bei seinem Besuch ein Labsal mit, einen halben Eimer spanischen Weins, etwas Weißbrot, zwei westfälische Schinken, eine Quantität englische Bücklinge, einen holländischen Käse und englisches Brot. Ich gab meinen armen Mitsklaven jedem etwas davon, das andere behielt ich für mich und konnte mich daran ergötzen, hatte ich doch dergleichen in 13 Jahren nicht gesehen. Mein Bruder schenkte mir auch einige Dukaten, die mir wohl zustatten kamen. Kurz vor seiner Abreise gedachte ich ihm eine Ehre anzutun, lief zu einer Mohrin und kaufte einen jungen wilden Ferkel, den schlachtete ich und brachte ihn übers Feuer. Mein Bruder kam dazu, lachte herzlich über die Kocherei, doch ich briet ihn herrlich, holte einige Maß Wein dazu, und wir ließen es uns wohlschmecken, obgleich wir weder Schüsseln noch Teller hatten, sondern jeder seine Portion von dem hölzernen Bratspieß abschneiden musste.

Sobald mein Bruder seine Abfertigung vom holländischen Konsul erhalten hatte, reiste er wieder ab, ging an Bord eines englischen Schiffes, das ihn mit vollen Segeln bald aus meinen Augen trug. Ich war nun wieder allein und eilte teils vergnügt, teils betrübt nach Hause, wo ich bei meiner Ankunft gleich eine süße Frucht von meines Bruders Aufenthalt genoss. Der Patron ließ mich nämlich rufen und als ich vor ihm erschien, sagte er: »Michael, deine Ranzion ist mit dem holländischen Konsul verabredet und du hast nun so viel Freiheit, tagsüber zu tun, was du willst.« Ich küsste ihm den Rock und versprach gleichen Fleiß wie vorher, doch wurde ich in der Tat nicht mehr so hart und sträflich gehalten wie zuvor, bekam auch ein besseres Tractament, und dies alles auf des Konsuls Bitte und Anordnung.

Ich dankte Gott und betete fleißig für meinen Bruder Georg, dass er gesund in Haag ankommen möge. Er war inzwischen gleichfalls ein erfahrener Seemann geworden, der zweimal in Ostindien gewesen und sonst die vier Weltteile befahren hatte.

Ich tat also meine Arbeit nach wie vor und beachtete aufs Sorgfältigste, dass ich die türkischen Gunstbezeugungen nicht missbrauchte. Jetzt bekam ich von des Patrons Tisch meistens meine Kost, wurde von seiner ganzen Familie werter gehalten als zuvor, von seinen beiden Söhnen aber aufrichtig geliebt. Ungefähr einen Monat nach meines Bruders Abreise geschah wieder eine Exekution an zwei Sklaven, die sich mit zwei türkischen Weibsbildern verunreinigt hatten, und weil sie keine Türken werden wollten, augenblicklich zum Scheiterhaufen zur Marter mussten. Dieses Verbrennen war jämmerlich genug, wurde doch eine Grube einen halben Mann tief in die Erde gegraben und diese mit Stroh und Reisig etwa eine Elle hoch über den Erdboden angefüllt. Die armen Sünder wurden nackt an Pferdeschwänzen bis zu dieser Stätte geschleift, danach halb tot auf den Scheiterhaufen gebracht und das Feuer an allen Orten von den Türken angezündet. Sobald es in voller Flamme stand traten die Schinderknechte zurück, das Volk aber warf Steine und Erdklumpen hinein, dass es verlöschen musste, ehe die Körper gänzlich verbrannt waren. Dann zog man sie heraus und trieb Mutwillen genug damit, ließ sie schließlich liegen, damit sie die Christensklaven auf ihren Gottesacker tragen konnten. Die türkischen Weibspersonen führten sie am anderen Tag in einer Schaluppe aufs Meer, hingen ihnen Steine an den Hals und warfen sie über Bord. Viele Christen fallen aus Furcht vor dieser Strafe ab und werden Renegaten. Diese sind danach die ärgsten Christenschinder und Christenfeinde. Die Sklaven aber haben sich vor den türkischen und Mohrenweibern zu hüten, die begierig auf den Beischlaf mit den Europäern, besonders mit den Deutschen sind. Und wo sie ihn einmal genossen, werden sie nicht eher nachlassen noch aufhören, bis sie den Sklaven entweder gänzlich zu ihrem Willen oder um das Leben gebracht haben.

Kapitel 8

Endlich trat das längst ersehnte Erlösungsjahr ein, in dem ich der langen Sklaverei und dem verfluchten Algier Gute Nacht sagen sollte, und das war das 1739. Jahr. Im Februar wurden die vier Galiotten, deren Bau der Dey im Jahr 1737 begonnen hatte, fertig und am 1. März wurden wie vom Stapel gelassen, dabei ging es trefflich her, unter anderem gab der Dey vier Sklaven umsonst und ohne Geld frei und die anderen Sklaven, die mit am Schiffsbau geholfen hatten, bekamen eine Ergötzlichkeit an weißem Brot und Wein. Jede dieser Galiotten nahm 50 Kanonen und 400 Mann Besatzung an Bord und sie liefen am 1. April zusammen mit vier Particuliers und zwei Karavellen in See. Die Türken verschworen sich, in diesem Jahr allen Schaden wieder gutzumachen, den sie von den Christen erlitten hatten. Tatsächlich kehrten auch schon Ende April zwei von den Particuliers mit reicher Prise wieder auf die Reede von Algier zurück. Es war ein spanisches Schiff, das Nachschub und Kriegsgerät für die Besatzung zu Oran geladen hatte. Die Türken hatten dabei 132 Spanier, darunter viele Offiziere und Offiziersweiber zu Gefangenen gemacht. Es war aber zum Teil ein miserabel Volk, wie ich es beobachten konnte.

Inzwischen hatte mein Bruder sich in Holland und Deutschland, vornehmlich aber in meiner Vaterstadt zu Gotha viele Mühe meinethalben gemacht und ich kann auch die Bemühung meines Landesherrn um meine Erlösung nie genug rühmen. Höchstderselbe trug nicht allein eine ansehnlichste Summe zu den Ranzionsgeldern bei, sondern ließ auch durch seinen Agenten die 200 Reichstaler von der hamburgischen Kaufmannschaft erheben, welche diese zur Ranzion solcher Sklaven beizuschießen pflegte, die im Dienst eines Hamburger Kauffahrtei-Schiffes gefangen genommen wurden. Endlich fand eine christliche Kollekte in Gotha und Altenburg statt, welche in Gotha 118 Reichstaler in Altenburg aber 36 Reichstaler erbrachte. Dazu ließ ein hochedler Magistrat von meinem väterlichen Erbe 300 Reichstaler nehmen, worauf alles zuerst nach Hamburg, von da auf Befehl meines gnädigen Herrn nach Marseille einem Bankier und von diesem an den holländischen Konsul nach Algier überwiesen wurde.

Es ging damals aber mit der Korrespondenz etwas langsam her und mein Bruder vermutete gar Unrichtigkeiten, entschloss sich also mir bis Hamburg oder Amsterdam entgegenzugehen oder gar noch einmal nach Algier zu reisen. In Hamburg erfuhr er zwar, dass alles in Ordnung und ich los sei, wusste aber nicht, wie ich meinen Weg auf Gotha halten würde, deswegen ließ er seine Adresse und Briefe auf der Börse, wo ich ihn suchen sollte, wenn ich in Hamburg eintreffen würde. Er selbst aber ging nach Amsterdam, wo man ihm erklärte, dass ich über Nantes kommen solle. Deshalb wartete er bis Ende des Jahres 1739, während ich unterdessen direkt auf Hamburg zureiste und Amsterdam nicht sah, wohin ich aber meinem Bruder meine Ankunft mitteilte, der bald bei mir war.

Mit meiner Befreiung hatte es folgende Bewandtnis: Am 14. Mai, als ich eben mein Mittagsbrot gegessen hatte, kam der jüngste Sohn meines Patrons zu mir in den Garten und berichtete mir, dass sein Vater zum holländischen Konsul gerufen worden sei. Dieser habe viel Geld erhalten, um etliche Sklaven, besonders aber mich, loszukaufen. Gegen Abend kam der Patron selbst in den Garten, rief mich und sprach: »Michael, ich will dich losgeben, wenn du aber bei mir bleiben willst, will ich dich freigeben und dir das Geld dazuschenken, besinne dich diese Nacht.« Ich antwortete nicht viel, schlug die Hände zusammen und sprach: »Ach, Patrono, Freiheit, Freiheit!« Dabei begann ich zu weinen und küsste seinen Rockzipfel. So kroch ich diese Nacht das letzte Mal in mein Sklavenloch, konnte aber vor innerer Bewegung und Freude nicht schlafen, sondern stellte mir bald die Christenheit und meine Vaterstadt vor, die ich nun wieder betreten sollte, und auch meine Freunde.

Endlich erblickte ich das Licht dieses mir höchst glückseligen Tages. Es war der 15. Mai 1739, an dem mich der Patron rief. Ich musste ihn zum holländischen Konsul begleiten, sagte also dem Haus meines Patrons, der Arbeit, dem Garten, den Sklaven und dem Sklavenquartier auf ewig gute Nacht. Der Patron war vor mir wohl eine gute Stunde in des Konsuls Zimmer, ehe ich auch hineingerufen wurde. Sie hatten sich erst wegen der Ranzion miteinander verglichen und der Patron hatte mich danach sogleich freigesprochen. Sobald ich eingetreten war, fragte mich der Konsul, ob mir die Zeit lang geworden sei, aber anstatt ihm zu antworten fragte ich nur: »Ach, gnädiger Herr, komme ich denn gewiss los?« Der Konsul antwortete: »Du bist schon los, ich habe Briefe und Geld zu deiner Ranzion bekommen, auch dem Patron bereits 570 Reichstaler bezahlt.« Danach hob er ein weißes Tuch von einem Tisch im Zimmer, da lag das Geld alles aufgezählt, welches der Patron entgegennahm und mir meine Freiheit mittels eines Handschlags zusagte, an seinen Bart griff und nach türkischer Manier einen Eid leistete.

Der Patron besah daraufhin das Geld nochmals, rief

mich zu sich und ich musste mit ihm ein wenig vor die Tür des Zimmers gehen. Hier sagte er zu mir: »Michael, heute kannst du dein Glück groß und vollkommen machen. Du bist nun frei, das ist wahr, aber wenn du dich beschneiden lassen und ein Türke werden willst, schenke ich dir die ganze Summe nebst der Freiheit. Du sollst bei mir im Haus bleiben und der Oberaufseher aller meiner Güter werden, dabei auch handeln dürfen, womit du willst. Sollte es wieder zu Schiffe gehen, geb ich dir hiermit den Platz und den Sold eines Schiffszimmermanns. Du weißt, wie groß und angesehen meine Freundschaft allhier ist. Wenn du mir folgen willst, so will ich dich durch eine Heirat so einsetzen, dass du dein Lebtag genug haben sollst. Du suchst dein Vaterland so begierig, aber wenn du der Menschen Neugier befriedigt hast, was wirst du finden als Armut und Verachtung, während du hingegen bei uns Ehre und Ansehen gewinnen kannst. Du musst eine weite und gefährliche Reise tun, auf welcher dich das Glück aufs Neue äffen kann, hier aber hast du deinem Schicksal ausgetrotzt und durch Geduld alle deine Widerwärtigkeiten überwunden. Wer wird dir in deiner Heimat gleich ein Kapital von so viel hundert Talern, eine ansehnliche Versorgung und reiche Heirat geben? Du bleibst ein Hergelaufener, ein Verachteter, der nicht einmal das Bettelbrot zu seiner Erquickung haben wird. Besinne dich deshalb und steh dir nicht selber im Lichte.« Ich antwortete ihm aber kurz: »Patrono, dein Versprechen ist gut, tue es aber einem andern, den du damit gewinnen kannst. Ich danke Gott, der mich aus deiner Dienstbarkeit erlöst hat, dem will ich allein dienen und sonst keinem anderen, dem will ich allein anhängen, der wird mich gesund in mein Vaterland bringen und dort versorgen. Es ist wahr, was du sprichst, dass ich endlich meinem harten Los ausgetrotzt habe, aber du bist dessen bitteres Werkzeug gewesen, du hast in meinen Tränen deine Freude und in meinem Angst- und Wehgeschrei dein einziges Vergnügen gefunden, zu dem Ende hast du mich viele hundert Mal ohne

Gefangene Seeleute in Sklavenketten.
Figuren auf einer Hamburger Sklavenkasse

Ursache geschlagen und ich habe viele Stunden in Todesgefahr zubringen müssen. Daher will ich lieber ein Bettler unter den Christen als dein Verwalter sein.« Der Patron schwieg darauf still, ging wieder hinein ins Zimmer, strich sein Geld zusammen und ging fort. Ich aber dankte Gott auf den Knien, kehrte in des Konsuls Zimmer zurück und bedankte mich tausendmal für seine gehabte Mühe. Er befahl mir daraufhin in seinem Haus zu bleiben und die Straßen zu Algier und alles Ausgehen zu meiden, bis er mich zu gelegener Zeit mit einem christlichen Schiff wegschicken könne, da mir solange an Verpflegung in seinem Hause nichts abgehen solle. Binnen 8 Tagen ranzionierte der Konsul noch drei Hamburger und er musste für einen 1500 Taler bezahlen, es war auch einer dabei, der bereits 36 Jahre in der Sklaverei zugebracht hatte und nun in seinem Alter sein Vaterland wieder sehen sollte. Der Konsul sorgte ferner dafür, dass der Dey sein ordentliches Abzug-

Geld und ich dafür einen Passierschein erhielt, welcher mich auf meiner Heimreise vor aller weiteren Sklaverei sicherte, wenngleich auch mein Schiff von einem neuen Räuber genommen werden sollte. Er bezahlte im Hafen meinen Tribut und rüstete mich entsprechend aus. 27 Tage brachten wir beim Konsul zu, hielten in dieser Zeit in seinem Hause das heilige Pfingstfest mit Beten und Singen und wurden zwei Tage mit Speise und Trank herrlich von ihm bewirtet. Endlich kam eine französische Tartane auf der Reede an, die uns an Bord nahm und nach Europa bringen sollte. Ein jeder bekam für 12 Tage Proviant und ein gutes Stück Reisegeld, dann nahmen wir vom Konsul Abschied, wünschten ihm unter Tränen Glück und Segen und gingen zu Schiff.

Kapitel 9

Am 12. Juli des Jahres 1739 segelten wir mit günstigem Wind von dem verfluchten Algier ab, das ich das erste Mal am 27. April 1725 betreten hatte, sodass die Zeit meiner Sklaverei vom 25. Februar 1725 bis zum 15. Mai 1739 vierzehn Jahre, zwei Monate und siebzehn Tage betrug, in der ich alles ausgestanden habe, was an menschlichem Elend genannt werden mag. Wir verloren die afrikanische Küste bald aus unserem Gesicht und liefen mit einem Südostwind auf Europa zu, aber anstatt das französische Ufer zu erreichen, kamen wir der spanischen Küste immer näher. Am vierten Tag erblickten wir die Insel Menorca, weshalb wir die Segel änderten und gegen Osten anzulaufen suchten, drei Tage mussten wir lavieren, am vierten bekamen wir Südsüdwestwind, da setzten wir alle Segel. Ich tat auf dem Schiff alles mit, was ein erfahrener Matrose tun kann und erhielt dadurch vom Patron manche Recreation. Unsere Fahrt ging nun ohne weiteren Anstoß so gut vonstatten, dass wir am 21. Juli, also nach 10 Tagen, um

Mitternacht glücklich an der Reede von Marseille ankamen. Ich dankte Gott fürs Erste inbrünstig, dass er mich endlich, wie ich vielmal vergeblich gewünscht hatte, wieder in die Christenheit gebracht. Am 23. wurden wir ausgeschifft und in das eine Meile von Marseille gelegene große Hospital zur der auf 29 Tage festgesetzten Quarantäne gebracht. Auf fünf und fünf in eine Kammer logiert, wir ehemaligen Sklaven erhielten jeden Tag 20 Sou zu unserer Verpflegung, davon wir gut leben konnten, weil in diesem Hospital ein Koch sehr billig war. Es lag ein großer Garten, in dem wir uns erfrischen und Luft schöpfen konnten, wie wir wollten.

Eine Inkommodität hatten wir aber hier auszustehen, das war das Räuchern, das der Chirurgus dreimal mit uns vornahm, wobei es aber einmal wie das andere Mal blieb. Im Hospital gab es nämlich einen großen, geräumigen Saal, in dem wir am 6. Tag zusammenkommen mussten. Auf dem Fußboden lagen Stroh und viele dürre Lorbeeräste, die wurden angezündet, und das Gemach gut verschlossen, das uns der Dampf eine gute halbe Stunde lang durchzog. Endlich wurden wir aus diesem höllischen Kerker wieder in unsere Quartiere entlassen und dieser Prozess wiederholte sich mit uns am 18. und 27. Tag. Alle übrige Schiffsware musste diese Zeit unter freiem Himmel liegen und wohl auslüften, das Federvieh aber, das wir mitgebracht hatten, tauchten sie etliche Male in Seewasser. Als das Räuchern vorbei war, visitierte uns der Chirurg Mann für Mann am ganzen Leib und erteilte uns ein Gesundheitsattestat, danach konnten wir hingehen, wo wir wollten. Ein Verdruss wäre uns beinahe mit dem alten Hamburger begegnet, da dieser beim ersten Mal Räuchern so viel Rauch geschluckt hatte, dass er ganz krank wurde, das machte uns bange, denn wenn er gestorben wäre, hätten wir noch 40 Tage hier aushalten müssen. Aber er wurde nach eingenommenen Medikamenten bald besser und befreite uns von der Sorge.

Ich begab mich also in Begleitung von drei befreiten

Sklaven am 22. August in die Stadt Marseille zu dem Bankier, an den mich der holländische Konsul empfohlen hatte. Er nahm mein mitgebrachtes Schreiben sehr gütig, las es durch und befahl mir einige Tage bei ihm zu bleiben, worin ich gar gern willigte und eine reiche Verpflegung genoss. Nachdem ich es mir drei Tage bei ihm hatte wohl sein lassen, gab er mir ein Schreiben an einen gewissen Kaufmann zu Lyon sowie etwas Geld und erinnerte mich, dass ich ungesäumt die Reise dorthin antreten sollte, was ich auch nach seinem Befehl augenblicklich tat. Die Stadt Marseille ist wohl die größte und vortrefflichste Handelsstadt von ganz Frankreich, liegt an der Küste der Provence, hat einen großen, weiten, geräumigen und sicheren Hafen, an dessen beiden Seiten zwei wichtige Kastelle liegen, die den ganzen Hafen beschießen können. Im hiesigen Arsenal, wo die französischen Galeeren gebaut werden, traf ich unter anderen Sklaven auch einen Mohren, der mit an den Galeeren arbeiten musste. Ich erkannte ihn sofort und wurde auch von ihm wieder erkannt. Er hieß Hamet und wir waren während meiner Sklavenzeit mehrere Male auf Kaperei auf einem Schiff miteinander gewesen. Jetzt lachte ich ihn aus und erfuhr, dass er vor drei Jahren von den Maltesern unweit Oran gefangen genommen worden und in den Hafen von Marseille gebracht worden war. Ich wünschte ihm Glück zu seinem jetzigen Zustand und erinnerte ihn an das Tractament, das die armseligen Christensklaven in Algier leiden und ausstehen müssen. Solches müssen zwar die türkischen Sklaven in der Christenheit nicht besorgen, doch haben sie das Unglück, dass sie von den Türken weder ausgewechselt noch ranzioniert werden, sondern ewige Knechte bleiben müssen.

Wir verließen zu dritt Marseille und zogen auf Lyon zu. Unser erstes Nachtquartier hielten wir im Hospital zu Aix, wo wir freie Unterkunft fanden und von den Kaufleuten reichlich Almosen erhielten. Dieses Aix ist sonst die Hauptstadt der Provence, ein schöner Ort, aber nicht befestigt. Am andern Tag kamen wir nach Avignon ins päpstliche Gebiet, eine schöne Stadt mit einer vortrefflichen Brücke über die Rhone. Wir mussten in der Vorstadt in einem kleinen und sehr schlechten Häuschen übernachten, auch fielen die Almosen von den Kaufleuten, an die wir adressiert waren, überaus schlecht aus, ohne Zweifel weil wir der protestantischen Religion angehörten.

Uns passierte nichts Besonderes bis zum 31. August, als wir zu dem kleinen Städtchen Lieron kamen, wo man uns nicht einließ. Obgleich wir alle unsere Beredsamkeit aufwandten, unsere Pässe und Attestate vorwiesen, so sagten sie uns doch kurz ins Gesicht, wofür sie uns hielten, dass wir es als das Beste ansahen, uns zurückzuziehen. Wir gingen also mit vielem Widerwillen an diesem Ort vorbei und als wir schon sechs Meilen marschiert waren und uns ziemlich ermüdet hatten, mussten wir tausend gute Worte geben, dass uns ein Bauer im nächstgelegenen Dorf in seinem Stall die Nacht zubringen ließ. Die einfältigen Leute meinen hier, alles, was aus der Levante komme, habe die Pestilenz am Hals. So sahen wir auch, ich muss es selbst gestehen mit unseren großen Bärten und elendem Sklavenhabit fürchterlich genug aus, dass ich es eben den Leuten nicht verdachte, wenn sie nicht viel mit uns zu tun haben wollten. In Vienne fanden wir hingegen in den Herren Jesuiten rühmliche Wohltäter. Nachdem sie unsere Pässe und Empfehlungsbriefe gesehen hatten, die wir bei uns trugen, befahlen sie uns in ihr Refectorium zu gehen, wo sich das ganze Kollegium versammelte, dem wir unser ausgestandenes Elend berichten mussten. Der Pater Rektor ließ einem jeden ein weißes Brot und eine Kanne Wein reichen, auch einen ganzen Braten unter uns austeilen und gab uns Louisdor bei unserem Abschied mit auf den Weg. Endlich kamen wir am 3. September nachmittags 5 Uhr in Lyon an. Ich ging sofort zu dem Kaufmann, an den die Briefe gerichtet waren. Nachdem er sie gelesen hatte, ließ er uns durch seinen Diener in ein Wirtshaus einlogieren, wo wir unvermutet drei von unseren Kameraden fanden, die einen Tag zuvor von Marseille abgereist waren. Am andern Tag ließ uns der Kaufmann rufen, gab einem jeden 9 Livres und ein Empfehlungsschreiben nach Roanne und Orleans. Wir ruhten uns noch einige Tage hier aus.

Von Lyon nach Roanne hatten wir dann einen sehr sauren und beschwerlichen Weg; denn wir mussten große und unwegsame Gebirge übersteigen, womit wir vier volle Tage zubrachten, bis wir endlich dort ankamen und unsere Brief abgeben konnten. Wir fanden aber einen alten und mürrischen Mann vor uns, der uns länger als eine Stunde vor seinem Laden auf der Straße warten ließ. Endlich kam er mit einer lächelnden Miene zu uns und sagte: »Ihr guten Leute habt noch einen weiten Weg in euer Vaterland und dazu sicher nicht genug Geld bei euch. Gefällt es euch, zu unserer Religion überzutreten, so sollte wohl Rat werden, dass ihr euch besser an euer Ende reichlichst solltet ernähren.« Einer von meinen Kameraden, der gut Französisch sprach, antwortete ihm im Namen aller. Wir wären ohne Mittel einen so weiten Weg gereist und hätten allezeit eine reiche Versorgung gefunden, so trauten wir der Vorsorge Gottes ganz gewiss zu, dieser würde uns ferner durch Erweckung gutmütiger Herzen so viel zufließen lassen, dass wir glücklich zu den Unsrigen gelangen könnten. Wir dankten ihm demütig für sein Anerbieten, unser zeitliches Glück vollkommen zu machen, die Religion aber wider unser Gewissen zu ändern, das stünde nicht in unseren Kräften. Darauf tat er einen tiefen Seufzer; denn er war, wie wir hernach erfuhren, ein Protestant gewesen und katholisch geworden. Er fragte uns über unsere türkische Gefangenschaft aus und als wir seine Neugierde befriedigt hatten, ließ er uns in ein Wirtshaus bringen und auf seine Kosten gut verpflegen, bis ein Schiff nach Orleans abfuhr, was erst am 8. Tag geschah. Von unserem sauer blickenden Kaufmann erhielt jeder zwei Taler und ich, weil ich am schlechtesten bekleidet war, einen braunen Tuchrock sowie Empfehlungen an Kaufleute in Orleans und eine große Flasche Branntwein. Wir fuhren also höchst vergnügt auf der Loire dahin und kamen am 25. September nachmittags zu Orleans an, wo uns der Kaufmann jedem täglich 25 Sou zu unserem Unterhalt und wieder Briefe nach Nantes geben ließ. Die Canaille aber begegnete uns hier sehr übel, weil sie uns in der Kirche bei der Messe als Protestanten erkannte. Wir waren froh in der Christenheit zu sein, und dachten unseren Gottesdienst in den Kirchen mit einem andächtigen Vaterunser eifriger als zu Hause zu halten, deswegen gingen wir in eine offene katholische Kirche, um dort zu beten.

Doch wir wurden von den Messjungen und leichtfertigem Gesindel mit Steinen und Erdklumpen beworfen und bis in unsere Herberge gejagt, wo wir fünf Tage ruhig lagen und warteten, bis wir uns auf dem Schiff nach Nantes einschiffen konnten. Hier kamen wir nicht nur glücklich an, sondern fanden auch einen Hamburger Schiffer, den ich wohl kannte und der Otto Knapp hieß. An diesen verdingte ich mich, half drei Wochen befrachten, wofür ich Bootsmannstisch bekam. Acht Tage, bevor wir abfuhren, nahmen meine Kameraden Abschied von mir und reisten mit einem holländischen Schiff nach Amsterdam.

Am 4. November verließen auch wir Nantes, kamen mit einem ungestümen Nordostwind in die See, hatten aber doch eine gute Fahrt bis zur Insel Heysand, wo der Wind umschlug und wir Gefahr liefen bei trübem Wetter auf den kleinen normannischen Klippen zu stranden. So brachten wir zehn Tage zu, ehe wir den Kanal zwischen Dover und Calais passierten. In achtzehn Tagen kamen wir bis vor die Elbe und am 24. November liefen wir Cuxhaven an, wo ich das Schiff verließ und auf einer Schaluppe nach Hamburg fuhr.

Hier führte mich mein erster Weg zum Magistrat und zur Börse, wo ich mich höflich für den Zuschuss zu meiner Ranzion bedankte. Ich bekam von der Kaufmannschaft 14 Taler zu meinem Unterhalt und das Angebot, wenn ich bleiben und bei den Schiffsladungen helfen wollte, nebst freier Kost monatlich 4 Taler zu erhalten. Ich schlug es nicht gänzlich aus, bat nur um Erlaubnis zuerst mein Vaterland und meine Freunde besuchen zu dürfen. Auf der Börse fand ich meines Bruders Adresse und Brief, weshalb ich ihm eiligst nach Amsterdam meine Ankunft mitteilte. Und schon zehn Tage nach Abgang meines Briefes sah ich ihn bei mir in Hamburg.

Wie unsere erste Begrüßung gewesen ist, können sich nur die vorstellen, die in dergleichen Not und Gefahr wie ich gesteckt sind. Wir hielten uns nicht lange in Hamburg auf, sondern eilten auf Gotha zu, wo wir am 26. Dezember 1739 glücklich und gesund ankamen. Ich war so ein Wunder für die Augen meiner Landsleute, dass ich während des Gottesdienstes in aller Stille zum Brühler Tor eingelassen wurde, um einen ärgerlichen Auflauf des Pöbels zu vermeiden.

Ich dankte Gott aus der Tiefe meines Herzens, dass er mich aus einem so entfernten Winkel der Welt nach Verlauf von 21 Jahren wieder in meine Vaterstadt geführt hatte und war meinen Brüdern und Freunden sehr willkommen, die sich einige Tage lang aufs Freundlichste mit mir vergnügten. Und was das Wichtigste ist, so hatte ich nach den Feiertagen gnädigste Audienz bei meinem Durchlauchtigsten Fürsten und Herrn und durfte diejenige mildtätige Fürstenhand fußfälligst küssen, die sich bei meiner Erlösung so mächtig erwiesen, mir auch einen nochmaligen Beweis von Dero Gnade und Großmut machte, dass sie mir ein ansehnliches Geschenk zu meiner Erquickung reichen ließ.

Ich hatte nach diesem die Ehre vielen großen und vornehmen Leuten aufzuwarten und ihnen Nachricht von den unterschiedlichsten kuriosen Dingen zu geben. Bei all diesen Äußerlichkeiten vergaß ich nicht, an mein Seelenheil zu denken. Ich erwählte einen frommen und mutigen Beichtvater, unter dessen Anleitung ich aufs Neue zu einem guten Streiter Christi werden wollte. Er brachte mich so weit, dass ich am 9. Januar 1740, dem Sonntag nach dem Dreikönigsfest, das Heilige Abendmahl öffentlich empfing, nachdem zuvor der Gemeinde versichert worden war, dass ich von dem christlichen Glauben nie in meinem Leben abgewichen sei und zugleich auch allen Wohltätern für ihren gütigen Beitrag zu meiner Ranzion danke.

Ich blieb sieben Monate in Gotha, sah aber das müßige Leben für mich als etwas Unerträgliches an. Mein Handwerk hatte ich im Lauf der Zeit völlig vergessen und war zu alt, um es wieder neu zu lernen. Ich war das Wasser so gewohnt wie eine Ente und in Gotha war für mich kein Element zum Leben. Deswegen entschloss ich mich mein Glück wieder in einer Seestadt zu suchen und verließ am 27. Juli 1740 meine geliebte Vaterstadt, um nach Amsterdam zu gehen.

Johann Friedrich Kessler

Reisen zu Wasser und zu Lande

Leipzig 1805

Am 10. Februar 1775 lichteten wir endlich die Anker und fuhren von Livorno mit gutem Wind ab. Wir segelten gegen die Insel Korsika und da uns auf der Fahrt dahin nichts Unangenehmes widerfuhr, so warfen wir vor Bastia, der Hauptstadt dieses Reichs, die Anker. Die Nachricht, dass das Meer ganz gesäubert von Räubern sei, bestimmte uns, sechs Wochen ganz ruhig zu liegen und besseren Wind abzuwarten, der die ganze Zeit her sehr ungünstig war. Den 24. April endlich segelten wir von Bahia ab. Es stieß noch ein anderes Fahrzeug, *Xabeque* genannt, zu uns, welches wider Willen mein Unglück beförderte. Wir schlugen uns drei bis vier Tage untätig auf dem Meer herum und entdeckten nichts Feindliches. In der Mitte des Monats Mai nahm die eine Fregatte, Concordia, zwei kleine Mohrische Fahrzeuge und lieferte sie in den Hafen von Genua. Den 30. Junius endlich (noch erstarrt mein Blut in den Adern, wenn ich an diesen grässlichen Tag zurückdenke) segelte die Fregatte *St. Elisabeth* gegen Tunis; die *Xabeque* hingegen gegen Algier, mit der Abrede, dass sie sich beide an einer gewissen Seefläche (meistenteils ein Zufluchtsort der christlichen Kaper an den spanischen Küsten) wieder antreffen wollten. Die Verabredung war leicht gemacht, aber mit der Erfüllung des gegebenen Versprechens sah es desto betrüblicher aus: denn kaum hatten wir die Höhe von Algier gewonnen, als zwei Kaper auf uns Jagd machten. Der Kapitän unseres Schiffs traf sogleich Anstalten sie anzugreifen; jene aber kamen ihm zuvor und segelten mit so günstigem Wind auf uns los, dass, ehe wir noch die Kanonen herrichteten, sie schon zweimal Feuer auf unsere Fregatte gegeben hatten. Wir wehrten uns zwar zu Anfang des Gefechtes auf das Beste, weil wir noch immer auf Sukkurs hofften; da dieser aber nach langem Widerstand immer noch nicht erschien, die Afrikaner auch schon nach ihrer Gewohnheit ein Fahrzeug an das andere ketteten (enterten), und überdies bereits sechs Mann zu uns übergestiegen waren, so sank dem Kapitän endlich der Mut; er ließ die weiße Fahne zum Zeichen der Ergebung ausstecken, und die Mohren bestiegen ohne Hindernis das Schiff und legten die sämtliche Mannschaft in Ketten. Während des Gefechts empfing ich einen Schuss in den rechten Fuß; ich stürzte zu Boden und der zu häufige Blutverlust zog mir eine anhaltende Ohnmacht zu. Als ich die Augen aufschlug, befand ich mich schon unter den Kanonen von Algier. Und – ach! In der Entfernung ließ sich unsere *Xabeque* sehen, um meinen Jammer noch zu vermehren. Da lag ich nun fast tot, verwundet, gefangen und halb nackend, denn die Barbaren hatten mir sogar mein Hemd entrissen, und mir nichts gelassen, als ein paar alte Lumpen mit Ketten belastet; verzweiflungsvoll war mein Zustand, stechend wie Nadeln der Schmerz, der in meinem verwundeten Fuß tobte, unnennbar der Jammer, der mein Herz zerriss. Oh hätt ich wenigstens weinen und mein Elend durch Tränen lindern können, aber auch diese leidigen Trösterinnen verließen mich in der Stunde des furchtbaren Schreckens, wo das Elend mit seinen tausendfachen Qualen mich umklammerte und mit seiner eisernen Faust zu Boden drückte. Wo waren nun meine hochfliegenden Pläne, die immer während meine Phantasie gebar? Wo die goldenen Sprüche meiner Romane und Robinsonaden? Wo die Insel, die ich mit den schwärmerischen Geburten meiner Einbildungskraft bevölkerte? Wo die Riesenschlösser, die sie schuf? … ach! Sie hatten sich verwandelt in eine Sklavenkette, in das eiserne Band des Elends, der Qualen und des Todes. Des Todes? Oh hätt ich doch jetzt sterben können, wie willkommen wäre mir dieser letzte Freund gewesen! Ich bat, ich flehte den Himmel darum an, aber er schien meiner Klagen zu trotzen; er schien mich für das Unrecht bestrafen zu wollen, das ich an mir selbst begangen hatte; die letzte Hoffnung floh, der Trost entwich verräterisch aus meiner Brust, nichts blieb mir übrig als die Verzweiflung. Gern hätten mehrere meiner Mitgefangenen, die ohne Wunden waren, sich über mich erbarmt, aber sie durften dies nicht wagen, ohne sich der ärgsten Misshandlung auszusetzen; nur unser Schiffskaplan, dem die Barbaren ein seidenes Halstuch, nicht aus Barmherzigkeit, wahrscheinlich nur aus Versehen, gelassen hatten, verband damit meine Wunde. Beim Ausschiffen fiel ich in neue Ohnmachten. Zwei Mann trugen mich in ein Haus, welches einem Lazarett ähnlich sah. Ich wusste davon nichts, bis man mir das gehackte Blei aus der Wunde schnitt; denn die Mohren schießen mit größeren Kugeln als die Christen, und über diese Kugel laden sie noch eine halbe, welche sie in zwei bis drei Teile zerhacken. Dies leitet den Schuss sicherer und macht die Wunde gefährlicher.

Hier erst genoss ich den elenden Trost, mein Blut mit meinen Tränen zu vermischen; ich weinte und riss wenigstens dadurch die glühende Natter des Vorwurfs von meiner Brust, welche dieses Labsals bedurfte, um nicht zu zerspringen. Ich weinte und betete dabei inbrünstig zu Gott, dass, wenn er mir den Tod nicht senden, er wenigstens mein Herz vor Verzweiflung bewahren möchte. So ward ich etwas ruhiger; – ich danke es der Religion, die mich mit ihren heiligen Tröstungen erquickte. Zudem lag auch schon viel Trost für mich darin, dass ein englischer Feldscher, der gut Französisch sprach, erschien und sich über mich erbarmte. Ich machte, trotz meiner peinvollen Lage, während des Verbandes der Übrigen, den Dolmetscher, weil keiner die französische Sprache verstand. Dass sich ein englischer Feldscher hier befand, kam daher, weil die Afrikaner die Engländer sehr liebten; leider aber verdankten sie ihnen auch zum Verdruss vieler christlicher Seemächte ihre Bauart, besonders aber ihre Festungswerke.

Dem allen ungeachtet blieb meine Lage immer noch schrecklich genug. Man nahm mir die schweren Ketten ab und zog dafür einen dünnen eisernen Ring um meinen linken Fuß. So lag ich hingestreckt auf einer von Binsen geflochtenen Decke, bloß in einen alten zerrissenen Kolem gewickelt, überschlungen mit einem Stück Segeltuch, das des langen Gebrauchs wegen ganz steif geworden war. Mein Bett war also der kalte steinerne Fußboden, mein Himmel die Decke eines finsteren, freudenlosen Gemachs, um und neben mir erschollen tausend verwirrte Töne, die ich nicht verstand. Niemand kümmerte sich um mich; ich schien ausgestoßen aus dem Reich des Mitleids und der Barmherzigkeit; nur der englische Feldscher (sein Name bleibt ewig und unauslöschlich in mein Herz eingedrückt; er hieß Robert), ein artiger und überaus edler, gefühlvoller Mensch, nahm allein Anteil an meinem Schicksal und leistete mir die tätigste Hilfe. Dies war auch für mich gewiss das größte Glück; denn wenn ich in Mohrische Hände fiel, so würde der Brand, der sich schon zwei Finger breit über der Wunde zeigte, unfehlbar meinem Leben unter den schrecklichsten Schmerzen ein Ende gemacht, oder ich würde mein Schienbein durch eine schnelle Ablösung verloren haben, welches umso wahrscheinlicher wurde, da die Mohrischen Ärzte damals in der Heilkunde äußerst unwissend und nur in der Kräuterkenntnis bewandert waren. Nach dreimaliger Aderöffnung legte mir Robert in Zeit von 24 Stunden Umschläge von spanischem roten Wein (den der französische in Algier residierende Konsul dazu hergab) mit Feldrosen und Rosmarin auf, wodurch ich denn glücklicherweise von diesem äußerst gefährlichen Gast wieder befreit wurde.

Der Herr, dem ich als Sklave anheimfiel, nannte sich Abdala Caib. Er besuchte mich einige Mal mit der Frage, ob ich mich loskaufen könne, und als ich diese leider mit Nein beantworten musste, verwies er mich zur Geduld und versprach mir auch, mein hartes trauriges Schicksal, auf alle Art zu erleichtern – kurz, ich sollte mit ihm gewiss zufrieden sein. Er hielt auch redlich Wort und ich würde mich hoch versündigen, wenn ich während der Zeit meiner Dienstbarkeit ein einziges Mal über ihn hätte klagen wollen. Er war der Sohn einer toskanischen Sklavin, welche sein Vater gefangen genommen hatte. Da er nun etwas verdorben Italienisch sprach, so konnten wir uns zur Not verstehen. Es schien ihm dies auch wirklich lieb zu sein, weil er mir durch einen seiner Sklaven, der auch ein Italiener war, etwas Arrak und Goa, mit Kokossaft vermischt, zur Erquickung sandte. Dies Getränk ist afrikanischen Ursprungs und man kann es nach Belieben schwach und stark machen, wie ich denn auch oft bemerkt habe, dass sich die Mohren, besonders abends, sehr heftig darin berauschten, ungeachtet ihnen dieses nach ihren Gesetzen sehr nachdrücklich verboten ist.

Nach ungefähr zwei Schmerzensmonaten empfand ich wieder Kräfte genug, im Lazarett an zwei Krücken herumzugehen. Ein Lazarett konnte man diesen Aufenthalt des Elends zwar weit weniger nennen als ein Gefängnis; es war vielmehr ein über tausend Schritt langer Keller, worin gegen fünfzig unglückliche Gefangene ihr trauriges Schicksal beseufzten. Des Nachts brannte eine große Lampe mitten im Saal, bei deren dunklen Strahlen man nichts erkennen konnte; umso heftiger und tobender war der Lärm und das Geschrei der Mohren, welche sich die ganze Nacht hindurch mit der Mäusejagd beschäftigten, von denen hier eine ungeheure Menge nistete. Sie unterscheiden sich von unseren europäischen Mäusen dadurch, dass sie weit größer sind als diese und auf den hinteren Füßen gerade aufrecht gehen; die vorderen Füße, etwa nur 3/4 Zoll lang, liegen fest auf der Brust an; trotzdem aber laufen sie ebenso geschwind wie die europäischen Mäuse. Die Mohren ziehen ihnen das Fell ab, weiden sie aus, stecken sie an einen hölzernen Spieß, braten sie ein wenig am Feuer, streuen etwas Salz darauf und essen sie dann als einen Leckerbissen. Ich ward oft zu einem solchen Dejeunée eingeladen, aber nie konnte ich mich dazu bequemen, wiewohl mehrere von meinen Mitgefangenen, besonders die Italiener, eine solche Mahlzeit dem saftvollsten, gebratenen Taubengeflügel vorzogen.

Unsere gewöhnliche Speise bestand in einer Portion Reis, mit Honig oder Sirup geschmelzt und mit etwas Ciboa vermengt. Diese Ciboa ist eine ungefähr daumendicke Wurzel, welche die Afrikaner mit auserlesenen, wohlschmeckenden Kräutern (wie zum Beispiel bei uns der Majoran) in Essig einlegen. Durch das Kochen läuft diese Mischung sehr dick auf und schmeckt dann gerade so wie bei uns die Steinbilse. Es ist auf den Schiffen die tägliche Kost, die man als Zugemüse mit Caravanzen bereitet, eine Art Erbsen, zweimal größer als die böhmischen. Diese Caravanzen sind besonders in Spanien sehr beliebt. Fast jeder Topf am Feuer ist damit angefüllt. Die Brühe davon ist etwas dick, doch schneeweiß, nur durch eine ziemliche Portion Safran, welchen die Spanier überhaupt an alle ihre Gerichte zu streuen pflegen, wissen sie ihnen eine gelbe Farbe zu geben. Sie sind äußerst nahrhaft und wachsen in allen spanischen Provinzen; sobald sie aber einmal missraten, gerät der Pöbel in die heftigste Unruhe, weil sie ihm gerade das, was dem gemeinen Mann bei uns die Kartoffeln sind.

In der Mitte des Monats Februar 1776 ging ich in Gesellschaft zweier Mohren zum ersten Mal aus. Robert begleitete mich nach der Stadt, denn unser Lazarett befand sich außerhalb der Mauern unter den Festungswerken. Mein Einzug in Algier war traurig genug, denn jetzt trug ich einen daumendicken eisernen Ring am linken Fuß und unter den Armen ein paar hölzerne Krücken, um meinen schwankenden Körper fest zu halten. Ich glaubte eine ganz neue Schöpfung zu sehen, als mir eine große Anzahl Kamele, Affen und Elefanten begegneten. Überdies war die Stadt mit einer Menge Menschen angefüllt, die in den Straßen unaufhörlich auf- und abflutete; denn da es hierzulande wenig Städte und Dörfer gibt (und gibt es deren, so sind sie äußerst schlecht bevölkert), so zieht sich fast alles nach Algier. Außer den Landeseinwohnern halten sich hier noch viele Juden, Türken und überhaupt eine große Anzahl Europäer auf. Die Konsuln von den europäischen Seemächten, als Portugal, Spanien, Frankreich, Dänemark, Schweden, Holland etc., besitzen die vornehmsten Häuser und verzehren sehr ansehnliche Geldsummen, woran das Land sehr arm ist. Mit dem Sklavenhandel wird der stärkste Kommerz getrieben. An die Spanier verkaufen sie ihre Datteln *(Datylos)* und bauen einen Reis, der viel größer und schöner ist als der spanische. An Olivenbäumen hat das Land einen Überfluss. Sie pressen daraus nicht nur ein gutes Öl, sondern verkaufen auch viele grün eingemachte Oliven an die Engländer. Bis Maskara (6 Stunden von Algier), gegen Saara und Barka zu, ist das Land mittelmäßig bewohnt, von hier an aber beginnen die Wüsteneien. Wäre dies indessen auch weniger der Fall, so würden diese verlassenen Plätze schon wegen der glühenden Hitze und der Menge wilder, reißender Tiere nicht bewohnt werden können. Wagen sich doch die Tiger zu gewissen Jahreszeiten bis in die Nähe von Algier; ja, ich habe öfters blutige Körper von unglücklichen Sklaven gesehen, die ihren grausamen Feinden zu entfliehen suchten, aber von ihnen jämmerlich zerfleischt wurden. Die Religion ist mohrisch (maurisch) und mahommedanisch; beide glauben an den Koran und seinen Stifter, Mahommed, welchem sie auf den öffentlichen Plätzen der Stadt Obelisken, mit arabischen und maurischen Inschriften geziert, errichtet haben.

Die türkische Besatzung, welche unter den Befehlen eines Obrist Bassa der Janitscharen steht und über 1000 Mann stark ist, hat andere Moscheen als die Mauren. Die Letzteren verkündigen ihren Gottesdienst durch Glocken, welche über der Moschee in einem Glockenhäuschen aufgehängt sind und keinen Schlegel haben, indem drei bis vier Personen durch runde, messingene Kugeln an eisernen Stielen befestigt, einen musikförmigen Ton an der Glocke hervorbringen, der sich in der Tat besser ausnimmt als das gewöhnliche Geläute. Der türkische Glockenklang hingegen unterscheidet sich von dem europäischen durch gar nichts, außer, dass während des Geläutes eine lange, oder kurze Pause stattfindet, fast auf die nämliche Art wie in der Lombardei. Außer den vielen türkischen Moscheen ist vor den Mauern der Stadt Algier auch eine katholische Kirche, St. Elisabeth, welche im Jahr 1710 erbaut wurde. Zehn bis zwölf Priester versehen darinnen den Gottesdienst und die Messen; es sind Geistliche vom Orden des heiligen Franziskus, oder Bettelmönche. Da sie ein eigenes Kloster besitzen, so üben sie mancherlei Wohltaten aus, statt dass sie, nach ihrer Ordensregel, Wohltaten empfangen sollten. Aber freilich von wem, da sie mitten unter Heiden leben? Sie speisen alle Mittage von den Überresten ihrer Tafel die armen Mauren; demungeachtet müssen sie für die Erlaubnis, sich hier aufhalten zu dürfen, einen starken Tribut an den Dei zu Algier bezahlen. Zur Unterhaltung des Klosters steuern Spanien und Portugal die notwendigste Summe, auch die Konsuln der übrigen europäischen Mächte tragen das ihrige dazu bei.

Die Synagoge der Juden, die gleich am Ende der Stadt gegen Abend an der Meerpforte liegt, ist überaus prächtig gebaut – überhaupt gibt es in Algier viele Juden, welche die Wirtshäuser, Fleischbänke und Weinboutiken besitzen. Leider aber drückt auch hier diese Menschenklasse so, wie in anderen Staaten, die tiefste Verachtung. Ich wohnte im Jahr 1778 einer Grausamkeit bei, welche mich tief erschütterte. Ein Jude nämlich, der sich eines Verbrechens schuldig gemacht hatte, ward zur Strafe des Stranges verurteilt. Er wurde an einen ungefähr 6 Schuh hohen Pfahl in die Höhe gezogen. Sobald er nun in der Luft schwebte, riefen mehrere Stimmen: »Gnade! Gnade!« Sogleich ward er wieder herabgelassen, um losgeknüpft zu werden, in eben dem Augenblick aber widerriefen die Umstehenden das Wort Gnade und der Unglückliche trat seine vorherige Reise wieder an. Dies grausame Spiel trieben die Türken mehr als einmal mit ihm, bis es der Verurteilte endlich mit dem Leben büßte. Sein ganzes Verbrechen bestand darinnen, dass er gegen einen Muselmann sein Messer gezogen und ihn leicht verwundet hatte. Diese nämliche Grausamkeit wurde (kurz vor meiner Abreise) an einem Kaufmann aus Smyrna verübt, weil er falsches Geld in beträchtlicher Anzahl unter die Einwohner gebracht hatte.

Was die Münzen betrifft – so kursieren in Algier fast keine anderen als spanische, französische und englische Gold- und Silbermünzen; zwar gibt es auch eine kupferne Scheidemünze, diese aber prägen die Türken selbst. Man erblickt darauf das Brustbild des regierenden Großherrn, mit römischen Zahlen umflochten. Türkische Silbermünzen sind nicht so häufig, bei den Truppen aber besonders gangbar. Der Dei (in der Landessprache Simkaliphta genannt) bekommt Hausarrest, sobald er nicht zur gehörigen Zeit die Dazos, oder kaiserlichen Schutzgelder, an die Pforte abliefert. Die Wache, welche dann den Palast besetzt, besteht aus einer Kompanie Janitscharen, welche täglich ein Pildra zu ihrem Unterhalt bekommen, bis der Schuldner seiner Pflicht Genüge leistet.

Der Dei sitzt zwar mit im Divan oder Staatsrat, jedoch darf er nur über bürgerliche Kleinigkeiten und Strafen entscheiden. Der Hauptpräsident ist der Janitscharenobrist und dieser macht allein in wichtigen Vorfallenheiten seinen Bericht an die Pforte, von der dann die unwiderrufliche Entscheidung zurückkommt. Alle eingebrachten Prisen werden dem Dei vorgezeigt, welchem auch allein die Einteilung zusteht, nur Kanonen, Gewehre und alles, was Kriegsarmatur betrifft, bleiben unausgesetzte Sache des Janitscharenobristen.

Diebe, mutwillige Schuldner und Bankrotteure werden nebst den Trunkenbolden mit der Calstarde bestraft. Dies ist eine runde Scheibe, welche über zwei Schuh breit um den Hals herumläuft. Mit dieser Zierde wird der Verbrecher zur Schau auf dem öffentlichen Markt ausgestellt und dann durch die breitesten Straßen geführt (die minder breiten sind so eng, dass kaum vier Personen nebeneinander gehen können). Niemand darf ihm etwas zur Erquickung reichen. Ich habe dies mehrmals mit angesehen und erinnere mich, dass man ein paar Kaffern so lange hungern ließ, bis sie ihren Geist aufgaben. Die Leiber wurden dann den Löwen und Tigern gehackt vorgeworfen.

Die meisten Verbrecher werden aufgeknüpft, vielen wird mit einer eisernen Keule der Kopf zerschmettert. Jedes im Staatsrat gefällte Todesurteil wird durch dazu angestellte Personen öffentlich in den Straßen ausgerufen. Ist dies geschehen, so werfen sich dann 30 bis 40 Sklaven dem Janitscharenobristen zu Füßen, um für den Verurteilten um Gnade zu flehen. Nur selten wird das Urteil widerrufen, geschieht es aber dennoch, so ist die Gnade fast noch grässlicher als die Todesstrafe, weil der Verbrecher zeitlebens auf eine dem Großherrn gehörige Galeere geschmiedet wird, wo er am Ruder seinen Tod erwarten muss.

Mein guter Robert beschenkte mich mit einigen Balbiermessern – und nun fing ich das alte Handwerk wieder an und setzte mich, da ich meiner Fußwunde wegen noch immer nicht stehen konnte, auf die Lagerstätte derjenigen, welche sich rasieren ließen. Es ging damit auch wirklich recht gut und ich nahm alle Tage einige Bärte ab, nur, dass es mich etwas mehr Mühe kostete als sonst und dass keiner etwas dafür bezahlte. Trotz dem allen bekam ich von Seiten der maurischen Aufseher täglich meine bestimmte Arbeit. Freilich war sie in Rücksicht des bösen Fußes ganz meiner Lage angemessen, aber dennoch äußerst langweilig und verdrießlich – ich musste nämlich die alten Taue und Stricke auftrennen und dann die Fäden zupfen, aus denen, nach ihrer Auswaschung, neue Stricke verfertigt wurden. Die meisten waren sehr stark mit Unrat besudelt und das Pech klebte so fest an, dass ich oft ungeduldig den ganzen Plunder wegwarf. Aber das half alles nichts, weil ich ebenso oft da wieder anfangen musste, wo ich aufgehört hatte, um nur ohne Züchtigung wegzukommen, die bei Vernachlässigung meiner traurigen Pflicht gewiss nicht ausgeblieben sein würde. Ich gewöhnte mich an diese penelopeische Arbeit, umso mehr, da ich sah, dass meine unglücklichen Kameraden weit härteres Elend ertragen mussten. Viele wurden zur Reinigung der heimlichen Gemächer, viele zum Karrenziehen beordert. Auch ich würde diesem Schicksal nicht entgangen sein, wenn mich meine Wunde, aus der noch immer täglich Splitter herausgezogen wurden, von solchen ekelhaften Arbeiten nicht befreit hätte. Das geringste Versehen, das sich meine Kameraden zuschulden kommen ließen, wurde auf eine Art bestraft, die mir mehr als einmal die bittersten Tränen in die Augen trieb. Die Barbaren übten diese Strafen mit unempfindlicher Härte aus und hörten nicht auf das jämmerliche Geschrei, das den Ärmsten die Angst und der Schmerz auspressten. Diese Strafen bestanden größtenteils darinnen, dass man die Sklaven über einen Klotz oder Stein legte und ihnen auf den bloßen Hintern zwanzig bis dreißig Streiche mit einem baumdicken Pechstrick aufzählte. Nicht selten war ich in Gefahr, kleine Vergehen mit einer ähnlichen Behandlung zu büßen, doch mein guter Robert, der Schutzengel, den mir Gott gesendet zu haben schien, um mich in den Stürmen des Elends emporzuerhalten, suchte meine Fehler immer auf das Beste zu entschuldigen und rettete mich allemal glücklich. Doch nicht nur hierinnen, sondern auch in anderen Fällen zeigte er sich mir als mein größter Wohltäter. Es geschah sehr oft, dass er mir ein Stück gebratenes Fleisch oder sonst etwas Stärkendes mitbrachte, mich in meinem Unglück tröstete und mein Elend auf alle nur ersinnliche Art zu mildern suchte. Trotz dem allen war es ihm dennoch nicht möglich, mich von dem Baststrickflechten zu befreien. Unter diesem Bast müssen sich meiner Leser eine Art Binsen denken, welche dortzulande den Namen Sparta führen und im Wuchs die Höhe des größten Mannes erreichen. In Spanien wachsen sie ebenfalls sehr häufig und man stopft, statt wie bei uns, mit Stroh, dort mit Binsen, die hölzernen Betten aus. Am üblichsten ist diese Gewohnheit bei der Armee. Die Mauren hingegen flechten Stricke davon, die sie auf kleinen und größeren Fahrzeugen beim Einpacken der Waren, mit Ersparnis teurerer Materialien, sehr ökonomisch nützen. In Spanien werden auch für die Klassen der ärmeren Einwohner Stühle davon geflochten. Aus diesen Binsen musste ich täglich eine große Anzahl Stricke drehen. Niemand lehrte mich die Vorteile der Behandlung; ich sah das Kunststück mit großer Aufmerksamkeit den Übrigen ab, denn die Mauren verstanden von der Geduld im Unterricht ebenso wenig als ich von der Kabbala. Anfänglich fiel mir diese neue Beschäftigung ziemlich schwer und nur mit der äußersten Anstrengung war ich fähig, das mir zugemessene Tagewerk zu liefern. Furcht und Angst vor der Strafe aber überwanden jedes Hindernis. Ach, wie oft verwünschte ich damals den unglücklichen Gedanken, die Welt zu sehen; wie sehr verwünschte ich alle Romane und Robinsonaden, die, statt mich mit einer Insel, von Reichtümern angefüllt, zu beglücken, mir eine Kette an den Fuß legten. Wie oft weinte ich mit Sehnsucht die Nacht herbei, wo mein einziger Freund, der Schlummer, mit sanftem, mitleidvollen Blick nahte, um mein Gedächtnis vor allen Erinnerungen meines Elends zu verschließen und nur seufzend sah ich den Tag anbrechen, wo mein Jammer aufs Neue begann.

Ja! Wahrlich! Ich hielt den Tod damals für meinen einzigen, besten Freund und oft genug überwältigte der Gedanke meine Seele, mit einem einzigen Messerstich ein Dasein zu endigen, an dessen besserer Zukunft mich alle meine Hoffnungen verzweifeln ließen. Robert (sonst mein Beschützer und Freund, hier mein größter Widersacher und Feind) unterstützte diesen Gedanken nach der Philosophie seiner Nation und nannte mich, sobald ich Gesinnungen der Art äußerte, einen mutvollen, standhaften Deutschen, der, ohne in jenes unbekannte Jenseits zu blicken, aus dessen Gefilden noch kein Reisender zurückkehrte, mit Gelassenheit und ohne Furcht den Stahl zücken könne, um die Seele aus ihrem elenden Kerker zu befreien. Er erzählte mir zugleich eine Menge Beispiele von seinen Landsleuten, welche meinen Entschluss fester gründen und mir den letzten Schritt aus dieser in eine fremde Welt leicht und angenehm machen sollten. Dabei plauderte er schön klingende Floskeln und Gemeinsätze, um mich zu betäuben. Öfters war ich schon auf dem Weg, seine goldenen (aber ebenso giftigen) Sprüche für mich zu nützen, nur die Religion und die grässliche Vorstellung, ein Selbstmörder zu werden, hielten mich (Dank sei es der Vorsehung!) von diesem frevelhaften Schritt zurück. Oft lag ich des Nachts, wenn auch der Schlummer mein Auge floh, auf den Knien, weinte und betete zu Gott um Stärkung in diesem Kampf und um Rettung aus diesem Elend. Es kam Rettung … aber leider nicht für mich.

Der Großmeister von Malta schickte Bevollmächtigte nach Algier, um Christensklaven loszukaufen. Robert brachte mir die Nachricht davon. Ach! Wie sehr erfreute mich dieser Strahl der Hoffnung, der jetzt so unerwartet in meinen dunklen Kerker fiel. Das Gefühl der Freiheit ergoss sich durch alle meine Adern, ich atmete gleichsam von neuem und stand schon mit einem Fuß auf dem heiligen Boden meines Vaterlandes. Über meine Wangen schossen Tränen des Dankes und des innigsten Entzückens, ich küsste vor Freude meinen grausamen Befehlshabern die Hände und Füße, und fand keine Worte, mein Gefühl auszudrücken. Aber ach – furchtbar und schauerlich war die Täuschung, welche dieses Entzücken ablöste. Die Johanniter kauften nicht mehr als 9 Sklaven, die alle, außer einem einzigen, der ein Deutscher war, Malta als ihr Vaterland erkannten. Ich befand mich nicht unter ihnen, ich war nicht dieser einzige glückliche Deutsche, der von der Sklavenkette befreit ward, ich war vielmehr vom Schicksal erlesen noch länger an dieser barbarischen Küste zu schmachten und meine Speisen und Getränke mit den Ausbrüchen meines Schmerzes und meiner Tränen zu vermischen. Getäuschte Hoffnungen verdoppeln gewiss allemal die Leiden der Seele und des Körpers. Auch ich empfand jetzt diese Wahrheit, die mich in ihrer grausenvollen, schrecklichen Gestalt überraschte – und wenn ich nie lebhaft und mit Sehnsucht den Tod herbeigewünscht hätte, so wäre es sicher jetzt geschehen. Nur dass ich ihn selbst rufen, dass ich selbst mit eigener Hand einen tödlichen Pfeil auf mich abdrücken sollte ... dies war die Linie, die allein die Religion mir zu überschreiten verbot.

Meine Kunst, gut zu rasieren, war ruchbar geworden. Eines Tages trat der Slesky, einer von den obersten Aufsehern des Lazaretts, zu mir und befahl mir ihm unverzüglich zu folgen. Ich gehorchte und trat mit ihm in ein Gemach seines Hauses, wo auf einem Tisch ein Dutzend guter Rasiermesser lagen. Ohne ein Wort zu sprechen, warf er ein Kleidungsstück nach dem anderen von sich, entblößte den Leib und befahl mir nun, ihn überall zu rasieren, wo ich Haare fände. Da mir die Sitte, die den Mohren befiehlt, sich alle Monate beim Eintritt des ersten Mondviertels auf diese Art rasieren zu lassen, völlig unbekannt war, so wusste ich freilich anfangs nicht, was ich vor Verwunderung denken sollte. Indessen griff ich das Werk mit Freuden an und vollendete es zu seiner Zufriedenheit. Darauf schickte er mich durch einen Kulon wieder in mein Lazarett zurück. Den anderen Tag kam er schon wieder und winkte mir, ihm zu folgen, denn sprechen konnte ich nicht mit ihm, da ich bis auf diese Zeit blutwenig von der Landessprache verstand, welches auch fast nicht möglich war, da in dem Lazarett bald Maurisch, bald Türkisch, und das so vermischt gesprochen wurde, dass es dem fleißigsten Zuhörer unmöglich war, etwas für seine Sprachkenntnis zu gewinnen, weil er ein Wort mit dem anderen verwechseln musste.

Ich folgte dem Wink des Slesky, so wie gestern. Er führte mich in ein wohlgebautes Haus, an das ein schöner Garten stieß. (Ich muss hier zugleich die Bemerkung machen, dass fast jedes Haus in Algier einen Garten hat. Die Einwohner lieben dies sehr und brauchen den Garten zugleich zu einem Totenacker. In jedem sieht man runde, von schwarzem Geländer umzäunte Plätze, worinnen die Überreste ihrer Verwandten begraben liegen. Ich muss offen gestehen, dass mir diese Gewohnheit von jeher sehr gefallen hat. Wer liebt nicht seine Freunde? Wer sollte nicht wünschen, auch das letzte Andenken, das ihm von dem geliebten Toten übrig blieb, immer so ganz nah in seiner Gesellschaft zu wissen?) Als ich mit meinem Begleiter in das Haus trat, wurde ich von einer außerordentlichen, hier zu Lande noch nie gesehenen Pracht überrascht, die mich anfangs in Erstaunen setzte. Mein Führer merkte davon nichts und führte mich durch eine Menge reich verzierter Gemächer. In einem derselben ließ er mich warten, er selbst verschwand in einem gleich daranstoßenden, wo ich ihn sprechen hörte. Es dauerte nicht allzu lange, als er wieder zurückkehrte und mir abermals winkte. Ich trat in ein noch prächtigeres Zimmer, in welchem der Eigentümer des Hauses auf einem seidenen Sofa lag. Der Slesky zeigte auf mich und sprach dann wieder mit dem Fremden. Dieser nickte mir ziemlich freundlich zu und zeigte gegen die Tür. Der Slesky verließ mit mir das Gemach und führte mich in ein drittes, wo ich zwei bejahrte Weiber antraf, die sich jedoch, nachdem sie ein großes silbernes Becken mit Wasser hereingetragen hatten, sogleich entfernten. Kaum waren diese hinaus, als ihr Gebieter und Herr (der nämliche, den ich auf dem Sofa gesehen hatte) zu mir hereintrat, mir durch einen Kulon ein scharfes Schermesser überreichen ließ, sich dann nackend in das silberne Becken legte und mir nun winkte, dass ich ihn rasieren möchte. Ich erfüllte seinen pantomimischen Befehl, wie es schien, zu seiner Zufriedenheit und sobald ich damit fertig war, überreichte er mir zur Belohnung 6 Sopikas (nach unserem Geld ungefähr 4 Groschen); aber kaum war ich außerhalb der Mauern des Hauses, als mir der hartherzige Slesky das Geld bis auf einen Sopika abnahm. Doch auch dieser einzige machte mich schon äußerst munter, da ich lange Zeit keinen Kreuzer Wert in meinem Besitz gehabt hatte.

Auch an das Unglück fängt man sich nach und nach zu gewöhnen an. Ich lernte mich immer besser in mein trauriges Schicksal fügen und hoffte, wenn mich ja eine Träne des Unmutes beschlich, auf bessere Zeiten. Ich verrichtete meine täglichen Arbeiten pünktlich und getreu und unterhielt mich (waren diese beendet) mit einem Sklaven, der aus einer genuesischen Stadt, Navi, gebürtig war und mich in den Anfangsgründen der maurisch-türkischen Sprache unterrichtete, die er selbst sehr gut verstand, indem der Unglückliche schon seit sechzehn ewig langen Jahren das Joch der Sklaverei trug. Dabei erfuhr ich manches von den Gebräuchen der Algerier (das heißt von den eigentlichen Türken), was ich jetzt auch meinen Lesern, mit meiner eigenen Erfahrung bereichert, mitzuteilen gedenke.

Die in Algier geborenen und erzogenen Türken sind durchgehend schöne Leute, äußerst angenehm von Bildung und wohlgewachsen. Die Vornehmeren tragen seidene oder aus geblümtem Stoff verfertigte Kaftane, weiße Binden oder Turbane auf dem Haupt und Stiefel von rotem oder gelbem Leder. Die gemeinen Leute lassen sich das Kinn glatt abscheren, nur der Dei und die übrigen Türken tragen Knebelbärte. Beide Klassen baden sich oft, bisweilen alle Tage, und waschen sich, sobald sie essen wollen. Das Gebet, welches sie vor jeder Mahlzeit verrichten, heißt Sala.

Zwischen der Kleidung beider Geschlechter findet nur wenig Unterschied statt; doch sind die Anzüge der Frauenzimmer, welche durchgehend das Gesicht verschleiern (so heischt es ihr Gesetz), faltiger, bequemer und allemal prächtiger. Unter sich selbst kommen sie sehr oft zusammen und trinken Kaffee – befinden sie sich aber allein, so beschäftigen sie sich mit Stickereien.

In Algier darf niemand zu Pferde reiten als die Statthalter, Bassas, Agas und andere Befehlshaber; die geringeren

Seeleute entern ein algerisches Piratenschiff

Volksklassen bedienen sich der Esel und Maultiere. Wenn das schöne Geschlecht ausreitet, so befindet sich die Reiterin auf dem Maultier unter einem Zelt, mit dünner bunter Leinwand bezogen, wodurch sie alles sehen kann, sie selbst aber bleibt für jedes Auge unsichtbar. Den Maulesel treibt gewöhnlich ein dazu bestellter Sklave.

Wenn sich ein Muselmann zu verheiraten gedenkt, so muss er vor allen Dingen den Vater seiner Erwählten für sich geneigt zu machen suchen. Ist diesem der Antrag nicht zuwider, so schickt der Werber eine betagte Frau zu seiner Geliebten, welche die Neigung derselben erforschen und das bei so viel zu seinem Vorteil sprechen muss, als nur ihre Beredsamkeit erlauben will. Nimmt das Mädchen den Vorschlag in Güte auf, so empfängt sie aus dem Haus des Erwählten ein Stück Seide oder Stoff; sie hingegen sendet ihm ein Hemd oder ein Schnupftuch. Auf diese Art ist der Ehekontrakt so gut wie abgeschlossen. Jedoch bedingt sich der Bräutigam aus, dass, sobald seine Braut nur einmal das Gesetz ihrer Keuschheit verletzte, er sie in das Haus ihres Vaters zurücksenden kann. Nun werden die Anstalten zur Hochzeitsfeier getroffen und die Braut ein paar Tage zuvor ins Bad geführt. Mehrere Sklavinnen (oder, wenn sie diese nicht hat, Verwandte) bestreichen ihren Körper mit wohlriechenden Ölen, schmücken sie selbst auf das Beste und belehren sie dann, wie sie ihren Bräutigam empfangen und behandeln soll. Mit dem anbrechenden Morgen versammeln sich alle Freunde des Hauses, von denen einige die Braut abholen. Diese lauscht schon hinter einem Behänge des süßen Augenblicks und streckt die Hand hervor, aus der die Freunde des Bräutigams einige sehr fein gestickte Kleinigkeiten erhalten; sie hingegen empfängt dafür den Ehekontrakt. Nach dieser Zeremonie begeben sich die Männer in ein anderes Gemach, wo sie einen Teil des Tages mit Tabakrauchen zubringen, die Frauenzimmer aber tanzen bei einer angenehmen Musik. Bei dem Mittagstisch geht es sehr still und feierlich zu und sobald dieser abgetragen ist, wird die Braut dem Bräutigam übergeben, welche dieser – wohlgemerkt – bis auf diesen Augenblick noch gar nicht kannte. Bei Familien von vornehmem Stand reitet die Braut auf einem Maulesel, umgeben von der ganzen Hochzeitsgesellschaft und einer schmetternden Musik, in das Haus ihres künftigen Gatten. Bei ihrem Eintritt wird sie mit Janitscharenmusik empfangen. Die Braut sinkt verschämt und mit errötenden Wangen jungfräulicher Liebenswürdigkeit in die Arme ihres Auserwählten, der ihr mit zarter Hand den Gürtel löst, und, sobald er die Reinheit ihres Körpers unbefleckt findet, die alte Kupplerin, welche bis jetzt in dem Gemach der Liebe versteckt lauschte, davon benachrichtigt, welche dann sogleich hinauseilt und das Evangelium allen denen kundmacht, welchen daran gelegen war. Läuft inzwischen die Probe nicht so gut ab, als Braut und Bräutigam es wünschten, so wird die unglückliche Frau auf immer eingesperrt und bekommt dann kein anderes Gesicht mehr zu sehen als das Gesicht ihrer Sklaven.

Eine andere Gewohnheit herrscht bei Leichenbegängnissen: Sobald der Todestag des kranken Muselmanns herannaht, so wird sogleich das Gesicht des Sterbenden nach Morgen zugekehrt und die Umstehenden schreien ihm so lange »Mahomed, Mahomed« in die Ohren, bis sich die Seele vom Körper trennt. Gleich darauf treten betagte Frauenzimmer ins Haus, die mit eisernen Stäben auf eine Tafel schlagen und ohne Unterlass »Hny! Hny! Hny!« rufen. Der tote Körper wird sehr säuberlich abgewaschen, in eine Leinwand gewickelt, die oben und unten mit Charakteren von Safran beschrieben ist, und nachher auf eine Bahre gestellt, worauf denn allmählich jedes Glied der Familie an den Leichnam tritt und ihn leise fragt, warum er gestorben sei, da ihm doch auf der Welt nichts gemangelt hätte. Gehört die Leiche einem gemeinen Türken, so wird sie unweit einer Moschee niedergesetzt und darauf auf dem Totenacker ohne Gepränge eingescharrt; gehört sie einem Priester, so geht ein Chor vor der Leiche her, welcher die Worte *Hei la, hei la la* singt, ein anderer Chor antwortet *Mahomed resul Allah*, welches so lange fortgesetzt wird, bis die Leiche an ihrem Begräbnisort anlangt; gehört sie aber einem vornehmen Türken, so wird sie, ehe sie noch auf die Bahre kommt, mit den reichsten Stoffen und Zeugen geschmückt. Dem Sarg gehen mehrere Talebs und freigelassene Sklaven vor, welche lange Stäbe tragen. Die Letzteren heulen und schreien laut, die Talebs aber singen ihr *Hei la, Hei la la*, nur die Leichenträger bleiben stumm und tragen bunt gefärbte Kleider. Mehrere Sklaven, die der Leiche folgen, tragen das Schwert und die Kriegsarmaturen ihres Herrn (falls der Verstorbene ein Pilot war). Den Zug beschließen mehrere reiche und vornehme Türken, Pferde, Kamele und Maultiere. Der Körper wird in ein ausgemauertes Grab gelegt und oben mit einem Stein, aber nie mit Erde bedeckt – neben dem Grab weht 40 Tage lang (nach Mahomeds Vorschrift) eine Fahne. Während dieser 40 Tage sind die Weiber des Verstorbenen verbunden täglich das Grab ihres Mannes zu besuchen. Am letzten Tage sammeln sich mehrere Bettler um den Totenplatz, um von der Witwe ein Almosen zu erhalten. Solange diese Trauerzeit währt, darf die Leidtragende kein Feuer in ihr Haus bringen, sie wirft deshalb, zum Zeichen ihres Schmerzes, einige Kieselsteine aus einer Hand in die andere und sagt dabei: *S'ellam Allah* (Licht Gottes). Die Männer wissen nichts von Trauer, dürfen aber dennoch unter vier Wochen nicht aus dem Haus gehen. Noch muss ich hierbei etwas von einem Aberglauben bemerken, der den Türken sehr heilig ist:

Sie sagen, wenn ein Toter im Grab liegt, so treten zwei Engel mit finsterem Blick, Mungir und Gangoir genannt, in ihren Händen eiserne Keulen und Schlegel tragend, zu ihm, welche ihm folgende Fragen zur Beantwortung vorlegen:

»Hast du an Mahomed und sein Gesetz geglaubt?«

»Hast du es erfüllt?«

»Hast du die Sala gebetet?«

»Hast du die Fasten Ramadam gehalten?«

»Hast du jederzeit den frommen und willigen Geber gemacht, den Armen erquickt und dem Notleidenden geholfen?«

Kann der Tote alle diese Fragen mit Ja beantworten, so verschwinden die Engel und zwei lichte Gestalten treten an ihre Stelle, von denen die eine das Haupt des Toten an seine himmlische Brust legt, die andere seine Füße umschlingt, bis an den großen Tag, wo Mahomed den Körper mit der Seele vereinigt. Fallen aber die Antworten nicht so aus, als sie ausfallen sollten, so schlagen die finsteren Engel den Toten mit ihrer Keule sieben Ellen tief in die Erde hinein und reißen ihn wieder heraus … mit diesem Spiel fahren sie fort bis zum Tag des ernsten Gerichts. Daher kommt es auch, dass die Türken fast in alle ihre Gebete folgende, auf diesen Aberglauben sich beziehende, Worte mischen: »Erlöse mich, Allah, von der Frage der Engel, von der Pein des Grabes und dem bösen Wege!«

Die Türken beschneiden ihre Kinder stehend und nicht

eher als im achten oder neunten Jahr. Sind es die Kinder gemeiner Leute, so geschieht es ohne alle Zeremonie; bei den Kindern vornehmer Eltern hingegen finden Pracht und Feierlichkeit statt. Die Knaben werden mit den schönsten Kleidern geschmückt zur Beschneidung geführt und, sobald diese vorüber ist, beginnen eine Menge Feten, wo immer eine die andere an Glanz übertrifft.

Die Gottesverehrungen der Türken sind mit Zeremonien fast bis zum Ekel überladen. Alle Freitage (dies ist ihr Sonntag) gehen sie in die Moschee, wohin sie der Taleb vom Turm herab mit den Worten einlädt: *Ei el Sala, ei el folla, fchehed Mahomed raifolla*. Vor der Tür der Moschee streichen sie den Ärmel über den Ellenbogen, fassen eine Hand voll Wasser, spritzen es bis über den Ellenbogen hinauf und an die Ohren, gehen barfuß in den Tempel, neigen sich gegen die vier Winde, fallen auf die Knie, grüßen die Engel, und beten mit verdrehten Augen und sonderbaren Gebärden. Die Talebs murmeln ebenfalls Gebete, die niemand versteht, kehren sich oft zum Volk um und sagen laut: »Groß ist Gott.« Die Gemeinde antwortet darauf noch lauter: »Und sein Prophet Mahomed.« Jede türkische Moschee enthält nichts als eine große Lampe, nach der Gegend zu aufgehängt, wo das Grab Mahomeds liegt. Nicht weit davon liegt ein großer platter Stein, auf dem sich, nach ihrer Meinung, die Engel während des Gebetes niederlassen.

Unter allen mahommedanischen Feiertagen ist das große Fasten Ramadam die heiligste Zeit. Es dauert 4 Wochen und keinem Türken ist es erlaubt, so lange die Sonne am Himmel steht, einen Bissen Brot oder einen Trunk Wasser über seine Lippen zu bringen. Desto üppiger leben sie in der Nacht; sie schmausen und zechen bis an den frühen Morgen. Zur Nachtzeit werden alle Türme und Galerien der Moscheen mit brennenden Lampen besteckt. Begegnet ein Türke dem anderen, so spricht er zu ihm: *dairam bark*, welches einen Wunsch zum glücklichen Fest bedeutet. Auf den Straßen treiben sich eine

Menge Bettler umher, welche die Vorübergehenden mit Rosenwasser bespritzen und dafür ein kleines Geschenk erhalten.

Ein anderes Fest fällt ungefähr 2 Monate nach dem großen Fasten und heißt *Cud Schuk Bairam*, oder Opferfest, das Abraham eingesetzt haben soll, als er seinen Sohn zu opfern gedachte. Alle Türken (sie mögen reich oder arm sein) müssen an diesem Tag einen Hammel mit Hörnern schlachten und das Fleisch unter die Armen verteilen, womit sie es aber nicht so streng nehmen, weil sie das Beste davon selbst verzehren. Die Talebs putzen ebenfalls einen Hammel mit vielen farbigen Bändern an, führen ihn durch alle Straßen und schlachten ihn. Wenn das Haupt abgelöst wird, beten die Talebs laut: *»Bis Milla, Allah, quar Mahomed.«*

Die Türken sind gegen die Christen sehr stolz und von Natur erbittert. Desto kriechender betragen sie sich gegen ihren Simkalifta und ihre Talebs, Skuttas und Maribouts. Die Landesregierung ist durchaus despotisch. Wenn ihnen zum Beispiel ein Urteil in der allgemeinen Ratsversammlung vorgelesen wird, so müssen sie es auf den Knien mit dreimaliger Küssung des Bodens anhören.

Sobald sie auf den Seeraub ausgehen, erhalten sie von dem Simkalifta und dem Janitscharen-Bassa ein Dekret, nach dessen Empfang sie einen Eid ablegen, dass sie alle gemachten Prisen genau anzeigen, keine Schiffe oder Fahrzeuge derjenigen Mächte, die an Algier einen Zoll liefern, angreifen, und sich auf keinen Fall gefangen geben, sondern sich, wenn ihnen kein anderes Rettungsmittel übrig bleibt, samt dem Schiff in die Luft sprengen wollen. Dafür versprechen ihnen ihre Imans (Koptis) eine große Vergeltung von der Hand ihres Propheten und die schönsten Weiber (Houris) im Paradies. Die, welche sich gegen die Mauren demütig betragen, haben nichts weniger als Tyrannen zu befürchten, desto barbarischer springen sie mit denen um, welche sich nicht bei jeder Gelegenheit vor ihnen bücken und zum Zeichen der Unterwürfigkeit den

Boden küssen. Ich wusste das und gewann bei der strengen Ausübung dieser Notwendigkeit wenigstens so viel, dass ich während meines Elends auf dieser Küste nicht mehr als vier Streiche auf den Rücken empfing. Doch zwei davon waren auch so bündig, dass ich den rechten Arm acht Tage lang vor Schmerz nicht aufheben konnte.

Meine Kundschaft im Barbieren mehrte sich fast täglich, schon standen über dreißig Bärte unter der Botmäßigkeit meiner Schermesser. Meine Wunde besserte sich dabei augenscheinlich; ich war schon imstande, bloß mit Hilfe eines festen Stocks auszugehen. Dies Handwerk brachte mir immer einige Sopikas ein. Für den Überfluss durfte mir jedoch nicht bange sein, da sich mein gebieterischer Aufseher sehr bedächtig das Plus zu Gemüte zog. Da meine Kundschaft so gut vonstatten ging und ich dabei oft von anderen Sklavenarbeiten freigesprochen wurde, so wandelte mich die Lust an, mein Heil auch in der Wundarzneikunst zu versuchen, aber dieser Meinung war Robert keineswegs. Er stellte mir ein solches Beginnen äußerst gefährlich vor und versicherte mir dabei, dass mich eine einzige unglückliche Kur in die härteste Sklaverei stürzen würde, weil die hiesige Art zu kurieren gar sehr von der europäischen abweiche und die maurischen Ärzte überdies die rachsüchtigsten Menschen wären. Außerdem gab es auch wirklich in Algier unter den Türken wenig Kranke, indem die maurischen Körper von sehr gesunder Natur und zu den heftigsten und anhaltendsten Strapazen geeignet sind. Die meisten von ihnen erreichen ein siebzigjähriges Alter und ich habe sechzigjährige Greise gekannt, welche mit Jünglingsfeuer und ohne Spuren des Alters blicken zu lassen, noch einmal auf den Raub in die See ausliefen. (Die Abgaben dieser Räubereien sind so beträchtlich, dass ihnen zur Erleichterung ihres Alters wenig übrig bleibt, viele sind sogar gezwungen, die notdürftigsten Lebensmittel vor den Moscheen und in großen Häusern zu suchen. Die wohlhabenden Mauren, als Handelsleute, Beamte und dergleichen, unterstützen zwar die Armen mit ihrem Überfluss, doch müssen diese für ihr Almosensammeln vorher einen Erlaubnisschein von dem Befehlshaber (Tiflars) des Distriks, wo sie wohnen, aufzeigen, weil alle mutwilligen Bettler durchaus nicht geduldet werden).

Es existiert auch ein Verpflegungshaus in Algier, welches doch nur diejenigen aufnimmt, welche auf der See in Diensten des Staates, verunglücken. Hierbei gilt zugleich das Gesetz: Wenn ein, auf eigene Rechnung ausgelaufenes, mit der Erlaubnis der Behörde versehenes Schiff verunglückte Personen zurückbringt, so müssen die Übrigen, die es nicht sind, von der gemachten Beute für die Krüppel eine bestimmte Summe in das Verpflegungshaus zahlen, damit die Krüppel, für welche diese Summe gehört, Zeit ihres Lebens ihren Unterhalt haben. Übrigens trifft dies Gesetz auch alle diejenigen Schiffe, die keine Krüppel mit zurückbringen, aber doch mit einiger Einschränkung. Die Armen werden noch von der Geistlichkeit wöchentlich ein paarmal gespeist – und man kann bei diesen Beweisen einer trefflichen Polizeieinrichtung in Wahrheit die Bemerkung durchaus nicht unterdrücken, dass die Raubstaaten in dieser Hinsicht alle unsere europäischen Armenanstalten weit hinter sich zurücklassen.

Im Jahr 1777 ward ich zu meinem Herrn Abdala Caib gerufen. Er winkte mir freundlich zu und beschenkte mich, da ich, wie alle Sklaven, barfuß ging, mit einem Paar gelbsaffianen Pantoffeln, womit er einen ausgebreiteten Handel trieb. Es gibt 10 bis 12 Kaufleute in Algier, die mit Safran, Wachs, Mandeln wilden Tierhäuten und Datteln handeln. Auch die Pomeranzen, die sehr häufig in den Tälern zwei bis drei Stunden Wegs um die Stadt herum gegen Fez zu wachsen, machen einen ergiebigen Zweig des Handels aus. Nur die Kokosbäume missraten, weil sie nie zur gehörigen Reife kommen. Eine kleinere Art Kokosnüsse werden zwar erzeugt (man nennt sie Cocusbin), aber sie kommen den eigentlichen Kokosnüssen bei weitem nicht an Güte bei, auch ist ihr Saft nicht so gut und süß.

Ich war eines Tages gerade mit Barbieren fertig, und wurde nach meiner Wohnung zurückgeführt, als mir der französische Konsul, Louis Certain, begegnete. Er blieb stehen, betrachtete mich von Kopf bis zu Fuß sehr genau und fragte mich dann auf Französisch: Was ich für ein Landsmann wäre? Ich erzählte ihm ganz kurz, aber mit kräftigen Worten, die Geschichte meiner Gefangenschaft; er hörte mir sehr aufmerksam zu und reichte dem Mauren, dem ich zur Aufsicht übergeben war, ein Stück Geld für seine längere Verweilung. Als ich ihm alles gesagt hatte, was mir auf dem Herzen lag, schrieb er meinen und meines Herrn Namen auf; besonders aber schien es ihm zu lieb zu sein, dass ich rasieren und frisieren könne. Er machte mir beim Abschied die Hoffnung, mich, wenn es nur im Geringsten möglich sei, zu sich ins Haus zu nehmen, und drückte mir dann 3 Livres, oder 1/2 Laubtaler, in die Hand.

Meine Leser können sich keinen Begriff von dem Entzücken machen, das ich empfand, als mich auf dieser schrecklichen Küste einmal ein Mensch von Gefühl (ich nehme meinen guten Robert aus) anredete, – noch mehr, als endlich ein Hoffnungsstrahl der Rettung in mein Herz fiel, an der ich fast schon zu zweifeln begann. Vergnügt kehrte ich in meine unterirdische Wohnung zurück. Es befanden sich darinnen gegen 23 Sklaven, andere 60 waren in die übrigen, dem Abdala Caib und seinen beiden Brüdern gehörigen, Häuser verteilt. Ich sehnte mich umso mehr aus diesem furchtbaren Keller des Elends, weil immer während Juden zu uns kamen und Sklaven kauften, mit denen sie dann nach Marokko zogen, um sie dort zur Urbarmachung der wüsten Steppen zu gebrauchen. Gott, wenn mich dies Los getroffen hätte, so würde ich die Luft meines lieben Vaterlandes wohl nie wieder eingeatmet haben!

Ich verließ mich fest auf das Wort meines neuen Gönners, aber vergebens; ein Tag nach dem anderen verging und immer wollte die Stunde meines Glücks nicht schlagen. Endlich nach 14 bang durchlebten Tagen ließ mich eines Morgens nach dem Gebet Abdala Caib zu sich rufen. Ich erschrak anfänglich, weil eine Forderung der Art oft einen geschehenen Verkauf des Sklaven anzeigt. Zitternd und mit benommenem Herzen nahte ich mich, warf mich zu seinen Füßen und küsste dreimal die Erde.

»Christ!«, redete er mich an. »Ich bin bisher mit dir vollkommen zufrieden gewesen und wünschte dich dafür belohnen zu können. Es ist zu beklagen, dass weder du noch deine Anverwandten in Europa imstande sind etwas für deine Befreiung zu tun. Doch höre – der Zufall will dir wohl. Nimm ihn als einen Beweis deines mit dir versöhnten Schicksals an. Der Christenabgeordnete von König Ludwig XVI. in Frankreich verlangt dich in sein Haus; ich billige seinen Wunsch. Du sollst ein Jahr lang bei ihm bleiben. Dort wirst du mit deiner Kunst gewiss so viel verdienen, dass du mir einen Teil deiner Ranzion damit bezahlen und dich zum Kulon machen kannst. Morgen nach dem zweiten Gebet wirst du mir dahin folgen.«

Ich konnte mich vor Freude kaum besinnen und hätte die meinem Herrn schuldige Achtung beinahe verletzt. Ich dankte ihm, so gut mir es möglich war, halb italienisch, halb maurisch, und entfernte mich. Mit hochklopfendem Herzen eilte ich in meinen dumpfigen Keller zurück und dankte dort dem Allmächtigen für die Erhörung meiner so oft an ihn abgesandten Seufzer.

Am anderen Morgen ging mein Herr mit mir wirklich zum Konsul. Ein Bedienter des Hauses, der aus Straßburg gebürtig war und ein ziemlich reines Deutsch sprach, warf mir, von Mitleid über meine elende Gestalt durchdrungen, ein paar alte Kleidungsstücke zu. Schon der Moment, einmal wieder meine Muttersprache sprechen zu hören, machte mich vor Freude trunken, am angenehmsten aber für mich war die Nettigkeit und Reinlichkeit des Hauses, das ganz nach europäischem Geschmack eingerichtet war und das nun in kurzem alle jene traurigen Bilder aus meiner Seele zu verwischen versprach, die ich mit aus meinem Kerker herüberbringen würde. Jetzt ließ mich Monsieur Certain vor sich kommen.

»Nun«, rief er mir zu, »Keßler, bist du mit dieser Veränderung zufrieden?«

»Oh, großmütiger Mann!«, entgegnete ich, seine Hand küssend. »Ich begreife kaum die Möglichkeit dieser so schnellen als glücklichen Veränderung.«

»Ich freue mich, dass sie dir gefällt. Du scheinst ein besseres Schicksal zu verdienen. Lass sehen, ob wir, da du dich loskaufen kannst, dein Unglück wenigstens auf diese Weise bestechen können. Dort (indem er auf einen Nebentisch zeigte) liegt ein Paket mit Wäsche und Kleidung. Nimm es mit, es ist für dich bestimmt. Das Übrige wird dir der Sekretär sagen.« Ich dankte ihm nochmals auf das Wärmste und entfernte mich.

Mehrere Szenen meines Lebens veranlassen mich, hier den Franzosen, in Rücksicht ihres mitleidigen Charakters, eine Lobrede zu halten. Sie fühlen das Elend eines Unglücklichen mehr als alle anderen Nationen und suchen, sobald nur ihre Kräfte es erlauben, dasselbe auf alle mögliche Art zu mildern. Dabei sehen sie weder auf den Unterschied der Religion noch des Standes, Heiden und Bettler sind ihnen so lieb, als echt katholische Christen und Fürsten. Ich habe diese Bemerkung auf meinen Reisen nicht einmal, sondern wohl hundertmal gemacht. Der Franzose ist auch nie rachsüchtig: Sobald er seinen Feind überwunden hat, bietet er ihm gewiss auch schon wieder die Hand zur Aussöhnung, und tut ihm Gutes. Ganz anders denkt und handelt der Spanier. Nur ein Beispiel davon. Als im Jahr 1794 ein Korps französischer Kriegsgefangener in Barcelona anlangte, so wurde es von dem wütenden Pöbel mit einer Stein- und Kotkanonade bewillkommt, und wahrscheinlich würde auch keiner mit dem Leben davongekommen sein, wenn nicht ein Detachement Dragoner dazwischen gekommen und die armen

Gefangenen der Raserei des Pöbels entrissen hätte. Sie wurden in die Zitadelle gebracht, wo sie sich einige Tage darauf bei ein paar Flaschen Katalonier-Wein lustig machten, einen Freiheitsbaum errichteten und um denselben herumtanzten (denn auch selbst in dem größten Unglück verliert der Franzose nie seinen Mut, er singt, pfeift, trällert und tanzt, wenn er auch an einer Kette läge). Kaum erfuhr dies der Pöbel, als er haufenweise mit Sicheln, Sensen und allerhand Ackerinstrumenten bewaffnet, in die Zitadelle drang, die Wehrlosen gewaltsam überfiel und gegen 50 Mann zu Boden streckte. Diese niederträchtige Behandlung ist freilich größtenteils aus dem Nationalhass der Katalonier gegen alle Franzosen zu erklären (die sie in der Landessprache *Covatschos* nennen). Die Franzosen hätten diese grausame Misshandlung gegen ihre Brüder ein Jahr darauf, als sie die Festung Figueras (30 Stunden von Barcelona) einnahmen, an den Kataloniern sehr leicht rächen können, aber sie taten es nicht; vielmehr behandelten sie nicht nur die Einwohner der Festung, sondern auch alle dazugehörigen Dorfschaften so gütig und mild, dass die Spanier darüber selbst erstaunten.

Meine Geschäfte beim Konsul waren von keinem sonderlichen Belang. Ich rasierte ihn und den Sekretär einen Tag um den anderen, besorgte in Gesellschaft des Koches den Einkauf der Speisen auf dem Markt und trug sie dann nach Hause. Mein Dienst machte mich auch in verschiedenen sehr vornehmen maurischen und den Häusern der übrigen Konsuln bekannt, wohin ich öfters mit Briefen und Schriften geschickt wurde, und als der Sekretär merkte, dass ich nicht unbewandert in der französischen Sprache sei und auch mit der Feder umzugehen wisse, so zog er mich mehr als einmal auf die Schreibstube, wo ich Briefe und Schriften zum Abschreiben erhielt.

Nicht selten machte sich der Konsul den Zeitvertreib, meine abenteuerliche Geschichte anzuhören, er schenkte mir dann stundenlang seine Aufmerksamkeit und nannte mich allemal seinen treuen Deutschen – ein Name, der meinen Ohren und meinem Herzen sehr angenehm klang, und dessen ich mich auch in der Tat würdig zu machen strebte.

Ich befand mich in diesem Haus so wohl, dass ich nur selten an meinen Sklavenstand erinnert ward. Abdala Caib verlangte zwar einmal, dass ich zum Zeichen meiner Knechtschaft einen Ring von Draht an den Fuß legen sollte, doch mein gütiger Konsul sprach mich auch davon frei und stellte den strengen Muselmann durch ein Geschenk wieder zufrieden. Wie gesagt – ich war nach Verhältnis meiner ehemaligen, schrecklichen Lage jetzt äußerst glücklich; ich hatte keinen Kummer; meine Arbeiten waren meinen Kräften angemessen und von aller ekelhaften Demütigung entfernt, mein Herz ruhig und allenfalls nur um die Zukunft bekümmert. In unserem Haus herrschte selbst die vollkommenste Ruhe, die nur bisweilen durch die Besuche der Mauren unterbrochen ward, welche ihre Visiten nicht eher als abends nach dem vierten Gebet ablegen.

Es war bereits ein Jahr verflossen, seit ich den Keller der Gefangenen verlassen und das Haus des liebenswürdigen Certain bezogen hatte, als spanische Missionäre vom Orden der Befreiung *(de Nuestra Senora de la Redemcion)* im Hafen zu Algier einliefen. Sie machten nach dem zweiten Tag ihrer Ankunft auch bei unserem Konsul ihre Aufwartung und erzählten ihm, dass sie einigen zwanzig Sklaven die Freiheit verschaffen würden. Ich hörte dies selbst, als ich eben das Zimmer verließ und seufzte; die Patres sahen mir nach und schienen meine Lage zu ahnen. Der Konsul führte nun, wie er mir nachher versicherte, das Gespräch auf mich und empfahl mich dem Ordensgeistlichen auf das Wärmste. Als sie weg waren, erzählte er mir den Vorgang, schärfte mir aber wohl ein, diesmal die Maske der Verstellung vorzuheften und mich für einen Katholiken auszugeben, weil dies der einzige Weg wäre, um meine Freiheit zu erhalten. Ich versprach alles und dankte dem würdigen Mann für seine Verwendung. Der deutsche Bediente gab mir einen Rosenkranz mit großen Glasperlen und hing mir denselben um den Hals. An diesem Zeichen erkennen die Spanier *un buen Christiano* (einen guten Christen).

Als der Konsul den Ordensgeistlichen einen Tag darauf seinen Gegenbesuch machte, (sie wohnten in einem Juden-Arecho (Gasthaus), welches ihrem echt katholischen Glaubenseifer höchst zuwider war) so ward ich zum zweiten Mal der Gegenstand seiner Unterhaltung, er sprach auf das Vorteilhafteste von mir und erzählte ihnen, dass ich dem König von Neapel gedient und auf einem toskanischen Schiff während der Kreuzerei gegen die Kapers in algerische Gefangenschaft geraten wäre.

Diese Geistlichen (welche sich auch Kreuz-Spanier nennen) tragen ein weißes Ober- und Unterkleid, auf das ein rotes Kreuz gestickt ist. Ihre Klöster befinden sich in Madrid, in Barcelona, in Sevilla und auch in Valladolid. Sie sammeln durch alle katholischen Länder Geld ein, welches sie dann an den General des Ordens, der ein Spanier ist und in Valencia wohnt, wieder abliefern. Dieser schickt nun (falls eine ansehnliche Summe beisammen ist) mit Beihilfe des Kaisers und anderer katholischer Mächte Abgeordnete in die afrikanischen Seehäfen, welche dafür dem Bassa und anderen Partikulieren Christensklaven abkaufen und zu Hause Rechnung ablegen. Um der Ordnung willen stellen sie hernach in den Kreuzgängen ihrer Klöster öffentliche Verzeichnisse von den Namen der Sklaven, die sie loskauften, aus und bezeichnen darinnen sehr genau ihr Vaterland, das Jahr ihrer Freiwerdung und den Preis, für den sie die Letztere erhielten. Wie trefflich, wie so ganz anpassend dem reinen Religionssinn ist diese Stiftung! Möchten doch alle Klöster in der Welt eine solche Nachahmung Jesu ausüben! Wie viel Not und Elend auf der Erde würde dadurch gemindert werden! Noch von 200 Jahren her sieht man solche Kataloge hängen. Es vergeht aber auch kein Tag und keine Messe, wo nicht ein Scherflein für die Erlösung der Gefangenen geopfert würde. Die Missionärs heucheln zwar bei solchen Reisen eine vollkommene Enthaltsamkeit und prahlen mit der Ehre Gottes, für die sie lediglich alle Gefährlichkeiten und Gefahren bestehen, allein dies mag wohl nicht allemal der Fall sein, denn ich habe in der Folge, wo ich in dergleichen Klöstern Barbierkunden zu besorgen hatte, oft gesehen, wie sie jene Mühseligkeiten durch ein treffliches Wohlleben zu versüßen suchten. Dies gestanden mir selbst Ordensgeistliche, mit denen die Herren Missionäre in Feindschaft lebten. Die Beredsamkeit und das gute Herz des Konsuls vermochten über die Missionäre so viel, dass sie mich nebst noch 18 anderen Sklaven loskauften. Ich war darunter der einzige Deutsche. Man denke sich das unnennbare Entzücken, das, wie eine neue Schöpfung, mein ganzes Selbst belebte, als ich die Nachricht von meiner Ranzionierung hörte. Ich stürzte zu den Füßen meines Wohltäters und weinte ihm meinen glühendsten Dank, denn sprechen konnte ich nicht. Der Konsul selbst war sehr gerührt, und beschenkte mich, als ich ging, noch reichlich. Ich kann es ihm nicht vergelten, aber der Unbekannte in den Wolken wird für mich die Schuld bezahlen.

Ehe ich nun aus diesem Land scheide, glaube ich meinen Lesern noch die Erzählung von einigen Gebräuchen der Algerier und ihrer Stadt selbst schuldig zu sein.

Algier (oder auch Argel) liegt am mittelländischen Meer an einem hohen, 4 Stunden langen Berg und ist gut bevölkert. Die Schattierung von uralten und neuen, aber in ganz verschiedenem Geschmack gebauten Häusern, macht einen üblen Eindruck auf das Auge. Desto angenehmer und merkwürdiger ist die Reinlichkeit der Straßen bei so viel Unregelmäßigkeit, und einer so großen Volksmenge; dafür werden sie aber auch täglich zweimal gesäubert, wozu die Regierung und die Partikuliere die nötige Anzahl Sklaven hergeben. Man kann bis jetzt noch immer die Zahl der sich hier befindenden Sklaven auf eine Summe von

10 000 bis 12 000 Köpfen anschlagen; vor 30 und mehreren Jahren belief sie sich wenigstens auf 300 000. Die Verringerung wurde durch den im Jahr 1778 mit Spanien, Sizilien, Sardinien und anderen christlichen Seemächten, geschlossenen Waffenstillstand *(Annisticio)* bewirkt.

Die Stadt hat dicke und starke Mauern, welche noch aus den Zeiten der Römer herrühren und jetzt von Bollwerken und halbmondförmigen Schanzen bestrichen werden. Die Schanzen laufen sechs Schuh weit ins Meer. Auf den Spitzen der Berge befinden sich mehrere Batterien und gegen Abend ein paar Kastelle, welche im Jahr 1770 durch englische Ingenieure angelegt wurden. Die Barbaren haben weder Kriegs- noch Linienschiffe, sie bauen nur Fregatten, Galeeren und kleinere Fahrzeuge, mit denen sie, eben ihrer leichten Bauart wegen, bloß auf Kaperei auslaufen können.

An ihren Küsten hat die Natur gut für sie gesorgt und dort eine Menge Höhlen geschaffen, in denen sie unentdeckt auf die Vorbeipassierenden lauern. Ihr Hauptvorteil aber liegt doch in dem Boden ihres Hafens, der so seicht und lehmig ist, dass der Anker eines Kriegsschiffes durchaus nicht haften kann. Hierzu kommen überdies noch die gewaltigen Stürme aus Süd-Norden und die ewige Uneinigkeit der christlichen Mächte. Die Ersteren reißen die Anker der Linienschiffe los und schleudern sie in die See zurück. Dies erfuhr Spanien mit seinen Alliierten im Jahr 1775, als der General-Kapitän O-Reilli die unglückliche Ausschiffung mit 26 000 Mann machte und durch die große Menge der Mauren, welche das Gebirge besetzt hielt, zurückgetrieben ward. Der auf der See kommandierende General Don Pedro Castejon war ihn zu unterstützen nicht imstande, weil alle seine Linienschiffe und andere Fahrzeuge durch die heftigen Stürme ankerlos waren. Wahrscheinlich würde auch damals von den 26 000 Mann nicht ein einziger davongekommen sein, wenn sich nicht 2 toskanische und sardinische Fregatten ins Mittel geschlagen und das Einschiffen durch starkes Kanonieren begünstigt hätten. Die Mannschaft musste *con panza en tierra* (auf dem Bauch) an Bord kriechen, weil die Fregatten über ihre Köpfe hin feuerten, um die nachsetzenden Mauren zurückzuhalten.

Die in Algier gewöhnlichen Hausmöbel bestehen in 3 oder 4 kupfernen Kesseln, die sie auch mit zur See nehmen, um darin ihre Speisen zu kochen; in einer zinnernen Wanne mit Wasser gefüllt, die teils am Eingang der Tür, teils in einem eigenen dazu bestimmten Zimmer befindlich ist, in der sich jeder Muselmann die Hände wäscht, wenn er in einem fremden Haus seinen Besuch ablegt; ein, zwei oder drei Sofas oder, wenn der Besitzer arm ist, in einigen Stühlen von Sparta oder Stroh geflochten. Sie sind rund und das Gesäß hat ungefähr die Größe eines holländischen Käse. Die Betten und Sofas der Bemittelten und Reichen sind mit Baumwolle gefüttert. Die Armen hingegen strecken sich auf ein Binsenlager mit Laub von Datteln oder Oliven bestreut, das sie die Woche nur einmal mit frischerem vertauschen. Sie würden dies wahrscheinlich öfter unterlassen, wenn sie nicht eine Schar kleiner Insekten, die sich in dem Laub einquartiert und sich besonders in der temperierten Jahreszeit außerordentlich mehrt, dazu zwänge. – Zum Hausgerät wird ferner eine große Kohlepfanne von Messing oder Kupfer gerechnet. Ställe und Küchen sind gewöhnlich gleich nebeneinander. Nicht weit davon befindet sich auch das heimliche Gemach, mit einem kleinen Gefäß voll Wasser versehen und zum Waschen bestimmt. Die Reinlichkeit der Häuser ist demungeachtet sehr groß; immer während wird der Fußboden, der meistens aus Steinen geformt und mit seidenen, zeugenen oder leinenen Teppichen geschmückt ist, vom Schmutz gereinigt und gewaschen.

Die jungen Damen, welche man bei Tage nur selten zu sehen bekommt und die immer während verschleiert sind, spielen die Oberherrschaft im Haus, so lange sie schön sind; bei zunehmenden Jahren müssen sie der jungfräulichen Blüte ihr Recht abtreten und Kammerdienste verrichten. Dann haben sie es auch weiter nicht nötig, sich so ängstlich zu verschleiern und ihr Hauptgeschäft besteht in der Besorgung der Küche und in der Erziehung der Kinder.

Es war im September 1778, als ich meine Freiheit erhielt. Mehrere Sklaven wurden mit mir zugleich in die Ratsversammlung geführt, wo die Ordensgeistlichen mit den maurischen Oberhäuptern über die Summen verhandelten, die sie für uns bezahlen sollten. Auf dem Tisch lagen die schönsten spanischen Quadrupel, von dem ein Stück nach unserem Geld 16 Laubtaler beträgt. Ich erfuhr nachher, dass die Geistlichen 12 solcher Quadrupel, also 192 Laubtaler für meine Freiheit, doch mit der Bedingung bezahlt hatten, dass ich nun dafür der Krone Spaniens dienen müsse. Ich war damals 36 Jahre alt, meine Gesundheit fest und mein Körper dauerhaft; in dieser Hinsicht überstieg also wenigstens dies Lösegeld den Wert meiner Freiheit nicht, da ich doch noch eine geraume Zeit dem Königreich dienen konnte. Ich selbst konnte freilich diese Summe nicht erschwingen, und wenn sich meine Bartkunden auch um 1/3 gemehrt hätten. Von zu Hause durfte ich auch wenig erwarten, weil meine Mutter kein eigenes Vermögen besaß. Demungeachtet schrieb ich doch ein Jahr vorher nach Geld. Den Brief bestellte der französische Konsul und (wie ich bei der Rückkehr in mein Vaterland erfuhr) hat meine gute Mutter ihn auch wirklich erhalten. Mit Tränen las sie die Nachricht von meiner traurigen Gefangenschaft. Und ob sie schon selbst nichts für mich zu bezahlen imstande war, so sammelte sie doch unter guten Menschen eine Beisteuer von 100 Reichstalern, an der auch der damalige regierende Graf zu Gera, Heinrich XXX. Anteil hatte. Da die unglückliche Mutter aber bald darauf starb, so kam die Summe in meines Vormunds D. Hände, der sie – durchbrachte.

Wir schifften uns den 12. Oktober 1778 in dem Hafen vor Algier ein. Eine schwedische Pinke nahm uns auf. Da dieser Tag durch das Anbordbringen des Proviants und dergleichen Geschäfte verstrich, so konnten wir erst am anderen Tag, vormittags um 10 Uhr, in See gehen, die Winde bliesen sehr günstig und bald schwanden das hohe Gebirge von Algier und die afrikanischen Küsten aus unseren Augen.

Am 4. Tag der Fahrt langten wir wohlbehalten und ohne Abenteuer, in dem Hafen vor Barcelona an. Von einem am Ufer stehenden Kastell, mehr einem runden Turm ähnlich, der einige achtpfündige Kanonen trug, rief uns eine Stimme zu: *Quien vive?* (Wer da?) Antwort: *España.* Frage: *Que Gente? y donde vienen?* (Was für Volk? Und woher kommt es?) Antwort: *Una Pinca fueca, e que vienen de Argel* (Eine schwedische Pinke, die von Algier kommt).

Simon Friedrich Pfeiffer

Meine Reisen und meine fünfjährige Gefangenschaft zu Algier

Gießen 1834

1. Einleitung

In Rheinhessen geboren, verlor ich schon im sechsten Jahr meine Eltern durch den Tod. Wohltätige Menschen nahmen sich meiner Erziehung an und sorgten für meine erste Ausbildung. Im dreizehnten Jahr bestimmte ich mich zur Chirurgie, zu welchem Fach ich besondere Neigung fühlte. Elternlos und allein, getrennt von meinen Brüdern, fesselte mich nichts mehr an die Heimat und ich beschloss daher in der Hoffnung, im Ausland mein Glück zu finden, nach den Niederlanden zu reisen, wo ich mehrere Bekannte anzutreffen glaubte. Als fünfzehnjähriger Jüngling in Amsterdam angekommen, ward ich von einem dortigen Bekannten freundschaftlich aufgenommen, und ihm danke ich meine Empfehlung an den auf der Werft kommandierenden Admiral. Dieser menschenfreundliche Mann (Kuvel war sein Name), voll Mitleid mit meiner zarten Jugend, willfahrte meinem Wunsch und schickte mich als Praktikant der Chirurgie auf ein Linienschiff in dem Hafen Texel.

Es war dieses eines von den so genannten Kostschiffen, einer Art von Seekasernen, die beständig im Hafen liegen. Alle Neulinge, Matrosen, Steuerleute, Kadetten, Offiziere, Chirurgen und Ärzte, werden in solche gelegt, um sich hier an das Seeleben und Schiffswesen zu gewöhnen und gleichsam ihre praktische Schule zu machen. Aus diesen werden dann die in See gehenden Schiffe bemannt. Hier nun brachte ich einige Monate zu und machte mich allmählich mit dem zwar geräuschvollen, aber doch einfachen und einförmigen Schiffsleben bekannt.

Meine damalige Lage kann ich nicht unangenehm nennen. Ich stand im Range eines Kadetten, mein Geschäft war, unter der Leitung eines Oberarztes den Verband im Schiffsspital vorzunehmen sowie die Schiffsapotheke zu besorgen. Die übrige Zeit vertrieben wir uns mit Spaziergängen auf das Land; überhaupt suchten wir uns mit den Gegenständen in unsrer Sphäre vertraut zu machen und diese bot uns das zwischen Land und Meer geteilte Leben in Menge dar.

So saßen wir eben an einem Septembernachmittag gegen 2 Uhr bei dem Mittagsmahl in der Steuerruder-Kammer, als wir auf einmal vom Verdeck einen großen Lärm vernahmen. Auf unser Fragen, was derselbe zu bedeuten habe, erfuhren wir von den uns bei Tische aufwartenden Schiffsjungen, dass man vom Verdeck aus nach einer gewissen Richtung hin und eben in keiner großen Entfernung eine Wasserhose wahrnehme. Wir eilten nun auf das Verdeck, wo sich uns in der Entfernung von etwa einer holländischen Seemeile eine Bewunderung und Grausen erregende Erscheinung darbot. Von der Meeresfläche erhob sich eine ungeheure Wassersäule hoch in die Wolken, nach oben hin an Breite abnehmend, sodass sie einem umgestülpten Trichter nicht unähnlich war. Im Innern erschien die Masse dunkelgrau, wolkenähnlich und erhellte sich allmählich nach außen. Zwar blieb sie beständig auf derselben Stelle stehn, jedoch zeigte sich eine beständig wogende Bewegung, indem von Zeit zu Zeit dunkle, schwarzgraue Massen, gleichsam von einem Vulkane ausgespien, emporstiegen. Diesem erhabenen Schauspiel sah ich wohl eine halbe Stunde mit Erstaunen zu, bis sich die Säule nach und nach von oben nach unten auflöste und die Wassermasse vom Meere verschlungen wurde.

Das Ganze hat einen bleibenden Eindruck auf mich gemacht und es ist das Einzige, das mir aus dieser Zeit noch im Gedächtnis geblieben. Nur das gedenkt mir noch, wie ich oft einsam am Meeresufer einherging, während meine Schiffsgenossen ihren rohen Vergnügungen nachhingen, und wie mich dann oft meine Lage an die des jungen Robinson erinnerte. Als ich dessen Geschichte mehrere Jahre zuvor gelesen, dachte ich wohl nicht, wie ähnlich meine Schicksale den seinigen werden würden.

2. *Aufbruch*

Im Dezember des Jahres 1824 wurde ich auf höheren Befehl nebst andern meiner bisherigen Schiffsgenossen auf die Fregatte »Diana« versetzt, welche auf dem mittelländischen Meere zum Schutz des Handels zu kreuzen bestimmt war.

Der Tag des Aufbruches war gekommen. Der Schiffshauptmann, umgeben von seinen Subalternen, steht auf dem Verdeck. Mit besorgten Blicken die Wetterfahnen und den Kompass beobachtend, geht er nachdenkend noch einige Mal auf und nieder, indes die ganze Schiffsmannschaft, keinen Laut von sich gebend, frostig in sich gekehrt, in Gott ergebenem Sinne dasteht, um, wie es scheint, von nun an einzig und allein für die Winke und Befehle ihres gefürchteten, in See über Leben und Tod gebietenden Hauptmanns leben zu wollen. Endlich nach diesen Augenblicken gespannter Erwartung winkt der Kapitän mit der Rechten, gleichsam als fühle er die ganze Größe seiner jetzigen unumschränkten Gewalt. Der Kapitän-Lieutenant, diesen Wink verstehend, kommandiert, die Anker zu lichten, alle Offiziere schreien's ihm nach und mit: »Hurrah! Hurrah!«, geht's ans Werk. Zwei Dritt-Teile der Mannschaft laufen nun in geregeltem Takt, von Trommel und Pfeife begleitet, um's Drehspiel, und während der Unteroffiziere gellende Pfeifchen das Signal zum Segel-Aufspannen geben, entern die übrigen Matrosen pfeifschnell auf die Masten und Rahen, und in einem Nu haben sich die ungeheuren Segel entfaltet, die Steuerleute stehen fertig am Ruder, und ehe fünf Minuten verstrichen, ist der Kasten flott.

Ein frischer Nordost blies kräftig in die Segel, vogelschnell durchschnitt der Kiel die Wogen, und mit Majestät flog die Fregatte dahin, dass bald die Gestade auf beiden Seiten unsern Blicken entschwanden.

Wir standen alle auf dem Verdeck, wo ein jeder, in eigenen Gefühlen versunken, dem teuren Vaterland noch ein

Lebewohl zurief, als auf einmal ein entsetzlicher Stoß das Schiff in seinem Lauf hemmte und uns ziemlich unsanft aus unsern Träumereien weckte. *»Godverdamme, wy zyn op een Zandbank geraakt!«*, erscholl's aus aller Munde. Sogleich wurde nun ein Teil der Segel gestrichen, und die übrigen gebrasst. Fürchterlich brachen sich die Wogen am Rumpfe des Schiffes, drohend dasselbe zu zertrümmern, und wohl eine Viertelstunde brachten wir in banger Erwartung in dieser peinlichen Lage zu, bis endlich die bereits eingetretene Flut hoch aufstieg und uns aus dieser Bedrängnis befreite. Bei manchen unserer Leute verursachte diese Szene eine üble Stimmung, man glaubte darin schon eine Vorbedeutung künftiger Unglücksfälle zu sehn, und ich gestehe, auch ich war schwach genug, dieses zu glauben. Und leider haben sich manche unsrer bangen Vorgefühle schrecklich bewährt. Sehr bald erreichten wir die hohe See und gelangten bei günstigem Winde schon um Mitternacht in den Kanal. Die Dunkelheit der Nacht bedeckte alle Gegenstände, sodass man nichts wahrnehmen konnte als die Leuchttürme von Calais und Dover

3. Der Sturm

Mit Sonnenaufgang befanden wir uns schon im atlantischen Meer und nahmen unsere Richtung gegen Gibraltar. Aber noch an demselben Nachmittag wurde die See unruhig, der Wind blies heftig aus Westen, und je mehr sich der Tag neigte, umso mehr nahmen der Wind an Heftigkeit und die Meereswellen an Größe zu, dass wir alle Segel bis auf 3 Sturmsegel streichen und uns von den Wellen treiben lassen mussten. Die Wogen, welche sich gleich hohen Bergen auftürmten, stürzten nun schäumend und brausend auf das hilflose Schiff ein, sodass wir jeden Augenblick fürchten mussten vom Meer verschlungen zu werden. Kaum sahen wir uns auf dem höchsten Gipfel der Welle und schauderten vor der unermesslichen Tiefe unter uns, als eine mächtigere Woge uns in den Abgrund schleuderte. Das Schwanken des Schiffes, das Rauschen der Wassermassen und das Zischen der wütenden Orkane kann selbst die ältesten Seeleute erschüttern. Aber umso trauriger musste die Lage von uns jungen Seeleuten sein, indem wir bei allem Ungemache auch noch mit der Seekrankheit zu kämpfen hatten.

Der Sturm heulte die ganze Nacht. Um Mitternacht verloren wir durch einen heftigen Windstoß den Stängel des großen Mastes. Dieser Schaden war leicht zu ersetzen, größer jedoch war der Verlust, den wir am folgenden Morgen zu beklagen hatten. Bekanntlich hängen einige Schaluppen an Tauen hinten über dem Spiegel und seitlich über der Rust. Eine andringende Welle hob eine derselben aus ihrem Gehänge und riss sie mit sich fort. Um einem ähnlichen Verluste vorzubeugen, kletterte ein wackerer Matrose hinaus auf die äußerste Wandung des Schiffs, um einige Taue zu befestigen. Unglücklicherweise aber hatte er vergessen, sich, was gewöhnlich in solchen Fällen geschieht, an eine Leine zu befestigen – eine gewaltige Woge verschlang den Armen. Mit Entsetzen sahen wir den Hilflosen in den Wellen ringen und immer wird mir sein Hilferuf *»help Jesus, Marie, Josep!«* in den Ohren tönen. Der Sturm ließ kein wirksameres Rettungsmittel zu, als die Rettungsbojen ihm zuzuwerfen. Aber alle Kraftanstrengungen des geübten Schwimmers waren vergeblich, das Meer überwältigte ihn, nie sah man ihn wieder. Dumpfes Schweigen kündigte die tiefe Trauer und Wehmut seiner Genossen an und, zur Ehre der Menschheit sei es gesagt, alten, sonst als gefühllos verschrienen Matrosen sah ich Tränen um ihren Mitbruder über ihre braunen Wangen träufeln.

Durch den Sturm waren wir von unserm Kurs abgetrieben und weit nach Westen verschlagen worden, sodass wir erst am neunten Tage nach dem Anfang des Sturms durch den Wechsel des Winds imstande waren mit vollen Segeln nach Gibraltar zu steuern. So bekamen wir nach fünf Tagen zur Rechten das Affengebirge von Marokko, zur Linken die spanische Küste und vor uns Gibraltar zu Gesicht.

4. Gibraltar

Jetzt wehten uns milde Lüftchen vom Land entgegen. Bei dem herrlichen Anblick, den uns die spanische Küste mit ihren lachenden Fluren darbot, vergaßen wir unser kaum überstandenes Ungemach, und neu belebt vom Hauch der Landluft kamen wir in der fröhlichsten Stimmung vor Gibraltar an. Wunderbar war mir's zumute, als wir auf der weiten Reede angelangt waren. Sie war mit einigen hundert Schiffen bedeckt und von den hohen Masten herab sah man die Flaggen und Wimpel aller seefahrenden Nationen in bunter Mischung lustig flattern. Und nun einherzufahren durch die langen Reihen der majestätischen Meerpaläste – es ist ein imposantes Schauspiel, ein wahrhaft ergreifender Anblick. Hundert Gegenstände drängen sich dem Auge auf, alles regt sich um uns her, allenthalben sieht man Schaluppen in Tätigkeit, teils nach benachbarten Schiffen, teils nach der Stadt zurudernd, und aus allen größeren Kriegsschiffen (es war eben die Zeit der Wachtparade) erschollen die schönen Märsche der Seetruppen. Scherzend schrieben wir die Musik unserem Empfang zu. Endlich gelangten wir auf ein kleines schiffleeres Plätzchen, eine Viertelstunde von der Stadt entfernt, wo wir nun die Segel strichen und die Anker fallen ließen. Wir begrüßten nun sogleich die englische Flagge, indem wir nach Schiffsbrauch dieselbe nebst der unsrigen unter 21 Kanonenschüssen am großen Mast aufzogen. Alsbald erwiderte die englische Besatzung unsern Gruß mit ebenso viel Schüssen, und es war ein schöner Anblick, als wir uns, mit Perspektiven bewaffnet, dem

Felsgipfel zuwandten, von welchem der Kanonendonner zu uns herabrollte. Wir sahen auf dem Berge hinter der Stadt von einem hohen kahlen Felsen unsere holländische Flagge neben der englischen wehen. Etwas tiefer zwischen den Felsen, in dunkeln Schluchten sah man Gerüste in Ketten hängen, auf welchen Kanonen angebracht waren und so hängende, wirklich wunderbare Batterien bildeten. Wir sahen weiter, wie sich am Ufer eine Anzahl Schaluppen regte, wie Leute von allen Nationen aus- und einstiegen, oder Waren aus- und einzuladen beschäftigt waren, und wie in der Stadt selbst Tausende von Menschen und lasttragenden Tieren in den Straßen auf- und niederwogten. Auf der Wohnung des holländischen Konsuls wehte unsere Flagge und bald sahen wir auch eine Schaluppe mit dieser Flagge versehn, vom Lande her auf uns zusteuern, was uns vermuten ließ, dass es der Konsul selbst sei. Wir täuschten uns nicht, er kam in Begleitung seines Sekretärs an Bord. Unsere ganze Mannschaft war zu seinem Empfang aufgestellt: auf dem Hinterverdeck stand der Kapitän, von allen seinen Offizieren, Ärzten, Kommissarien und Schreibern, Kadetten und Steuerleuten umgeben, auf dem mittleren und Vorderverdecke waren die Handwerksleute sowie auch die Unteroffiziere, Matrosen und Soldaten. Der wachhabende Lieutenant empfing den Konsul an der Schiffstreppe und führte denselben auf das Hinterverdeck zu dem Schiffskommandant. Der gegenseitige Willkomm war sehr ansprechend und herzlich, sodass man hätte glauben sollen, es begrüßten sich lauter alte Bekannte und doch kannte keiner den anderen persönlich, indem der Kapitän, so wie die meisten von uns nie zuvor in Gibraltar gewesen waren. Aber es ist so die Art der gutmütigen Holländer. Der Konsul gratulierte uns zu unserer glücklichen Ankunft vor Gibraltar, erkundigte sich sorgfältig nach dem holländischen Vaterland und nach dem Zweck unseres Hierseins, so wie auch nach der Anzahl der Mannschaft und deren Gesundheitszustand. Hierauf gab er uns einige uninteressante Neuigkeiten aus Gibraltar zum Besten.

Der Proviantkommissar unseres Schiffes hatte unterdessen dem Sekretär des Konsuls eine schriftliche Forderung übergeben, welcher zufolge der Konsul uns täglich frische Lebensmittel liefern musste. Der Kapitän lud den Konsul zu einem Glas Rheinwein und zu einer speziellen Unterredung in die Kajüte ein und nach einem halbstündigen Aufenthalt verließ dieser wieder das Schiff, 11 Kanonenschüsse begleiteten ihn, und ebenso viele erwiderte die englische Artillerie.

5. Der Leichenzug

In unserer Nähe zur Rechten lag eine dänische Fregatte und zur Linken eine Korvette unter sardischer Flagge. Ein jedes dieser Schiffe salutierten wir hierauf mit 21 Kanonenschüssen und sogleich donnerte ihr Gegengruß von beiden Seiten zu uns herüber. Auch kamen bald darauf Schaluppen mit Offizieren von den genannten Schiffen, welche uns zu unsrer Ankunft Glück wünschten. Der sardinische Offizier, den Hut und Degen mit Trauerflor umhüllt, bemerkte uns, dass der Kapitän seines Schiffes gestorben sei und diesen Mittag um 1 Uhr beerdigt werden solle. Unsere ganze Schiffsmannschaft war gespannt auf den Leichenzug, und weil es auch vielleicht dem Leser interessant ist, zu hören, wie man im Hafen die Gebeine geehrter Männer bestattet, so will ich die Sache, so viel mir noch im Gedächtnis ist, ausführlich erzählen.

Gegen 1 Uhr versammelten sich etliche zwanzig Schaluppen, welche mit Offizieren verschiedener Nationen angefüllt waren, um die sardinische Corvette. Die sardinischen Schaluppen, 6 an der Zahl, wurden nun ebenfalls in Bereitschaft gesetzt und von dem sardinischen Offizierskorps besetzt. Die siebente Schaluppe, als die größte und schönste, dem verblichenen Kapitän angehörig, welche ihn schon manches Jahr zu so manchen Geschäften und Lustpartien an das Land getragen hatte, sollte auch nun zum letzten Mal seinen Leib zum Ufer führen. Zu diesem Ende war sie mit 8 in Schiffsuniform gekleideten Matrosen und einem Steuermann bemannt, von deren Hüten herab lange Trauerflöre wehten. Von dem kleinen Schaluppen-Mast senkten sich traurig eine große sardinische Flagge und ein Wimpel herab.

Nun wurde der Leichensarg vom Schiff vermittelst Rollen in die Schaluppe heruntergelassen und auf das Hinterteil niedergesetzt. Den Sarg bedeckte eine sardinische Flagge, und darauf prangte der Degen sowie mehrere Ordenszeichen des Verstorbenen. Zu beiden Seiten dieser Schaluppe waren zwei andere mit Musikanten angefüllt, welche Trauermärsche spielten. Auf diese folgte eine andere, welche den sardinischen Konsul, den Sohn des Verstorbenen (einen Knaben von 12 bis 14 Jahren) sowie einen Priester trug. Hinter diesen segelten nun paarweise die Schaluppen mit den sardinischen Offizieren und den Schluss machten die Offiziere der übrigen Schiffe.

Der Zug fing nun an sich langsam und feierlich fortzubewegen. Sobald sich die erste Schaluppe mit der Leiche vom Borde des Schiffes zu entfernen begann, wurden auf demselben die sardischen Flaggen und Wimpel von ihrer vorigen Lage zur Hälfte heruntergelassen, dagegen einige Totenflaggen und die Flaggen aller mit Sardinien befreundeten Nationen aufgezogen. Hierauf wurde eine Kanone gelöst, und mit Zwischenräumen von je 5 Minuten erfolgte nun eine dreistündige Kanonade. Alle Schiffe, bei welchen der Leichenzug vorüberkam, senkten auf einige Minuten ihre Flaggen, zogen die sardinische auf und lösten eine Kanone. So dauerte es fort, bis der Leichenzug am Lande angelangt war.

Nie hatte ich etwas in seiner Art so Interessantes gesehen. Überhaupt machten die laue Luft, die ich hier einatmete sowie die vielen noch nie gesehenen Gegenstände, die mich hier umgaben, namentlich dieser in seiner Art einfache und doch so großartige Leichenzug einen feierlichen Eindruck auf mein Gemüt. Jetzt dachte ich zum ersten Mal über meine Lage nach, die mich bald heiter, bald traurig stimmte. Die verschiedensten Gefühle bestürmten meine Seele. Ich dachte nach, wie ich so einsam dastände, mitten im Strudel der Welt, ein fünfzehnjähriger Jüngling, fast 300 Meilen von der Heimat entfernt – wahrlich ein seltenes Los – wie ich selbstständig und mir überlassen nur auf mich vertrauen könnte, und einzig an die weiten Bande des Vaterlandes gefesselt, ohne festes Lebensziel in eine dunkle Zukunft hineinlebte, vielleicht vergessen von denen, die mir teuer waren. Dann aber sah ich wieder auf das Mannigfaltige, das Großartige des freien Seelebens, verlor mich in Bildern der Zukunft, von Ländern, die ich noch sehen, von Menschen die ich noch kennen lernen würde – nur schön malt sich die Jugend die Zukunft – ich rechtfertigte meinen Entschluss.

Aus diesen Gedanken wurde ich durch die taktmäßigen Ruderschläge des Proviantboots, welches uns der Konsul schickte, aufgestört. Dieses brachte uns einige Zentner frisches Ochsenfleisch, mehrere Schafe, Hühner und Tauben, frisches Brot, Kräuter und Wein. Nebst diesem kamen auch einige Katrajer (so nennt man im mittelländischen Meer die Boote, welche den Schiffen Südfrüchte und andere Kleinigkeiten zum Verkauf bringen). Wir alle kauften uns allerlei Südfrüchte, welche uns ganz vorzüglich schmeckten. Da sich aber einige von der Mannschaft trotz aller Ermahnungen beim Genuss derselben nicht zu mäßigen wussten, so mussten sie sehr bald mit Krankheit dafür büßen.

Gibraltar bezieht viele Produkte wie Südfrüchte, Wein, Öl, meist aus Spanien, dagegen Getreide, Rindvieh, Schafe sowie auch Honig, Wachs u. a. aus Istaun in Marokko.

Nach vier Tagen, an denen aber nichts von Bedeutung vorgefallen war, lichteten wir die Anker und steuerten auf Minorka.

6. Porto Mahon

In Porto Mahon ist ein Depot der holländischen Escadre, die im Mittelmeere kreuzt. Daselbst versammeln sich gewöhnlich die Schiffe dieser Escadre, um ihr Winterquartier zu halten, weil der Hafen sehr bequem und sicher ist. Dorthin kommen auch alle Transportschiffe, die derselben von Holland aus neue Mannschaft, Lebensmittel, Munition und andere nötige Gegenstände zuführen. Hier bringt der Contre-Admiral, welcher die Escadre befehligt, die meiste Zeit des Jahres zu und korrespondiert von hier aus mit allen Gesandten und Konsuln Hollands am mittelländischen Meere. Von da schickt er seine Befehle vermittelst kleiner Kurierschiffe an seine Fahrzeuge, welche im mittelländischen Meere oder an der Levante kreuzen, und empfängt wiederum ihre Berichte.

Wir fuhren durch die Meerenge von Gibraltar rechts den kahlen Bergen von Marokko entlang. Zu unserer Linken hatten wir die reizenden und gesegneten Gefilde von Malaga im Gesicht. Gegen Abend kamen wir auf die Höhe von Majorka. Obgleich wir nur noch 7 Meilen von der Insel Minorka entfernt waren, so mussten wir doch wegen der schwachen Brise, welche eben wehte, die Hoffnung, an demselben Tage noch Porto Mahon zu erreichen, aufgeben und wieder in die See stechen. Des andern Morgens aber sahen wir schon in aller Frühe die Sonne Minorkas Berggipfel beleuchten. Es war ein schöner heiterer Morgen, eine frische Landbrise wehte uns entgegen und zwang uns, wenn wir den Hafen erreichen wollten, zum Lavieren. Mit gespannter Erwartung sahen wir alle dem viel besprochenen Mahon, als dem diesmaligen Ziel unserer

Reise (denn jedenfalls hofften wir, einige Monate daselbst ausruhen zu können) entgegen, der widrige Wind verzögerte das Einlaufen in den Hafen und wir hatten unterdessen hinlänglich Zeit, die Insel, deren Umrisse allmählich immer deutlicher und bestimmter wurden, zu betrachten. Anfangs kam mir die Insel reizend vor; denn auf den Seefahrer, nachdem er in See nichts als Himmel und Wasser gesehen, macht alles Land auf den ersten Anblick einen günstigen Eindruck. Ich dachte, daselbst schöne Zitronen- und Orangenwäldchen und einladende Zypressenhaine zu finden, glaubte reizende Täler und Landschaften zu sehn, in denen sich ein ewiger Frühling spiegelte. Aber stattdessen fand ich bei näherer Betrachtung schroffe Felsen und nackte Berge und auch die Täler wollten sich nicht so üppig zeigen, als ich es dachte. Denn schon von Natur ärmlich beschenkt, tragen sie überall auch noch die Spuren von der Trägheit der Spanier.

Gegen Mittag waren wir endlich im Stande in den Hafen einzulaufen. Hier trafen wir ungefähr 30 Kauffahrteischiffe sowie mehrere französische, englische und amerikanische Kriegsschiffe an. Auch einige mit unserer Flagge lagen daselbst vor Anker, worunter sich vorzüglich ein Linienschiff von 74 Kanonen, das den Contre-Admiral an Bord hatte, durch seine Größe und Schönheit auszeichnete. Wir grüßten nun die anwesenden Schiffe der Reihe nach mit Kanonenschüssen und schickten sogleich einige Schaluppen sowohl auf das Admiralschiff als auch auf die andern. Es dauerte nicht lange, so kam der holländische Konsul an Bord. Eine Schaluppe brachte den Adjutanten des Admirals, ebenso kamen viele Offiziere von andern holländischen Schiffen an Bord, um uns zu bewillkommen und Neuigkeiten aus dem Vaterland zu erfahren. Auch die übrigen holländischen Mannschaften drängten sich alle zu uns heran, der eine fragte nach seinem Vater, der andere nach Mutter oder Geschwistern, der Dritte nach seinem Liebchen. Das Bewillkommen, Fragen und Erzählen wollte kein Ende nehmen. Wir hatten viele

Nachrichten und Briefe aus Holland mitgebracht, wodurch denn bei den meisten die Freude auf das Höchste stieg. Es war wirklich eine schöne, wahrhaft holländische Szene.

7. Die Schiffsmusterung

Der Contre-Admiral ließ uns ankündigen, dass er am folgenden Tage zur Wachtparade an Bord unsres Schiffes kommen wolle, um uns zu mustern. Es wurden also Maßregeln zu seinem Empfang getroffen, das Schiff innerlich und äußerlich gewaschen, angestrichen und geteert, alle Waffen geputzt, kurz alles zu einem glänzenden Empfang vorbereitet, sodass die ganze Schiffs-Compagnie, vom Hauptmann bis auf den geringsten Schiffsjungen in großer Tätigkeit war. Des andern Morgens war alles in der schönsten Ordnung. Die ganze Schiffsmannschaft, 360 an der Zahl, erschien gut gekleidet und bewaffnet auf dem Verdeck. Gegen 9 Uhr erschien der Admiral, von einigen Stabsoffizieren begleitet, auf unserem Schiff. Die holländischen Flaggen und Wimpel sowie auch die mit Holland befreundete österreichische, russische und preußische wurden aufgezogen. Als der Admiral das Verdeck betrat, wirbelten ihm die Tambours drei sogenannte Russels entgegen, die Unteroffiziere gaben mit ihren Pfeifchen das Signal und dreimal rief die ganze Mannschaft Hurrah! Der Contre-Admiral begab sich darauf auf das hintere Verdeck, wo er vom Schiffskapitän, den Ärzten und Kommissaren des Schiffs umgeben ward. Die Mannschaft war in kleine Divisionen eingeteilt, an der Spitze einer jeden standen ein Erster und ein Zweiter Lieutenant und ein Kadett; die Steuerleute und Handwerker bildeten eine eigene Division. Alle diese Divisionen defilierten nun dreimal mit klingendem Spiel, zuerst ein Mann hoch, dann zwei Mann hoch und zuletzt drei Mann hoch vor dem Admiral vorüber. Jetzt versammelte sich die ganze Mannschaft auf dem hinteren Teile des Verdeckes und nahm den Contre-Admiral und die übrigen Offiziere in die Mitte. Der erste Sekretär des Schiffes trat hervor und las die Kriegsartikel, oder besser die Marinegesetze, mit lauter Stimme vor. Als dieses beendigt war, schwangen alle Anwesenden die Hüte und riefen wiederum dreimal Hurrah!

Nun begann das Exercitium. Die Matrosen enterten auf die Masten und Rahen und zeigten, jeder auf seine Weise, ihre Geschicklichkeit und Gewandtheit. Die Soldaten exerzierten mit den Gewehren und die Artillerie legte bei den Kanonen Proben ihrer Geübtheit ab. Nun begab sich der Contre-Admiral in den Schiffsraum, um daselbst Inspektion zu halten. Auch hier fand er alles in schöner Ordnung. In dem Spital befanden sich der Oberarzt und ich mit unsern Krankenwärtern und einigen Patienten. Bei dem Eingang in die Pulverkammer stand der Konstabel-Major (Erster Feuerwerker) und eine Schildwache. Vor der Tür der Proviantkammer stand der Kommissar mit seinen Schreibern und andern Untergebenen nebst der Schildwache. Bei der Küche standen die Köche mit ihren Subalternen, nämlich der Koch des Kapitäns, der für die Offiziere und Kadetten und der für das Volk. Vor der Tür der Kajüte des Kapitäns stand eine Schildwache, in der Vorkammer der Kajüte der Hofmeister und andere Bedienten des Kapitäns, in der Vorkammer der Offizierskajüte ein andrer Hofmeister und die Jungen der Offiziere und Ärzte. Als der Contre-Admiral dieses alles eingesehen hatte, ermangelte er nicht, seine Zufriedenheit über unsre gute Haltung und Einrichtung zu äußern. Hierauf verließ er unser Schiff. Ein dreifaches »Hurrah!« der ganzen Mannschaft schallte ihm nach und dreizehn Kanonenschüsse begleiteten Se. Excellenz.

8. Leben auf Minorka

Auf der Insel Minorka sind die Holländer ganz einheimisch, fast wie in Holland. Die Matrosen und Soldaten bekommen wöchentlich ein- oder mehrmals von ihren Schiffskapitänen die Erlaubnis ans Land zu gehen. Auf manchen holländischen Schiffen ist es sogar Gebrauch, dass die Offiziere, Ärzte und die übrigen Schiffsbeamten sich, solange ihre Schiffe im Hafen liegen bleiben, in der Stadt Wohnungen mieten, sodass manche zwei Haushaltungen haben, nämlich die in Holland zurückgelassene und den in Mahon angelegten spanischen Harem. Auf unserem Schiffe fiel dieser Gebrauch weg. Unser Kapitän erlaubte zwar jedem Offizier, Kommissär, Chirurgen und Kadetten, täglich nach Belieben an das Land zu gehen, verbot aber daselbst eine Wohnung zu mieten. Ich selbst ging anfangs täglich ans Land, um mich mit der Stadt und der ganzen Insel bekannt zu machen. Zu diesem Zweck mietete ich mir gewöhnlich ein Pferd, Maultier oder einen Esel, welcher Letztere bei jenen schlechten Wegen, und um Felsen und Berge zu ersteigen, am zweckmäßigsten ist. Allein bei solchen Ausflügen muss man vorsichtig und bewaffnet sein, denn ich weiß Beispiele, dass die rohen Spanier Gewalttätigkeiten an Einzelnen von uns verübten.

Die Insel hat wenig Gegenstände, die das Leben daselbst angenehm machen können. Außerhalb der Stadt ist alles so öde, dass man nicht mehr Lust hat einen Ort zum zweiten Mal zu besuchen. In der Stadt ist ebenso wenig Genuss zu finden. Allenfalls können die Klöster oder die Fandango-Tänzerinnen während der ersten Tage als eine neue Erscheinung anziehen. Wer Bacchus und Venus huldigt, der freilich kann hier so gut, oder noch besser als irgendwo befriedigt werden. Umso mehr musste dem Fremden das Spazierengehen ans Land verleidet werden, da man nicht einmal seines Lebens und Eigentums sicher war. So kehrte ich eines Abends etwas spät in Begleitung eines alten holländischen Arztes, des Oberfeuerwerkers von unserm Schiff und eines rüstigen Kadetten aus der Stadt zurück. Es regnete ein wenig, der Himmel war ganz trübe, in der bergabgehenden Straße, in der wir uns gerade befanden, war es stockfinster und wir hatten keine Leuchte bei uns. Plötzlich sahen wir uns, oder fühlten uns vielmehr von einigen Männern, vermutlich Banditen, angegriffen. Der alte Mann wurde von zwei Männern angefallen, bekam auf die linke Hand eine kleine Wunde, wahrscheinlich durch einen Messerstich, und wurde seines Mantels und seiner Taschenuhr beraubt. Er konnte sich wegen seines Alters weniger wehren und schrie jämmerlich um Hilfe, aber leider konnten wir Übrigen ihm nicht helfen, denn jeder hatte sich seiner Haut zu wehren. Der Kadett wurde ebenfalls von zwei Räubern angefallen und ehe er sich's versah, hatten sie ihm vorn die Uniform aufgerissen und aus der Westentasche die Börse genommen. Er zog den Degen, die Räuber wichen zurück, einen von ihnen verwundete er in den Rücken. Der Oberfeuerwerker, ein wackerer Deutscher, hatte es mit einem zu tun, mit dem er sehr bald fertig wart. Er schrie dem Spanier ein deutsches Mordsakrament entgegen, packte ihn am Hals, warf ihn zu Boden, riss ihm ein langes Schiffsmesser aus der Hand und stampfte ihm einige Mal mit den Füßen auf den Bauch, dass jener jämmerlich um Pardon flehte. Dann eilte er dem Arzt zu Hilfe. Er fand ihn neben sich im Schlamm liegen und zwei Banditen waren im Begriff, ihm Uniform und Hosen zu rauben. Den einen Banditen stieß er mit dem Kopfe so gegen die Mauer eines Hauses, dass ihm beinahe der Schädel zersprang und nahm ihm den Mantel des alten Arztes wieder ab. Auch ich hatte einen kleinen Kampf zu bestehen. Vor mich trat, so viel ich bemerken konnte, ein äußerst langer hagerer Bandit und versetzte mir einen Säbelhieb dermaßen auf den Kopf, dass sich mein lederner Hut ganz über das Gesicht herunterzog. Ich hatte beinahe meine Besinnung verloren, doch fasste ich mich bald wieder und riss schnell meinen Hut vom Gesicht weg, um frei sehn zu können. Darauf zog ich meinen kleinen Schiffsdegen und versetzte dem Räuber einen Stich in seinen linken Arm, mit dem er mich eben am Halskragen fest hielt. Er zog hierauf seinen verwundeten Arm zurück und suchte mir noch einige Säbelhiebe zu versetzen, die ich aber mit meinem kleinen Degen meist auffing, sodass mir nur eine kleine Verwundung am Ringfinger der linken Hand blieb.

Diese Balgerei mochte ungefähr 6–7 Minuten gedauert haben. Die Bewohner der Häuser, vor denen wir uns schlugen, hatten gewiss den großen Tumult gehört, allein keine Tür und kein Laden öffnete sich, um uns zu leuchten, kein Spaniol zeigte sich, um uns zu helfen. Endlich sahen wir in der Entfernung ein Licht, welches langsam auf uns zukam. Wir wollten nun die Banditen fest halten, allein sehr gewandt wussten sie uns zu entschlüpfen. Das Licht kam nun zu uns, es war eine spanische Patrouille. Der Sergeant, welcher sehr gut Französisch verstand, suchte uns zu beruhigen, bedauerte sehr, dass wir in dieser verrufenen Straße solches Unglück zu bestehen hatten und wünschte uns Glück, dass wir so gut davon gekommen wären. Wir betrachteten uns nun gegenseitig beim Schein der Handlaterne, und obgleich wir alle sehr verstimmt und voller Unmut waren, so mussten wir einander doch herzlich belachen. Von Kopf bis zu Fuß mit Rot bedeckt, die Kleider zerrissen, Hände und Röcke mit Blut besudelt, der alte Doktor und ich ohne Hut, unsre Haare nass und gesträubt, kurz, die Banditen hatten uns zu ihresgleichen umgemodelt. Am possierlichsten präsentierte sich unser alter dicker Arzt, über welchen das Regenwasser und die Schlammgosse hinausgeflossen waren. Meinen Hut fand ich im Schlamm, man konnte mit der Hand in die ungeheure Öffnung hineingreifen; ebenso eine braune wollene Kappe von einem der Banditen, an welcher wir unsere blutigen Degen abputzten und sie dann als erobertes Gut mitnahmen. Ein Soldat fand eine Pisette, wir schenkten sie ihm, verließen die Patrouille, die darüber in großer Freude war, und begaben uns auf unser Schiff.

An einem Sonntag, wo ein großer Teil unserer Leute Erlaubnis hatte, an Land zu gehen, hatte ich nun recht Gelegenheit, die Art der *Vergnügen* dieser Leute in Mahon zu sehen. Die Matrosen von unserem Schiff sowie auch die Mannschaft von anderen holländischen amerikanischen und französischen Fahrzeugen gesellten sich zusammen, mieteten sich Tiere zum Reiten und beluden einige derselben mit Fässern Wein und Rum. Mehrere von ihnen nahmen auch ihre spanischen Liebhaberinnen mit und nun machten sie, mehrere 100 an der Zahl, einen Ausflug auf einen eine halbe Stunde von der Stadt entfernten Berg. Auf demselben wurde einige Stunden lang tüchtig gezecht und getanzt, und sofort ging es nun wieder nach der Stadt. Da die Wege schlecht sind und mehrere von der wackeren Gesellschaft schwer geladen hatten, so war es nicht zu verwundern, wenn mancher Matrose das Gleichgewicht verlor und von seinem oft auch tückischen Esel herabglitt, was denn zwischen den Steinen oft nicht unbedeutende Quetschungen zur Folge hatte. In der Stadt angekommen, wurden die Tiere an die Eigentümer zurückgegeben und nun nahm die Sache eine Wendung, die wohl auch nicht zu den Seltenheiten dieser Insel gehören mochte. Obgleich die Bürger von Mahon von den Mannschaften der dahin kommenden Flotte leben, und unberechenbare Verdienste und Gewinne dadurch haben, so suchen sie doch, wie überall in der Welt, wo möglich, die Seeleute zu prellen und obwohl die Lebensmittel einen billigen Preis haben, so müssen doch die Seeleute nicht allein doppelt, sondern oft drei- und vierfach bezahlen. Die Matrosen, die eben wieder geprellt werden sollten, machten den Bürgern derbe Vorstellungen, und schalten sie unter anderem Betrüger. Da aber die Spaniolen das hörten, gab es heftigen Wortwechsel, hier und da Tätlichkeiten, am Ende förmliches Handgemenge. Die Anzahl der Bürger mehrte sich, es kamen ihnen sogar spanische Soldaten zu Hilfe, ebenso stieg die Anzahl der ausländischen Seeleute auf wenigstens 600 Köpfe. Sie schlugen sich beiderseits mit Säbeln, Messern und Steinen, der Kampf wurde immer heftiger, die Spanier verlangten den Generalmarsch und wollten eben Feuer geben, als der spanische Gouverneur mit der ganzen Ortsbehörde, und mehrere Schiffskommandeurs kräftig einschritten, beide Parteien zu beschwichtigen suchten und so dem Streit ein Ende machten. Von beiden Seiten blieben einige Tote, eine Menge war verwundet. Von den Matrosen unseres Schiffs hatte einer einen Finger, ein anderer ein Ohr verloren und mehrere waren leicht beschädigt. Das Ende vom Liede war, dass am folgenden Tag mehrere mit körperlicher Züchtigung exemplarisch bestraft wurden. Ein Unteroffizier, welcher als Mitanstifter des Tumults beschuldigt war, wurde vor ein Kriegsgericht gestellt und später mit Degradation und dreimaligem Von-der-Rah-Fallen bestraft.

9. Strafen auf den Schiffen

Bei dieser Gelegenheit möchte es nicht uninteressant sein, einige Bemerkungen über die Bestrafungen auf den Kriegsschiffen zu lesen, weil diese gerade einen tiefen Blick in das Schiffsleben überhaupt geben. Der Schiffskommandant ist der Regierung, sobald er das Schiff bestiegen hat, auf die ganze Dauer der Reise sowohl für das ganze Schiff als auch für dessen Mannschaft verantwortlich. Er kann zwar nach Willkür belohnen und bestrafen, wird aber nach seiner Rückkehr, wenn sein Benehmen von dem Bestraften angeklagt wird, vom Marineministerium zur Rechenschaft gezogen. Er kann alle Offiziere, Ärzte, Administrativbeamte, Kadetten, Steuerleute und Handwerker mit Stubenarrest oder auch wohl mit Fußeisen bestrafen. Bei größeren Vergehungen aber muss er dieselben so lange gefangen halten, bis er Gelegenheit findet dieselben durch ein nach dem Vaterland segelndes Transportschiff dem Marineministerium zu übersenden. Der wachhabende Offizier hat Gewalt, alle Matrosen und Soldaten wegen kleinen Vergehungen prügeln zu lassen. Matrosen, welche sich ein großes Vergehen zu Schulden kommen lassen, lässt er durch den Profos in Eisen schließen und stattet dem Kapitän Bericht ab. Dieser kann nun nach Willkür eine Strafe diktieren und man hat unzählige Beispiele, dass unmenschliche Schiffskapitäne ihre Untergebenen prügeln oder doch so schlagen ließen, dass sie ihr späteres Leben als untaugliche Krüppel zubringen mussten. Ein jeder rechtlich und menschlich denkende Schiffskapitän wird diejenigen Matrosen, welche sich schwere Vergehungen zu Schulden kommen lassen, nicht nach Willkür, sondern durch ein Schiffskriegsgericht bestrafen lassen. Das Schiffskriegsgericht ist vom Marineministerium bestimmt und besteht aus mehreren Offizieren, aus dem ersten Schiffsarzt und aus dem Schiffer, d. h. dem höchsten Unteroffizier. Der Schiffskapitän ist Präsident, der Erste Schiffssekretär Auditeur dieses Gerichts. Die Marinegesetze dienen zur Richtschnur, aber neben dem Recht berücksichtigt es auch immer die Billigkeit. Sobald die Beweise klar vorhanden sind, ist es befugt, den Delinquenten nach Verhältnis des Vergehens mit einer Tracht Schläge, mit Eisen, mit Rahfallen oder mit Kielholen zu bestrafen.

Wenn einer von der Rah fallen soll, so werden ihm die Hände auf den Rücken und 110 bis 150 Pfund Eisen, entweder Ballastscheitchen oder schwere Kanonenkugeln, an die Füße gebunden. Alsdann wird ihm ein Tau unter den beiden Armen befestigt und dieses geht hinauf an die äußerste Spitze der großen Rah. Dort läuft es durch eine Rolle, und das andere Ende reicht wieder auf das Verdeck herab. Die ganze Schiffsmannschaft steht nun, dieses Tau in den Händen haltend, bereit, und auf ein vom Schiffer gegebenes Signal wird der Delinquent hinaus auf die Rahspitze gezogen. Jetzt lassen die Matrosen die Leine los und blitzschnell stürzt der Arme in die Tiefe hinab. Doch nicht lange wird er unter dem Wasser gelassen, sondern wenn er nicht zu mehrmaligem Fallen verurteilt ist, wird er vermittelst eines andern Taues, welches an seine Beine befestigt ist, hereingezogen, dann mit seinen nassen Kleidern auf dem Verdeck festgebunden und zwei Unteroffiziere geben ihm nun 50 bis 80, oft 100 Schläge mit geteerten Tauen auf den Rücken. Der gewaltige Profos steht ihnen zunächst mit einem langen Stab in der Hand und zählt die Streiche; dann, wenn der Delinquent sein Quantum hat, gebietet er Einhalt. Währenddessen steht der Unterchirurg mit einem Riechfläschchen in der Nähe und hält dem Leidenden, wenn er ohnmächtig wird, das Fläschchen unter die Nase. Außerdem spielen die Tamboure und Pfeifer während dieser Handlung Märsche. Wenn dieses vorüber ist, wird der Geschlagene in das Spital gebracht und gut verpflegt. Der stärkere Grad dieser Strafe ist das Kielholen. Dabei geht ein Tau unter dem Kiel hinweg, steigt auf der entgegengesetzten Seite wieder zur Rahspitze auf und läuft von da durch eine Rolle auf das Verdeck herab. Dem Delinquenten werden auch weit schwerere Eisen wie beim Rahfallen angehängt. Er wird nun zur Rahspitze der einen Seite hinaufgezogen, von hier in das Meer herabfallen gelassen und nun durch das Tau auf der entgegengesetzten Seite unter dem Kiel hinweg und an der andern Rahspitze wieder in die Höhe gezogen. Das Kielholen ist stets mit Todesgefahr verbunden; denn wenn es nicht ganz schnell vonstatten geht, so ertrinkt der Unglückliche und nicht selten streift der Körper beim Heraufziehen am Kiel, wo dann der Kopf oder ein anderes Glied abgerissen oder doch so beschädigt werden kann, dass früher oder später der Tod erfolgt.

Nach einem Aufenthalt von mehreren Monaten im Hafen von Mahon war mir derselbe zum Überdruss geworden und ich war herzlich froh, als unser Schiff an einigen Stellen ausgebessert und kalfatert war, und wir vom Contre-Admiral Befehl erhielten, in die See zu stechen, um einige Monate im Mittelmeere zu kreuzen. Da wir aber an den holländischen Konsul in Toulon Aufträge und außerdem auch noch Mangel an Schiffsbauholz hatten, welches Letztere man zu Toulon gut und zu billigem Preis bekommen kann, so sollten wir, ehe wir anfingen zu kreuzen, erst diese Geschäfte besorgen.

10. Toulon

An einem schönen heiteren Morgen verließen wir Porto-Mahon. Der Wind war uns günstig, die Reise ging schnell vonstatten und ohne etwas Interessantes erlebt zu haben, langten wir schon am zweiten Tage unserer Fahrt auf der Reede von Toulon an. Hier trafen wir an 30 Kriegsschiffe von verschiedenen Nationen, im inneren Hafen aber eine Menge Kauffahrteischiffe an. Auf der Werft erblickten wir mehrere neu gebaute Schiffe und außerhalb der Stadt französisches Militär, das hier unter Trommeln und Schießen exerzierte.

Beim Einfahren in den Hafen gewähren die Landhäuser auf der rechten Seite einen herrlichen frohen Anblick, gegen deren üppige Gartenanlagen die nackten und weißlichen Berge der linken Seite freilich einen sonderbaren Kontrast bilden.

Wir blieben nun hierselbst einige Tage vor Anker liegen, während welcher Zeit ich einmal an das Land fuhr. Sobald man in den inneren Hafen kommt, hat man die Stadt ganz vor sich liegen. Sie gewährt von hier aus einen schönen Anblick, noch erhöht durch die große Menge von Schiffen und durch das lebhafte Gewimmel am Landungsplatz. Von der Stadt selbst und deren Merkwürdigkeiten weiß ich wenig zu erzählen, indem ich nicht viel Zeit und Gelegenheit hatte, solche genauer zu beobachten. Meine Begleiter und ich kauften noch einige nötige Gegenstände, gingen sodann in ein Kaffeehaus, wo wir mehrere französische Offiziere antrafen, und uns mit ihnen eine Zeit lang unterhielten. Einige derselben waren so gefällig, uns durch einige Straßen zu führen und zum Hafen zu begleiten. Wir trafen unterwegs auch einige deutsche Offiziere, die bei dem Regiment Prinz Hohenlohe standen.

Im Hafen fesselten meine Aufmerksamkeit am meisten drei Schiffe von außerordentlicher Größe; die Holländer nennen sie Dreidecker. Wie Berge liegen sie da und je näher man ihnen kommt, desto kolossaler erscheinen sie. Man sagte uns, dass sie 130 bis 160 schwere Kanonen an Bord nehmen können. Der eine Dreidecker diente zur Kaserne, der andere zum Gefängnis, der dritte zur Marinenschule, ähnlich unserm Kostschiff in Texel. Auch interessierte mich sehr jene Fregatte, welche einst den Obergeneral Bonaparte aus Ägypten, durch die englische Flotte hindurch, nach Frankreich zurückbrachte. Sie wird nicht wie ein anderes abgängiges Schiff benutzt, sondern als Reliquie aufgehoben; täglich wird auf ihr die Flagge aufgezogen, während stets ein Detachement Soldaten Wache darauf hält. Einen traurigen Anblick gewähren die Galeerensklaven, deren sich mehrere tausend hier in Toulon befinden. Sie haben die vielfachen und beschwerlichen Hafenarbeiten zu verrichten, und beständig sieht man sie auf großen Schaluppen hin und her rudern. Ihre Füße sind mit Ketten und großen Kanonenkugeln beschwert.

Als wir unsere Geschäfte beendigt und etwas Holz an Bord genommen hatten, verließen wir die Reede von Toulon, um wieder eine Zeit lang zu kreuzen. Von der ganzen Fahrt ist wieder wenig Bemerkenswertes zu erwähnen; nur noch Einzelnes schwebt mir im Gedächtnis.

An einem schwülen Sommernachmittag, als wir uns eben in der Nähe von Sizilien befanden, gewahrten wir in einiger Entfernung mehrere Gegenstände auf der Meeresfläche. Zur Untersuchung derselben wurde eine Schaluppe beordert, und es fand sich, dass es große Wasserschildkröten waren, von denen die Mannschaft zwei auffing und an Bord brachte. Diese kommen nämlich nicht selten bei schönem Wetter und stillem Meer an die Oberfläche, legen sich alsdann auf den Rücken, um im warmen Sonnenschein zu schlafen, und so lassen sie sich sehr leicht fangen. Die größte dieser beiden war 1 1/2 Fuß breit und 2 Fuß lang, sie wog etliche 30 Pfd. Auch bemerkten wir auf dieser Fahrt fliegende Fische, die aber hier keineswegs so hoch fliegen, als man aus der Südsee berichtet, sondern sich kaum zwei Klafter hoch über die Meeresfläche erheben.

Als wir an dem schönen Sizilien vorüberfuhren, stieg ich nebst mehreren anderen in den Mastkorb und hatten nun eine herrliche Ansicht. Vom Meeresufer zogen sich bald grüne Talgründe weit in das Land hinein, mit anmutigen Landhäusern, Dörfern und Klöstern ausgeschmückt; bald boten sich dem Auge weite, freie Ebenen dar, auf denen sich Landvolk regsam hin und her bewegte; bald sonnige Wiesen, wo Rindvieh und Pferde weideten, bald grasige Hügel von Schafherden bedeckt. Den ferneren Hintergrund bildeten Bergreihen, unter denen des Ätna dampfender Gipfel vor allen hervorragt. Nach einer mehrtägigen Fahrt erreichten wir sodann die Höhe von Neapel.

11. Neapel

Den eigentlichen Grund, warum wir hierher gesegelt, habe ich nie erfahren können. Wahrscheinlich hatte der Kapitän auch hierin Aufträge vom Contre-Admiral. Um einige Zeit sicher und ruhig liegen zu können, wollten wir in den inneren Hafen fahren, und gaben daher dem Hafen-Kapitän ein Zeichen mit der Flagge, worauf derselbe uns eine Barke entgegenschickte, in die wir nun all unser Pulver abgeben mussten. Dies ist eine doppelte Vorsicht, welche in allen Seehäfen von allen ankommenden Kriegsschiffen fremder Nationen beobachtet wird; einmal, damit eine solche Stadt nie der Gefahr ausgesetzt werde, von einem fremden Kriegsschiff in der Nähe beschossen zu werden; dann, um Unglück zu verhüten, wenn etwa auf einem der vielen dicht nebeneinander liegenden Kauffahrteischiffe Feuer ausbrechen sollte. Die Kauffahrteischiffe haben wenig oder gar kein Pulver an Bord; die großen Massen Pulver der einlaufenden Kriegsschiffe aber werden bis zu ihrer Abreise in Pulvermagazinen am Lande aufbewahrt. Als wir durch die schön geordneten Reihen der Kauffahrteischiffe aller Nationen dahinfuhren, zogen diese alle uns zu Ehren die Flaggen auf, das Salutieren hingegen verbot sich von selbst. Auch sahen wir hier die neapolitanische Kriegsflotte vor Anker liegen. Sie bestand aus einem Linienschiff (der *Vulkan*) und 7 bis 8 kleinen Kriegsschiffen, stand aber den holländischen Schiffen hinsichtlich ihrer Bauart, Bemannung, überhaupt an innerer Einrichtung, Reinlichkeit u. dergl. bedeutend nach.

Während wir hier vor Anker lagen, fuhr ich öfters an das Land, um mich mit dieser herrlichen weltberühmten Stadt und deren Umgebungen ein wenig bekannt zu machen. Hier hat man Gelegenheit Menschen von allen Nationen zu sehen und zu sprechen, die zu Wasser und zu Land von allen Weltgegenden und Erdteilen hergetragen, teils zu Geschäften, teils zum Vergnügen, teils zum Studium der alten Kunst und Wissenschaft sich in Neapel versammeln. Am allerwenigsten aber braucht man um deutsche Landleute verlegen zu sein; denn deutsche Gelehrte, Künstler, Kaufleute und Handwerker trifft man hier in Menge an. Außerdem hielt damals österreichisches Militär die Stadt und Umgegend besetzt.

Obgleich ich daselbst viele nie gesehene, für mich neue und interessante Gegenstände zu bemerken Gelegenheit hatte, so will ich doch den Leser damit nicht belästigen, indem über Neapel schon so vieles geschrieben und gelesen worden ist. Nur einiges erlaube ich mir zu beschreiben, damit doch meine kleine Erzählung im Zusammenhang bleibe. Öfters ging ich auf das große, stark befestigte Kastell, welches, von der See aus betrachtet, zur Linken der Stadt auf einer steilen Anhöhe liegt. Fest und schön gebaut, erhebt es sich mit seinen vielen Kanonen von allen Seiten frei, hoch und majestätisch über die Stadt. Von dem geräumigen Kastellplatz aus hat man eine Aussicht, deren Schönheit und Umfang ganz zu beschreiben meine Feder nicht imstande ist. Nach der vorderen Seite hin genießt man eine freie Aussicht auf den Meeresbusen, welcher immer mit aus- und einlaufenden Schiffen, Barken oder Fischerbooten belebt ist. Links sieht man den hohen und stets dampfenden Vesuv, von dessen Fuße bis in die Nähe der Stadt eine herrliche angebaute Ebene mit Weingärten, Landhäusern und Anlagen aller Art sich ausbreitet. Zwischen dieser Ebene und dem Kastell zieht sich dann die Stadt über mehrere Hügel und Täler hin und gewährt von dieser Seite, die Seeseite etwa abgerechnet, den imposantesten Anblick. Das Schloss des Königs, mehrere Kirchen, Theater und andere Paläste ragen daraus hervor. Vor der Stadt sieht man den inneren Hafen, welcher durch ein großes langes Fort von der Reede getrennt ist und aus demselben gelangt man nur durch einen ziemlich engen Ausgang (Porto) auf das offene Meer. Nach den übrigen Seiten wird die Aussicht durch angebaute Hügel, reichlich mit Landhäusern und Klöstern besetzt, und hinter diesen durch eine hohe Bergkette begrenzt.

In der Stadt sah ich das königliche Schloss von innen, so wie auch eine große Bibliothek, die mich aber damals wenig interessierte. Ich gestehe, dass ich nicht ein einziges Buch öffnete, sondern nur immer, während wir in den langen Sälen umherwanderten, die große Anzahl der Bücher, die prachtvollen Einbände, und die Geschwätzigkeit unseres Führers bewunderte. Auch ließ ich mich in einige Natur- und Kunst-Museen sowie in eine Gemälde-Galerie führen. Ich bewunderte alles als nie gesehene Gegenstände, meine geringen Kenntnisse jedoch hinderten mich, sowohl den Kunstwert zu schätzen, als auch ein richtiges Urteil darüber zu fällen. Auch besuchte ich mehrere Schauspielhäuser und Kirchen. Die innere Pracht, Musik und Gesang gefielen mir sehr, aber der ganze Eindruck aller dieser Herrlichkeiten wird dadurch gestört, dass man sich beständig vor räuberischen Händen hüten muss. Namentlich strömen in die Kirchen die Lazzaronis und anderes Gaunergesindel die Menge herein, um die Andächtigen zu bestehlen.

Eines Tages ging ich mit einem Kommissär von unserem Schiff, wohl mehr aus Neugierde als aus religiösem Bedürfnis, in eine große schöne Kirche, in der eben das Hochamt gehalten wurde. Die Zahl der Andächtigen war sehr groß und wir mussten uns, um nur die Kirche von allen Seiten betrachten zu können, bis in die Mitte vordrängen. Dort angelangt, betrachteten wir das prächtige Innere der Kirche und lauschten aufmerksam der schönen Musik und dem Gesang der Kastraten und eben waren wir im Begriffe, einander unsere Empfindungen bei den Lobgesängen dieser verstümmelten Unglücklichen auszudrücken, als ich auf einmal bemerkte, dass mich jemand von hinten berührt hatte; ich sah mich schnell um, fühlte in meine Rocktasche und – weg waren zwei seidene Taschentücher. Eben wollte ich diese Entdeckung meinem Gefährten mitteilen, als er erschrocken ein *God verdamme* ausstieß, schnell nach seiner Uhrtasche griff und diese leer fand. Was war nun zu tun? Wen sollten wir als Täter angreifen? Von allen Seiten waren wir von wohlgekleideten Menschen umgeben und einer von ihnen musste doch der Dieb gewesen sein! Fluchend rief mir mein holländischer Kamerad zu, ihm zu folgen, indem hier nicht gut wohnen sei. Wir eilten nun aus dem Gedränge, mit dem festen Vorsatz, nie wieder in ein neapolitanisches Bethaus zu gehen.

Von ähnlichen Diebereien hörten wir oft und es ist gar nicht zu verwundern, wenn man die viele Taugenichtse und Müßiggänger ansieht, die sich auf den Straßen umhertreiben. Es gibt in Neapel tausende, die sich bloß vom Stehlen nähren, und trotz der vielen Armenhäuser wimmeln doch alle Straßen von Lazzaronis, die meist halb nackt umherlaufen, den größten Teil des Jahres auf den Straßen zubringen und den Fremden in ganzen Truppen mit kläglichen Bitten um Almosen anfallen. Sie sind wirklich halbe Tiere zu nennen, für Schamgefühl sind sie ganz stumpf; sie suchen vor den Häusern aus Schutt- und Kothaufen oder Pfützen Orangen, Feigen, Äpfel und Kastanien, und balgen sich mit den Hunden vor den Wassersteinen, aus denen ihnen manchmal Brotkrumen, Fleischbrocken, gekochtes Kraut oder Knochen zufließen. Die afrikanischen Neger im wilden Zustande fand ich nicht so roh, als diese Lazzaronis im hochkultivierten Neapel.

Wie wohltätig das schöne und gesunde Klima Neapels auf den menschlichen Körper wirkt, zeigte sich uns deutlich darin, das nach einem Aufenthalt von 2 Monaten die 20 Kranken, die wir an Bord hatten, bis auf den Letzten genesen waren. Als wir den mir freilich unbekannten Zweck unseres Hierseins erreicht hatten, gingen wir weiter in See, um eine Zeit lang zu kreuzen.

12. Neue Sturmesszenen

Mehrere Tage lang hatten wir die herrlichste Fahrt. So schön der Anblick ist, den ein blauer, heiterer Himmel über dem ruhigen Meere gewährt, so abschreckend und niederschlagend ist er auch, wenn sich allmählich Himmel und Meer in eine schwarzgraue Farbe hüllen und nun in eine dunkle Masse zusammenzufließen scheinen. Ich möchte sagen, auch das Gemüt nimmt dann dieselbe dunkle Farbe an.

Eines Abends erhoben sich plötzlich heftige Schirokko-Winde und am Horizont schien ringsum das Meer aufzusteigen und sich über unserem Schiff wieder zu schließen. Die Wogen drangen schnell und wütend auf uns ein und der Wind drehte wirbelnd das Schiff im Kreis herum. Die Gefahr war groß und nur die Vorsehung rettete uns.

Denn obgleich alles, was auf dem Schiff lebte, mit der größten Geistesgegenwart und rühmlichsten Ordnung beschäftigt war, die Segel zu streichen, so war es doch zu spät. Wir verloren in diesem Augenblick zwei Segel, die durch die Gewalt des Windes in Stücke zerrissen wurden. Der Spiegel wurde fast ganz eingedrückt und auf der einen Seite der größere Teil der Verschanzung hinweggerissen. Aber noch weit größer waren die Beschädigungen am unteren Teil des Schiffs. Wo sich der Rumpf des Schiffs aus dem Wasser erhebt, ist die Batterie angebracht, welche, wenn das Schiff sich in See befindet, mit dicken starken Läden *(battery-poorten)* gut versehen ist, um das Eindringen der Wellen zu verhindern. Daselbst wurden nun durch die Gewalt des Wassers sieben Läden eingedrückt, sodass unaufhörlich Wassermassen eindringen konnten. Und obschon augenblicklich die zweckmäßigsten Anstalten getroffen wurden, um dem Eindringen des Wassers zu wehren, so hatte sich doch der Schiffsraum so schnell angefüllt, dass wir ohne unsere guten Schiffspumpen rettungslos versunken wären. Einmal wurde das Schiff von schnell aufeinander folgenden Wellen so auf die linke Seite geworfen, dass die auf der entgegengesetzten Seite befestigten Gegenstände nicht mehr standhalten konnten, und einige sechsunddreißigpfündige Kanonen, welche übrigens auf dem Verdeck sehr gut befestigt waren, durch ihre Schwere die Taue zerrissen. Während man sich ihrer wieder zu bemächtigen suchte, stürzte eine derselben auf einen Schiffsjungen, zerschmetterte ihm die Brust und beschädigte noch mehrere andere von der Mannschaft.

Diese Schreckensszenen dauerten bis gegen Mitternacht, wo sich der Sturm ein wenig legte, und wir wieder freier atmen konnten. Des andern Morgens gewahrten wir in einer kleinen Entfernung einige Tonnen, verschiedenes Holzwerk, Bretter, einen Mast und eine Rah, an der noch ein Stück Segel zu sehen war, im Wasser schwimmend. Dieses ließ uns schließen, dass in der vergangenen Nacht auf dieser Höhe ein Kauffahrteischiff verunglückt sei. Wir wunderten uns keineswegs hierüber und dankten tief gerührt dem allgütigen Retter für unsere Erhaltung. Da wir wegen der hohen Wellen unser Schiff noch nicht ganz in der Gewalt hatten, so konnten wir diesen Trümmern noch nicht ganz nahe kommen; weil aber die Möglichkeit vorhanden war, dass sich vielleicht noch ein lebender Mensch darunter befinden könnte, so lösten wir eine Kanone, um uns doch wenigstens bemerkbar zu machen. Vergebens aber richteten wir unsere forschenden Blicke nach jenen Überresten hin, denn trotz aller unserer Bemühungen konnten wir keinen Menschen mehr entdecken. Wie viele mochten hier ihr Grab gefunden haben!

Noch einige Tage währte dieser Sturm und das Schaukeln des Schiffes war stets so heftig, dass wir nicht einmal imstande waren Speisen zu kochen. Unsere brave Mannschaft war von der fortwährenden Nässe, von Erkältungen, Anstrengungen und Ungemach aller Art so geschwächt, dass ein großer Teil nach wenigen Tagen heftig erkrankte. Die meisten waren vom rheumatischen Gallenfieber befallen worden, welches bald darauf in die falschen Blattern überging, die so wütend um sich griffen, dass etliche und siebzig Mann davon befallen wurden. Innerhalb vierzehn Tagen mussten wir einundzwanzig Leichen als Opfer derselben über Bord werfen, wo die meisten eine Beute der Haifische wurden.

Denkt man sich den Mangel an so manchen frischen Produkten, die für Kranke so unumgänglich notwendig sind; den engen Raum für diese vielen Kranken, so wird man sich ein klares Bild von unserem bejammernswerten Zustand machen können. Wir sehnten uns daher sehr nach einem Hafen, um sowohl unsere Kranken besser verpflegen zu können, als auch unser leckes Schiff auszubessern. Wir legten also wieder auf Porto Mahon, das am nächsten war, an, und brachten hier vor allen Dingen unsere Kranken in das Quarantäne-Lazarett, wo sie sehr gut verpflegt wurden. Wir bekamen dreißig Tage Quarantäne, welche Zeit dazu verwendet ward, unser Schiff auszubessern.

13. *Die Inseln*

Unser Schiff ward nun nach der Levante beordert, zu welchem Zwecke wir notwendig bei Malta anlegen mussten, um einen Lotsen mitzunehmen. Nach einer langen und einförmigen Fahrt, auf welcher nichts von Bedeutung vorfiel, kamen wir wohlbehalten auf dieser Seestation an.

Malta hat zwei Häfen, von denen der eine für die Quarantäne haltenden Schiffe, der andere, welcher sich längs der Stadt La Valetta hin erstreckt, für alle übrigen Schiffe bestimmt ist. Da wir hier wieder Quarantäne halten mussten, so durften wir während unseres kurzen Aufenthalts nicht an das Land gehen, und mussten uns mit dem begnügen, was wir vom Schiffe aus sehen, oder später vom Lotsen erfahren konnten.

La Valetta selbst gewährt einen recht schönen Anblick. Das Ufer bildet einen Halbkreis und macht so den inneren Hafen aus. Um den Hafen herum zieht sich die Stadt, die sich nach hinten bis auf die Spitze eines Berges erhebt. Viele Kirchtürme sieht man aus den Häuserreihen hervorragen und unter diesen namentlich fast ganz oben die schöne Ordenskirche St. Johannis. Vor der Stadt hin zieht sich ein freier Platz, auf dem sich beständig eine große Menschenmasse hin- und hertreibt, was in der Entfernung einem Bienenschwarm äußerst ähnlich sah, zumal da man ein beständiges Gesumse vernahm, und der mit Häusern bedeckte Berg wirklich einem Bienenhause glich. Dieser Anblick macht begreiflich, dass Malta das bevölkertste Land der Erde ist. Übrigens sieht die Insel sehr öde aus, indem sie größtenteils aus verwitterten Felsen besteht, und nur mit vieler Kunst und Mühe einige südliche Produkte hervorbringt. Die fruchtbare Erde ist mehrere Schuh dick aufgetragen, und wird von den fleißigen Maltesern übers Meer hergeholt. La Valetta, die Hauptstadt, hat 50 000 Einwohner, unter denen man auffallend viele rote und schwarze Uniformen sieht, nämlich englische Soldaten und Geistliche. Die Anzahl der Letzteren ist im

Verhältnis zu der an sich schon so starken Bevölkerung wirklich ungeheuer.

Zur ferneren Fahrt, namentlich durch den Archipelagus, bedarf es notwendig eines Lotsen, den wir uns mitnahmen. Beim Ausfahren aus dem Hafen erblickte ich rechts hoch auf einem Felsen einen Galgen, an welchem ein eiserner Käfig hing. Ich fragte den Lotsen, was das sei und erhielt zur Antwort, dass darin die Skelette eines berüchtigten Seeräuber-Kapitäns und seines Steuermanns sich befänden, die vor vielen Jahren hier ihr Wesen trieben, und so zur Warnung für jedermann ausgestellt worden waren.

Wir hatten zwar sehr günstigen Wind und die Fahrt ging ziemlich schnell vonstatten; aber dennoch war es eine lange Reise, bis wir endlich wieder einmal bei Milo die Anker warfen. Man musste daher seine Zuflucht zu den gewöhnlichen Schiffsunterhaltungen nehmen, die denn freilich auch nicht sehr mannigfaltig waren. Spiele sind, außer dem Dambret, auf holländischen Schiffen streng verboten. Dennoch wird von den Offizieren manches Spielchen gewagt, auch die Matrosen schleichen sich bisweilen auf den Mastkorb und ziehen dort ihre Blätter hervor. Freilich setzt es tüchtige Strafen, wenn sie vom Profos aufgespürt werden. Dieser ist überhaupt eine wichtige Person auf dem Schiff. Er hat namentlich für Sicherheit und äußere Ordnung zu sorgen. So hat er z. B. darauf zu sehen, ob abends zur bestimmten Zeit alle Lichter und Tabakspfeifen ausgegangen; ob die Schildwachen in der gehörigen Ordnung, ob alle Gegenstände hübsch rein, ordentlich und an der rechten Stelle sind und so fort. Er hat auch das Recht, augenblicklich zu strafen, oder wenigstens das Vergehen dem wachthabenden Offizier anzuzeigen.

Außerdem las ich auch viel auf dem Schiff, sowohl deutsche als holländische Bücher. Namentlich erinnere ich mich noch damals Schillers »Maria Stuart« gelesen zu haben. Man plauderte viel, erzählte sich aus dem Leben, aus dem Vaterland, und wurde immer näher und näher bekannt: denn wenn man einmal lange zusammen gereist ist, glaubt man wirklich eine Familie zu bilden, besonders da die gutherzigen Holländer so leicht Vertrauen erregen und finden. Oft auch setzte ich mich zu den Matrosen auf eine Kanone und ließ mir von ihnen erzählen, oder ging, ein Pfeifchen rauchend, auf dem Verdeck umher und hing meinen Gedanken und Träumen nach; oft sah ich lange nach der Gegend hin, wo mein geliebtes Vaterland lag, und befand mich im Geiste wieder in den Gegenden meiner Jugendzeit.

Doch wieder zurück zu unserer Reise. Bei Milo lagen wir 14 Tage vor Anker. Es ist ein hübsches Inselchen am Anfang des Archipels. Ein festes Städtchen liegt auf einem Berg von niedlichen Dörfern umgeben. Man findet an Produkten dort Wein, Oliven usw., auch Baumwolle und vorzügliche warme Salzquellen. Wir trafen daselbst einen holländischen Altertumsforscher, welcher an einer Stelle nachgraben ließ, wo er auf verschüttete Häuser und Straßen stieß und eine Menge Gefäße, Münzen, sowie auch eine marmorne Büste des Sokrates und einen aus Marmor gehauenen, schön verzierten Altar ausgrub.

Die aus dem Schutt hervorgegrabenen Hausflure und Stuben waren alle mit Mosaik belegt, wovon man ganze Massen hervorzog. Aber es ging mir hier wieder, so wie in Neapel, im Herkulanum und Pompeji – ich hatte wohl Sinn dafür sowie überhaupt eine rege Begierde, alles zu erfahren, zu ergründen, allein ich war leider noch zu jung, um Gegenstände der schönen Kunst und des Altertums mit der gehörigen Beurteilungskraft betrachten zu können.

Da in jener Zeit die Schifffahrt in dem Archipel in Folge der türkischen und griechischen Feindseligkeiten für die Kauffahrteischiffe unsicher war, so konnten sich diese nie ohne Bedeckung von Kriegsschiffen durch den Archipel wagen. So traf es sich auch, dass wir jetzt gerade eine Menge Kauffahrteischiffe, die alle nach der Levante bestimmt, bei Milo zusammengekommen waren, eskortieren mussten.

Die Fahrt durch die griechischen Inseln ist zwar schwierig, allein sehr angenehm und unterhaltend. Man hat immer irgendeine schöne Insel im Gesichte. Manchmal ist man ringsum von Inseln umgeben und oft fährt man so nahe am Strand vorbei, dass man ans Ufer werfen könnte.

So fuhren wir eines Tages ganz nahe an dem unglücklichen Scio vorüber, sonst eine blühende Insel, damals aber öde und leer, hier und da schwarze Brandstätten, die traurigen Zeichen furchtbarer Gräueltaten. Zweimal fuhr ich an diesem Schreckensufer hin und jedes Mal wurde ich in tiefe Wehmut versenkt; aber das erste Mal konnte ich doch fluchen über die scheußlichen Mörder; das zweite Mal befand ich mich gar unter ihresgleichen. Späterhin hatte ich mehrere Male Gelegenheit mit türkischen Janitscharen, welche die Expedition nach Scio mitgemacht, so wie auch einem griechischen Jüngling, der als Sklave hinweggeführt worden war, zu sprechen. Der eine Türke erzählte mir von einem seiner Kameraden, welcher, wie er ihm selbst gesagt, sich eines Tages auf Scio einen Spaß machte, indem er sechs Säuglinge teils aus der Wiege, teils vom mütterlichen Busen riss, sie zusammen in einen Sack steckte und so ins Meer versenkte. »Und du billigtest diese verruchte Tat?«, fragte ich entrüstet. »Nein!«, antwortete er. »Allah selbst mochte diese Tat mit Zorn angesehen haben, denn als mein Kamerad denselben Abend noch, ganz von Branntwein berauscht, an Bord seines Schiffes fahren wollte, und die Schaluppe von den aufgeregten Wellen stark schaukelte, machte er eine ungeschickte Bewegung auf die Seite, stürzte in die Fluten und fand so seinen Lohn.«

Auch erzählte derselbe noch andere Gräueltaten, deren Zeuge er gewesen, unter anderem, wie einst eine Horde Janitscharen in das Haus eines reichen Kaufmanns eingedrungen, in welchem sie einen Greis nebst dessen Tochter, einem Mädchen von etwa zwanzig Jahren, antrafen. Barsch donnerten sie den Greis an, Geld und Juwelen herbeizuschaffen und bereitwillig brachte der Alte mit seiner Tochter ein Kästchen mit Geld herbei. Die Türken teilten sich gierig in diese sehr bedeutende Summe. Aber damit nicht zufrieden, fragten sie den alten Griechen, ob er noch mehr dergleichen besitze? Auf seine Verneinung fielen mehrere über ihn her, banden ihm einen Strick um den Hals und waren eben im Begriff, ihn aufzuhängen, als plötzlich die Tochter desselben voll Verzweiflung mit einem langen Messer in der Hand sich wie eine gereizte Löwin, die ihre Jungen in den Klauen des Feindes sieht, unter die erstaunten Barbaren stürzte. ›Teuflische Ungeheuer‹, rief sie, ›schont das Leben meines Vaters, oder ich schone das eurige nicht!‹ Lachend stießen sie die Türken zurück und wollten sich eben wieder an ihr mörderisches Werk machen. Da stieß das heldenmütige Mädchen einem Türken das Messer wütend in die Brust. Aber in demselben Augenblick auch schoss ein anderer dem Greis eine Kugel durch den Kopf und leblos stürzte derselbe unter dem herzzerschneidenden Klaggeschrei der Tochter nieder, die sich auf den Leichnam warf und ihn fest umklammerte. Noch nicht zufrieden mit dieser Gräueltat, opferten sie auch noch das Mädchen ihrer Wut und schändeten sie gewaltsam. Nur einer von ihnen sah mit Unwillen diese verruchte Tat an, und erhob kräftig seine Stimme dagegen. Da er aber sah, dass man ihn nicht hörte, schoss er schnell dem Mädchen eine Kugel durch das Herz; eine zweite erhielt der Verruchteste von allen, der Bairaktar-Baschi (Fahnenträger und Anführer dieser Rotte) und indem er einem andern die Pistole entriss, schoss er mit dieser sich selbst durch den Kopf. Dieser brave Jüngling war der Sohn eines Hotscha (Priester) aus Mangsa bei Smyrna. Nicht Raubsucht lockte ihn nach Scio, sondern eine verkehrte Ansicht von Religion und Tugend. Der Name dieses seltenen Türken war Osman.

Nicht weit von Scio sahen wir plötzlich zu unserer Rechten die türkische Flotte, fünfzig Segel stark, unter den Befehlen des Hussered Pascha auf uns zusteuern.

Kaum aber hatten wir uns beiderseits erkannt, als wir auch zu unserer Linken die griechische Flotte, vierzig Segel stark, hinter uns vorbei auf die türkische lossegeln sahen. So gern wir auch dem nun beginnenden Kampfe zugesehen hätten, so war es doch unmöglich, wegen der vielen Kauffahrteischiffe, die uns anvertraut waren. Ehe noch eine halbe Stunde vergangen, hatten sich bereits die vorderen Linien einander genähert und nach mehreren Stunden hörten wir eine heftige Kanonade, deren Resultat mir jedoch unbekannt geblieben ist.

Nicht lange danach kamen wir zur anmutigsten Insel unter allen, die ich in dem Archipel sah, nach Tino. Sie hat einen ziemlich bedeutenden Umfang, enthält einige hundert Städtchen und Dörfer und ist von freien Griechen bewohnt, doch findet man auch viele Franken (Europäer) daselbst. Diese Insulaner verleben ihre Tage in der unschuldigen Freude. Armut kennt man daselbst wenig oder gar nicht, überflüssiger Luxus ist durch einfache Sitten und Trachten, Wucher aber und andere Übel durch zweckmäßige Gesetze von der Insel verbannt.

Oh glückliche Insel! Wie oft wünschte ich mich auf deine grünen Hügel zurück, wo tausende von Schafen, von fröhlichen Knaben und Mädchen gehütet, ihre fette Weide finden; wie oft in die üppigen Weinberge zurück, wo mich die fußlangen Trauben mit ihren dicken Beeren anlachten, und deren Genuss mir die Eigentümer so gerne erlaubten; wie oft zurück in die anmutigen Täler, wo reinliche Köschken (Landhäuser) mit ehrwürdigen Monasteren (Klöstern) abwechseln!

Die Insel hat einen ziemlich guten Hafen, einige starke Batterien und eine kleine Schiffswerft. Im Jahr 1824 war der Kapudan Pascha so unvorsichtig, mit einem Teil seiner Flotte bei schlechtem Wetter in diesen Hafen zu segeln, um Anker zu werfen. Da aber die griechischen Batterien unaufhörlich auf dieselben feuerten, so war sie genötigt, den Hafen wieder zu verlassen, und zwar mit einem Verlust von drei Schiffen, einer Fregatte, einer Korvette und einer Brigg, welche auf verborgenen Klippen strandeten. Jetzt noch sieht man den oberen Teil ihrer Masten aus dem Wasser hervorragen.

14. Smyrna.

Schon nach einem achttägigen Aufenthalte mussten wir die herrliche Insel wieder verlassen, um weiter nach Smyrna zu segeln. Schwermütig, gleichsam mein nahe bevorstehendes Unglück ahnend, trennte ich mich von derselben und ging meinem Schicksal entgegen.

Smyrna hat keinen eigentlichen Hafen, sondern nur eine geschlossene, sehr geräumige Reede, auf der immer einige hundert Schiffe von allen Handel treibenden Nationen zu finden sind. Festungswerke hat die Stadt nur wenige: Die vorzüglichste Batterie ist die so genannte neue *Jengi Kalai* gleich beim Einfahren rechts, und dann auf einer Anhöhe hinter der Stadt die *Katifa Kalai,* welche nur mit wenigen Kanonen versehen ist. Es ist dieses die Ruine einer sehr alten Burg, welche nach der türkischen Volkssage zu Alexanders des Großen Zeit von einer Prinzessin Namens Katifa erbaut worden war. Zunächst dieser großen Ruine sieht man noch mehrere kolossale Wasserleitungen, deren Bauart aber mehr dem römischen Zeitalter entspricht. Die Stadt ist sehr ausgedehnt und enthält wohl 100 000 Einwohner, von denen ungefähr die eine Hälfte aus Türken, die andere aus Franken, Griechen, Armeniern, Kopten und Juden besteht. Sie ist in Quartiere *(Machale)* und Märkte *(Basare)* eingeteilt, sodass meistenteils eine jede Nation ihr eigenes Quartier bewohnt. Die herrschende Religion ist die mohammedanische; doch wird auch den anderen Religionsparteien gegen Errichtung eines Tributs Ausübung ihres Kultus gestattet und Schutz für Person und Eigentum gewährt. Die Franken haben ein Kloster mit Glocken in ihre Kirche. So haben

Smyrna im 19. Jahrhundert

auch alle übrigen Christen ihre Kirchen und die Juden ihre Synagogen.

Der Handel ist sehr bedeutend. Schiffe aus allen Weltgegenden begegnen sich hier, so wie auch die Karawanen aus dem ganzen türkischen Reich, aus Persien, Arabien und Indien hier zusammenkommen. Der Gewerbfleiß ist nicht minder ausgedehnt. Man verfertigt Schals, kostbare Teppiche, Seide und Baumwollen-Zeuge, Saffian und Lederfabrikate aller Art, vorzügliche Säbel und andere Waffen und schöne türkische Pfeifen; auch bereitet man köstliche Öle aus Rosen, Jasmin und Narzissen.

Smyrna ist reich an Produkten jeder Art, z. B. an Getreide, köstlichem Wein, Rosinen, Oliven, Feigen und Baumwolle. Man findet dort vorzügliche Pferde, Rindvieh und Schafe, Letztere meistens mit ungeheuren Fettschwänzen. Ich sah dergleichen Schafe schlachten und überzeugte mich selbst, dass man aus einem Schwanz 30 Pfd. Fett gewann. Freilich gibt es noch viel größere. Bei einer Herde sah ich einen alten Hammel, dessen Höhe 3 $^1/_2$ Fuß betrug, und dessen Schwanz 3 Fuß in die Länge und 2 Fuß in die Breite maß. Diese ungeheure Fettmasse war dem Tier selbst zur Last, weshalb man ein Rollwägelchen unter ihm angebracht hatte, dessen Schere vermittelst einer Gurte an der Brust des Tieres befestigt war. Mit Leichtigkeit zog es so seine Bürde nach sich, und mit der größten Gewandtheit und Geschicklichkeit wusste es den im Wege liegenden Steinen auszuweichen und über kleine Anhöhen und Vertiefungen wegzusetzen. Ich sah dem Tier lange mit Bewunderung und Vergnügen zu.

Die Hunde laufen ohne Eigentümer in Scharen von 20 bis 30 umher. Außerhalb der Stadt erjagen sie sich Wild zu ihrer Nahrung. Einen Hauptnahrungszweig finden sie jedoch bei dem Schlachthaus vor der Stadt, und zwar in der Nähe von der Wohnung des Pascha. Dieser Platz gewährt den schmutzigsten und abscheulichsten Anblick, der sich nur denken lässt. Der hier herrschende Gestank verpestet die Luft in weitem Umkreise und ist besonders an schwülen Sommertagen unerträglich. Diesem Übel wäre durch eine zweckmäßige Einrichtung sehr leicht abzuhelfen, aber die stumpfe Trägheit der türkischen Behörden lässt dies nicht zu.

Die Kamele pflegt man dort auf verschiedene, mannigfaltige Art abzurichten. Einmal sah ich auf einem freien Platze sechs solcher Kamele miteinander ringen. Sie hatten Maulkörbe an, sprangen je zwei und zwei ergrimmt aufeinander los, stellten sich alsdann auf die Hinterfüße, fassten einander mit den Vorderfüßen um die Hälse oder um den Leib, schüttelten sich derb und schleuderten einander rechts oder links. Dasjenige von ihnen, welches auf den Rücken fiel, hatte verloren; das andere fiel sogleich mit einem fürchterlichen Gebrüll über dasselbe her, fing an es mit seinen Füßen zu stampfen und wenn nicht sogleich die Kamelführer (*Dewitschi*) herbeieilten, um sie voneinander zu bringen, so würde jenes das unterliegende umbringen. Dieses wirklich interessante Schauspiel dauert oft eine oder mehrere Stunden, bis endlich die Tiere mit Schaum bedeckt und ganz erschöpft niedersinken. Tausende von Zuschauern stehen um den freien Platz (*Meedan*) versammelt, um für ihren *Grusch* oder *Jinni Parah* entschädigt zu werden. Da sieht man den aufmerksam beobachtenden Europäer neben dem nur nach Sinnengenuss strebenden Türken in *Kaftan* und *Turbandi* gehüllt stehen. Dort steht der stolze Grieche in seinem *Gehlek* und *Garra Turbandi* neben dem furchtsamen und allgemein verachteten Juden mit seinem *Beschlik* und *Sijah vess* auf dem Haupt. Hier steht der schlaue Armenier in seinen *Talaar* gehüllt und mit dem *Kalbak* bedeckt neben dem einfältigen Kopten in seinem *Kürk* und *Scheschia*; dort sieht man einen Mönch mit seiner Kutte und ehrwürdigem Kahlkopf neben einem schwärmerischen Derwisch, in sein *Junlek* gewickelt, mit der *Kulach* auf dem geschorenen Kopf – fürwahr ein buntes Gemisch von den verschiedenartigsten Menschen, welches dem Auge des Beobachters einen sehr interessanten Anblick gewährt. Leider hört man jedoch öfters nach einem solchen Schauspiel von starken Exzessen, die oft blutige Folgen haben.

Die Straßen der Stadt sind meist schmutzig und nicht sehr breit, größtenteils mit Brettern bedeckt, um Schatten und Kühlung zu gewähren, sehr wenige gepflastert. Auch die Häuser sind außer einigen hervortretenden Gebäuden ziemlich unansehnlich. Zu den größeren Gebäuden gehören die vielen Bethäuser (*Tschamin* und *Mestschiden*) und Klöster der Derwische; das große Zollhaus (*Kümrük*): die großen Gasthäuser für mohammedanische Reisende (*Hahne* genannt); die große Anzahl der Badehäuser (*Hamamlari*); Kaffeehäuser (*Kawa-Hahne*); Krankenhäuser (*Hasta-Hahne*); Anstalten für Bejahrte, und Anstalten für solche, die an allzu großer Trägheit leiden (*Tembel-Hahne*).

Ein eigner Schlag Menschen, ausgezeichnet durch eine Körperkraft, wie ich sie nirgend wieder gesehen, sind die Lastträger (*Hammal*). Sie haben auf ihren Rücken Tragmaschinen, auf welchen sie die größten Lasten zu tragen imstande sind, gewöhnlich zwischen 4 bis 6 Zentner, aber man hat sichere Beispiele, dass sie schon acht Zentner und darüber auf eine kleine Strecke getragen haben. Wenn sie beladen sind, so gehen sie, die Füße etwas nach innen, die Waden nach außen gekehrt, ganz langsam und haben einen äußerst sichern Tritt. Gehen sie hingegen leer, so haben sie einen sehr unsicheren Gang und schlotternde Knie. Sie sind meistens korpulent, doch sah ich magere unter ihnen, bei denen im Verhältnis ihres Körperbaues die Schenkel und Waden ungemein dick und muskulös sind; auch haben sie mehrenteils sehr breite, platte Füße. Von früher Jugend auf werden sie allmählich daran gewöhnt; sie genießen nur die nahrhaftesten Speisen, als Sago, Hammelköpfe, Hammels- und Kalbsfüße wohl zubereitet, und sonstige kräftige Sachen, als Hühnerfleisch und Hühnersuppen; auch glauben sie an die Kraft des Weins und trinken ihn häufig, trotz des Verbotes des *Kur-ahn*. Sie verdienen sehr viel Geld, da sie aber sehr kostspielig leben, so geht alles von Hand zu Mund.

15. Uwrlah – Die verfolgten Griechen

Wir verließen Smyrna nach einem ziemlich kurzen Aufenthalt und richteten unseren Lauf nach *Uwrlah*, nicht weit davon, ebenfalls an der Küste gelegen.

Eines Tags, da ich mich eben auf dem Verdecke befand, sah ich, dass sich auf einmal die Sonne verfinsterte und von einer schwarzen Wolke überzogen wurde, von der herab wir ein ganz eigenes Geräusch vernahmen. Aufmerksam sahen wir diesem, über uns heranziehenden Gewölk entgegen, und gewahrten endlich, dass es ein Schwarm verheerender Heuschrecken war. Sie flogen in dichter Masse und es dauerte 10 bis 12 Minuten, bis der Zug über uns hinweg war, während welcher Zeit sie uns die Sonne ganz verfinstert hatten. – Viele tausende fielen herab ins Wasser und auf unser Verdeck, wo ich Gelegenheit hatte, sie genauer zu betrachten. Ihre Länge betrug 1 $^1/_2$ bis 2 Zoll, ihre Farbe war hellbraun, grünlich und hellgrau. Der Zug kam von Südosten und bewegte sich langsam nach Nordwest, wohin wir ihm noch lange nachsehen konnten.

Uwrlah ist ein vorzüglicher Wasserplatz, nur einige Meilen von Smyrna entfernt. Wir segelten hierhin, sowohl um frisches Wasser einzunehmen, als auch um unseren Kranken, deren wir mehrere an Bord hatten, eine bessere Pflege angedeihen zu lassen. Die Gegend um diesen Ort ist ebenso schön und fruchtbar, wie die um Smyrna, aber auch sie hatte der verheerende Krieg heimgesucht und täglich fielen Mordszenen zwischen Griechen und Türken vor. Als wir daselbst vor Anker lagen, hörten wir an einem Abend kurz vor Sonnenuntergang, hinter einem Vorgebirge eine bedeutende Kanonade, welche sich allmählich zu nähern schien. Alle Augen waren nach jener Gegend hin gerichtet und eine Zeit lang hatten wir schon vergeblich geharrt, als auf einmal zwei Barken mit der griechischen Flagge zum Vorschein kamen. Ihnen folgten in Schussweite zwei österreichische Kriegsschiffe, welche anhaltend auf sie feuerten. Sogleich schickten wir eine Schaluppe mit einem Offizier als Parlamentär auf die österreichische Korvette, und eine französische Kriegsbrigg, welche neben uns vor Anker lag, tat ein Gleiches, um sowohl Erklärung über dieses Betragen zu fordern, als auch unserer Pflicht gemäß einzuschreiten und Einstellung des Feuers zu verlangen. Die abgeschickten Schaluppen kamen alsbald zurück mit der Antwort vom österreichischen Kommandanten, dass die zwei verfolgten Fahrzeuge griechischen Rebellen angehörten und er sei von seiner Regierung befugt, dieselben, wo immer er sie anträfe, als Piraten zu behandeln. Da wir neutral waren und uns nicht befugt fühlten, weiter einzuschreiten, so konnten wir zur Rettung dieser unglücklichen Griechen nichts mehr beitragen. Der Kommandant der französischen Brigg, von Menschlichkeit beseelt, protestierte zwar heftig gegen dieses Verfahren; allein dessen ungeachtet fuhren die Österreicher fort zu feuern. Indessen ward es Abend und die griechischen Fahrzeuge liefen in die Bucht von Uwrlah ein. Das eine, von den Kanonenkugeln ganz durchbohrt, versank daselbst mit der sämtlichen Mannschaft, das andere lief auf den Strand. Die Mannschaft des Letzteren benutzte die Dunkelheit der Nacht und bestieg zwei Schaluppen, mit welchen sie glücklich an den österreichischen Schiffen, die indessen vor Anker gegangen waren, vorübersegelten und um Aufnahme bittend zu uns an Bord kamen. Da wir jedoch noch lange in dieser Bai liegen bleiben mussten, und es uns zu unmöglich war, dieselben des folgenden Tages in einen andern griechischen Hafen zu bringen, so konnten wir sie nicht an Bord nehmen. Ihre Anzahl belief sich auf 35 Mann, nebst zwei Frauen und mehreren Kindern. Traurig verließen sie unser

Schiff und wandten sich nun an die französische Brigg, welche sie gastfreundlich aufnahm und schon am anderen Morgen weiterbrachte.

Sowohl die Mannschaft des französischen Schiffs als auch die unsrige waren äußerst aufgebracht wegen dieses abscheulichen Verfahrens der Österreicher. Die Franzosen erzählten uns mehrere ähnliche Fälle von den Österreichern, ja sie hätten sogar schon öfters gefangene Griechen an den Pascha von Smyrna ausgeliefert, der sie meistens aufknüpfen ließ. Viele Türken sagen, deshalb sei auch der Prophet den Österreichern sehr geneigt und man habe Ursache zu hoffen, dass der österreichische erste Wesir einen guten frommen Muselmann abgeben würde. Menschlicher und klüger war die Rolle, welche die schlauen Engländer dabei spielten. Sie nahmen, wenn sie türkische Schiffe oder türkische Einwohner in griechischem Bereiche in Gefahr sahen, dieselben in Schutz und brachten sie zu ihren Landsleuten in Sicherheit. Ebenso aber auch machten sie es mit den Griechen, sodass sie auf beiden Seiten gleich menschenfreundlich wirkten. Dabei blieben sie mit allen Mächten neutral, wurden vom großen Haufen sowohl auf türkischer als auf griechischer Seite geliebt und geschätzt und, was für sie das Wichtigste war, es kam ihnen als großmütigen Errettern mancher Beutel mit türkischen und griechischen Piastern zugeflogen.

16. Die Gefangennehmung

Wegen der Kranken musste ich die meiste Zeit auf dem Land zubringen, wo mich denn meine Schiffsgenossen häufig besuchten.

Gegen Abend, es war im Juli 1825, ging ich einst mit mehreren Bekannten und einigen Griechen in einem Wäldchen spazieren. Kaum waren wir eine ziemliche Strecke gegangen, als wir uns auf einmal von einer Horde bewaffneter Janitscharen umringt sahen, welche über uns herfielen, uns plünderten und beinahe gänzlich entkleideten. Wir waren unbewaffnet, nur ein Österreicher, welcher sich ebenfalls bei uns befand, war mit einem Schiffsdolche versehen, mit welchem er sich gegen einen Türken zur Wehr setzte und denselben in die linke Seite verwundete. Ein anderer Türke aber, hierüber wütend, versetzte dem Unglücklichen einen Damaszenerhieb über die linke Schulter, dass er sogleich niedersank und in konvulsivischen Zuckungen seinen Geist aufgab. Verzweiflungsvoll sahen wir Übrigen dieses Schauspiel an. Mir gab ein anderer Türke lachend und mit einem teuflischen Blick einen Hieb auf die linke Wange; da er aber ziemlich weit von mir stand, so erreichte mich kaum seine Säbelspitze und verursachte nur eine zollgroße Wunde. Mein Blut strömte; die Unmenschen aber ließen mir keine Zeit, die Wunde zu verbinden, sondern stießen mich nebst meinen Unglücksgefährten vor sich her, und wie es schien, auf Umwegen nach Smyrna, wo wir um Mitternacht ankamen. Von hieraus brachten sie uns mit noch anderen griechischen Sklaven, welche schon vor uns daselbst angekommen waren, an Bord eines algerischen Kapers, welcher sich dort im Hafen befand. Dieser nahm uns auf und ging noch vor Sonnenaufgang unter Segel.

Es war eine Brigg von sechzehn Kanonen und hatte 180 Mann an Bord. Der Kapitän, Omar, ein englischer Renegat, war uns gut gesinnt und schien unser Schicksal zu bedauern. Er verstand Italienisch, Türkisch und Arabisch sowie auch ein wenig Holländisch. Öfters unterhielt er sich mit mir und einem anderen Holländer auf eine freie und zutrauliche Weise. Gegen die Griechen zeigte er aber einen unverkennbaren Widerwillen. Er fragte mich öfters über Gegenstände der europäischen Wissenschaften und Künste und erzählte mir manches von Algier, was mir späterhin oft von Nutzen war. Ich erfuhr auch von ihm, dass er in Algier verheiratet sei und mehrere Kinder habe, von denen er stets mit großer Vaterliebe sprach. Obgleich er mir nie sagte, was er früher war, und woher er stamme, so konnte ich doch aus seinem ganzen Benehmen schließen, dass er feine Bildung genossen haben musste. Oft machte er bei heiterer Laune Scherze mit mir, wobei ich seinen hellen Kopf bewundern musste. Oft auch forderte er mich auf, seinem Beispiel zu folgen und mich von einer drückenden Sklaverei zu befreien. Dann bemerkte ich zuweilen am Ende einer solchen Unterredung, dass er ganz schwermütig und düster wurde und seufzend davonschlich. – Über die Behandlung auf diesem Schiff konnten wir, obgleich wir unter rohen und unmenschlichen Barbaren uns befanden (einige kleinliche Neckereien der Matrosen abgerechnet), doch nicht sehr klagen, wovon freilich der humane Kapitän Ursache gewesen sein mag. Wir bekamen, gleich den Matrosen, schlechte Schiffskost, bestehend aus schlecht gekochter Reissuppe und Pillaw (ein Gericht aus Weizen oder Reis, konsistent gekocht und spärlich geschmälzt), oder aus gekochtem Gedide (in der Sonne getrocknetes Schaffleisch), welches die Afrikaner ungemein gern essen, sowie aus Zwieback, Zwiebeln und Seïdoni-Kehell (schwarze Oliven). Am gesündesten und nahrhaftesten schienen mir der Pillaw und die Seïdoni zu sein.

17. Ankunft in Algier

Auf der ganzen Reise fiel nichts vor, was bemerkenswert wäre; sie ging ziemlich schnell vonstatten, sodass wir schon am 25sten Tag vor Algier ankamen. Den Eindruck, den der Anblick dieser Stadt auf mich machte, bin ich nicht im Stande zu schildern. Alles Widrige, was ich schon von meiner Kindheit an von derselben gehört und gelesen hatte, schwebte mir nun auf einmal vor der Seele. Wehmütig überblickte ich meine verhängnisvolle Lage, eine schreckliche Zukunft machte mich zittern. Doch der

Gedanke, dass ich in meinem jungen Leben schon so mancher Gefahr glücklich entgangen sei und dass ich schon so manche bittere Erfahrung gemacht habe, richtete mich auf und erinnerte mich, dass eine gütige Vorsehung über mir walte, welche mich auch jetzt schützen und mir zu neuen Leiden Beharrlichkeit verleihen werde.

Algier liegt auf einem Berg, es erstreckt sich von demselben herab gegen den Hafen, sodass die untere Reihe der Häuser vom Wasser bespült wird. Die hohen Häuser mit flachen Dächern (Terrassen) sind dicht aneinander gebaut und durchgängig mit glänzend weißem Kalk getüncht. Dies gibt der Stadt von der Seeseite aus einen prachtvollen, imposanten Anblick, indem die Reihen von Terrassen übereinander hervorragen, von Kuppen, Minares und Palästen unterbrochen. Die Bethäuser, das ehemalige Schloss des Dei, die Janitscharen-Kasernen und einige Privathäuser zeichnen sich vor den übrigen aus. Vor allen aber die Kassaba, die Zitadelle und Residenz des Dei, die sich oberhalb der Stadt auf dem Berge von einem Ende bis zum anderen ausdehnt. Stolz weht daselbst eine große Muhammedsfahne herab.

Vor der Stadt und auf beiden Seiten derselben sind furchtbare Forts und Batterien, welche die große Reede ganz umgeben. Der Hafen, in welchem die Kursanschiffe vor Anker liegen, befindet sich hinter einem Fort, welches mit mehreren hundert schweren Kanonen besetzt ist, und fasst kaum 30 Schiffe. Zu beiden Seiten der Stadt wechseln Anhöhen, Täler und Ebenen miteinander ab. Zwischen diesen zerstreut liegen die herrlichen Gärten und Landhäuser der europäischen Konsuln, deren Flaggen daselbst wehen. Unzählige Lusthäuser, welche romantisch aus Gärten oder Orangen- und Olivenwäldchen hervorsehen, machen die ganze Gegend wunderschön. Im Hintergrund zieht sich der Atlas, zum Teil mit beständigem Schnee bedeckt, in langen Bergreihen von Südosten nach Westen. Auf der Seite nach Bona hin erstreckt sich längs des Ufers eine schmale, mehrere Stunden lange Sandsteppe. Ein

Fluss, El-Artsch, der vom Gebirge kommt, durchschlängelt dieselbe und ergießt sich in die Reede. Die ganze Ansicht von Algier zeichnet sich durch ihre Abwechslung und Mannigfaltigkeit aus.

Als der Kursan* auf der Reede angekommen war, zog er die Flagge auf und tat drei Schüsse. Hierauf wurden auf den Forts die Flaggen aufgezogen. Von der Stadt her hörte man einen furchtbaren Lärm. Das neugierige Volk strömte aus der Stadt in den Hafen. Die flachen Dächer waren mit verschleierten Frauenzimmern bedeckt, welche dem Schiffe zujauchzten. Als das Schiff in dem Hafen die Anker fallen ließ, kamen sogleich mehrere Boote, um vor allen Dingen die Sklaven abzuholen. Wir mussten dieselben besteigen, um ans Land zu fahren. Dort angekommen, wurden wir in großer Eile in ein dunkles Gewölbe gebracht, in welches wir eingeschlossen wurden. Einer fragte den anderen, was aus uns werden würde? Einige von uns seufzten und flehten die Vorsehung um Hilfe an, andere grollten über ihr Schicksal und verwünschten den Tag ihrer Geburt. Nach mehreren Stunden der peinlichsten Erwartung wurde die Tür geöffnet, es kamen einige Türken, unter denen man deutlich einen vornehmen Herrn erkannte, und musterten uns. Später erfuhr ich, dass dieser Herr der Marineminister gewesen ist. Sie sprachen Türkisch miteinander, aber keiner von uns war imstande ein Wort zu verstehen. Einige Mal hörten wir sie die Worte aussprechen: »*Konsol-Englis, Konsol-Francis.*« Wir begriffen wohl, dass dieses »Englischer Konsul, Französischer Konsul« bedeute, aber was sie damit sagen wollten, konnten wir uns damals noch nicht erklären.

Es war gegen Abend, als die Stunde unserer Trennung schlug. Wir, zusammen fünfzehn an der Zahl, wurden nun auseinander gerissen und einzeln oder paarweise fortge-

* *Kursan* ist der richtige Ausdruck für Korsar. Es heißt eigentlich Krieger, *Kursan-Dekne* Kriegsschiff; doch sagen die Türken auch bloß *Kursan*.

führt. Gerührt sahen wir einander nach, aber ein jeder von uns mag wohl für sich selbst so besorgt gewesen sein, dass er nicht Zeit hatte, seine Unglücksgefährten zu bedauern. Ein Grieche, noch etwas jünger als ich (er war eben sechzehn Jahre alt geworden), welcher schon im Anfang unserer Reise auf dem Raubschiffe mir eine große Gefälligkeit erwies, indem er mir sein Taschentuch gab, um meine Wunde vor der Seeluft zu schützen – das meinige hatten mir die rohen Janitscharen abgenommen –, dieser treue Unglücksgenosse, welcher auf Ipsara geboren, und von da aus in die Sklaverei geschleppt war, sollte nun auch länger mein Gefährte sein. Denn wir beide wurden in die Wohnung des Hassenatschi-Efendi (Finanz-, Justiz- und Polizeiminister) gebracht, erhielten sogleich bei unserer Ankunft Sklavenkleider und wurden als Küchenjungen in der Küche des Ministers angestellt. Wir fanden daselbst noch 14 andere Sklaven, worunter sich einige Mexikaner, Spaniolen, Italiener, Griechen und ein Holländer befanden.

18. Unser erster Zustand daselbst

Unsere Kleidung bestand aus einem roten von Wolle gewebten Käppchen, einem Hemd von baumwollenem Zeug, aus einer Jacke von demselben; einem Paar weiten Hosen, die bis über die Knie gingen und einem Paar schlechter Pantoffeln.

Was unsere Nahrung betrifft, so war dieselbe von der Art, dass wir nicht Ursache hatten, uns über Hunger zu beklagen. Denn alle Abfälle in der Küche waren für uns, desgleichen dasjenige, was von der Tafel des Ministers oder der anderen Herren vom Hauspersonal übrig blieb. Unsere Schlafstätte war ein geräumiges Magazin. Die Betten waren ganz einfach; nämlich Bretter, auf denen Schaffelle lagen, dienten zur Schlafstelle, und leichte wollene Decken zur Bedeckung.

Zwei Übel aber hatte ich hier zu ertragen, die mir das Leben verbitterten und meiner Gesundheit sehr nachteilig waren; das eine war die große Unreinlichkeit und Rohheit einiger meiner Unglücksgenossen, das andere das viele Ungeziefer, als Ratten und nicht selten Schlangen. Obgleich unsere Magazine sowie unsere Lagerstätten an sich nur schlecht waren, so hätte man dieselben doch rein halten können. Aber leider war das bei einigen nicht der Fall. Sie gaben sich der größten Unordnung und Liederlichkeit hin, und machten einige Ordnungsliebende von uns triftige Vorstellungen gegen ein solches für uns alle nachteiliges Betragen, welches uns unseren Aufenthalt damals verbitterte und in Zukunft Krankheiten und andere üble Folgen nach sich ziehen konnte; so wollten sich diese rohen Menschen nichts sagen lassen, sondern fingen mehrmalig Streitigkeiten an. Die Ratten, die überhaupt in Algier in ungemeiner Anzahl vorhanden sind, waren auch in diesem Schloss so zahlreich, dass man sich derselben kaum erwehren konnte. Beinahe jeden Abend machten wir mit Stöcken Jagd auf dieselben. Wenn wir des Nachts schliefen, so kamen sie scharenweise aus andern Magazinen und begaben sich durch das unsrige in die Küche. Oft kamen sie auf unsere Lager und ließen uns keine Ruhe. Und wenn wir manchmal auch 30 bis 40 erschlugen, und obgleich einer meiner Kameraden, ein Savoyard, eine Menge Rattenfallen verfertigte, in welchen er sehr viele fing, so spürte man es kaum, dass sie sich verringerten. Mehrmals fanden wir auch unter unseren Lagerstätten Schlangen von beträchtlicher Größe. Diese kamen durch ein mit Gitterwerk versehenes Fenster, welches in den Zitadellgraben ging, der mit dichtem Gesträuch und Kakteen bewachsen war.

Unsere Beschäftigung war das Schloss zu fegen und zu waschen, das Feuer in der Küche zu unterhalten, Schafe und Hühner zu schlachten, Kräuter zu waschen; das Geschirr und alle Hausgerätschaften zu reinigen sowie überhaupt alle häusliche Arbeit zu verrichten. Wir hatten nicht den ganzen Tag vollauf zu tun, sondern hatten auch mehrere freie oder besser müßige Stunden, die nun aus Langeweile meist mit Schlafen hingebracht wurden. Manchmal aber hatten wir auch sehr viel Arbeit, wo alsdann nicht selten die Köche uns mit Schlägen anfeuerten. In manchen Ecken des Schlosses standen Stöcke und Karbatschen, die im Anfang unseres Aufenthaltes umso häufiger bei uns angewendet wurden, indem wir damals noch nicht Türkisch verstanden. Wir waren daher gleichsam mit Gewalt gezwungen, die türkische Sprache zu erlernen, welches mir anfangs äußerst schwer hielt, jedoch noch leichter als meinen übrigen Unglücksgefährten. Ich konnte nur durch fragende Zeichen und durch Hindeuten auf die Gegenstände anfangs manche Worte erfahren, die ich nun mit einem Nagel oder einer Kohle an die Wand schrieb (worüber ich beinahe einmal Schläge bekam). Es war aber schon viel gewonnen, als ich einmal »*adine bu*« (wie heißt das?) und »*bune*« (was ist das?) wusste, hatte aber lange darauf sinnen müssen, wie ich dies lernen sollte. Endlich glückte es mir. Wenn nämlich einer der Türken gut gelaunt war, so frug er mich wieder, ob ich das Wort noch wüsste, das er mich gelehrt habe und dabei deutete er auf den Gegenstand und frug: »*Adine bu*?«

Als ich schon ein wenig verstand, hörte ich oft zu, wie ein Mäuschen, wenn sie unter sich sprachen oder erzählten. Endlich wagte ich selbst mitzusprechen, und ihnen sogar zu erzählen, was ihnen denn in den müßigen Stunden sehr gut gefiel, sodass sie mich sehr lobten und nur wünschten, ich möchte ein Muselmann werden. Als ich ihnen einmal die Geschichte der Genovefa, ein wenig türkisch gemodelt, erzählte, wurden viele zu Tränen gerührt.

19. Die Flucht

Nachdem ich nun ein halbes Jahr in dieser höchst traurigen Lage zugebracht hatte, in welcher Zeit mir öfters das Leben eine drückende Last wurde, entwarfen wir Sklaven einen sehr gut zu entschuldigenden, aber unklugen Plan. Wenn wir nämlich glücklich durch die Schlosswache entkommen, wollten wir nach der Marine eilen, um womöglich ein europäisches Schiff oder Boot zu finden, und sollte dieses misslingen, so wollten wir suchen zu einem Stadttor hinauszukommen, um ein Landhaus von einem der europäischen Gesandten zu erreichen, welcher alsdann nicht unterlassen werde uns zu befreien. Wenn wir aber, aus Gefahr entdeckt zu werden, keinen Konsul fänden, oder im Falle, dass dieser sich weigere, uns von dem Dei zu reklamieren, so beschlossen wir, südöstlich die Reise nach Tunis zu wagen. Den letzteren Plan konnte nur Verzweiflung eingeben, denn auf einem ziemlich gebahnten Wege gebraucht eine Karawane 20 Tage, um von Algier nach Tunis zu kommen. Und wie viel Zeit hätten wir gebraucht, da wir doch im Anfang, um nicht entdeckt zu werden, anstatt auf der gebahnten Straße zu fliehen, uns durch Wälder voll wilder Tiere, nach der Sonne und Sternen uns richtend, einen Weg hätten suchen müssen. Wir mussten in diesem Fall die Sandsteppe und wilde schreckliche Bergwälder übersteigen, in einem Land, dessen Sprache einige von uns nur schlecht, andere noch gar nicht verstanden, und von dessen grausamen Einwohnern ein flüchtiger Europäer nur Tod zu erwarten hatte. Dieses alles voraussehend, ließen wir uns doch nicht abschrecken: die Verzweiflung gab uns Mut, und da wir doch als Sklaven nichts mehr zu verlieren hatten, indem selbst das Leben unseren Gebietern und nicht uns angehörte; so wollten wir lieber alles wagen, als länger in diesem Elende schmachten.

Eines Nachmittags, als die Janitscharen, welche vor unserem Schloss die Wache hatten, teils in einem Kaffeehaus, teils auf ihren Sitzen eingeschlafen waren, wollten wir nun aufbrechen – aber wie groß war mein Erstaunen, als auf einmal alle Sklaven zurücktraten und erklärten, sie ständen ab von diesem Unternehmen, dessen Gelingen so zweifelhaft sei. Nur einer, ein Holländer, erklärte mir zu folgen, um sich mit mir zu befreien oder zu sterben. Alle Übrigen, die doch anfangs so großen Anteil an diesem unserem Komplott genommen hatten, und mich sogar bestürmten Anteil daran zu nehmen und für dessen Ausführung besorgt zu sein, die den ersten Gedanken von der Flucht in mir anregten – die traten nun feige zurück. Obgleich ich nun das Unternehmen in mancher Hinsicht für gewagter und gefährlicher hielt, so hatte ich auf der anderen Seite auch weniger zu fürchten, entdeckt zu werden, indem wir beide nicht so leicht entdeckt würden, als wenn wir sechzehn auf einmal entfliehen wollten. Ich konnte auch in keinem Falle mehr zurücktreten. Jung und unternehmend, wie ich damals war, trieb mich mein Stolz und Schamgefühl an, der Furcht keinen Raum zu gestatten und der Gedanke der Freiheit hatte schon zu mächtig mein Inneres ergriffen, als dass ich, ohne alles versucht zu haben, von dem Wagestück hätte abstehen können.

Der Holländer und ich nahmen nun von den Zurückbleibenden Abschied. Mehrere von ihnen weinten bitterlich und baten uns zu bleiben; aber es war beschlossen. Mit klopfendem Herzen kamen wir glücklich durch die Schlosswache und wanderten nun auf flüchtigen Füßen durch mehrere dunkle bergabziehende Straßen und erreichten endlich die Marienstraße, wo wir schon ganz in der Nähe den Hafen und Schiffe im Gesicht hatten, als wir uns auf einmal von hinten ergriffen fühlten, und mit den Worten: *Tur-jaur-Kobeklari* (Halt Chistenhunde!) angedonnert wurden. Wer schildert nun unsere Lage, als wir uns beim Umsehen von drei Janitscharen von der Schlosswache angehalten sahen? Sie stießen uns vor sich her und brachten uns wieder in unser altes Lokal. Im Schlosshof angelangt, fanden wir daselbst den *Muswar* (Scharfrichter)

*Der Hafen von Algier um 1830.
Gemälde v. William Wild*

mit seinen Gesellen auf uns wartend, um uns auf Befehl des Hofmeisters vom Schloss die Bastonade zu geben. Grimmigen Bestien gleich, fielen nun die unmenschlichen Henkersknechte über uns her. Sie rissen uns mit außerordentlicher Gewandtheit nieder auf die Erde und gaben einem jeden von uns 150 Stockschläge auf die Fußsohlen – eine Kleinigkeit für einen Türken, aber für uns war es zu viel! Wir unterlagen der heftigen Wirkung dieser Strafe, und mehrere Stunden wälzten wir uns verzweifelnd und oft besinnungslos auf unserem Lager umher. Unsere Füße waren dick angeschwollen und hatten eine dunkelblaue Farbe, einige Muskeln unter der Fußsohle lagen bloß und waren etwas gequetscht, es entstanden entsetzliche Schmerzen und Entzündungen. Essig, mit Wasser vermischt, was uns unsere mitleidigen Kameraden vermittelst Lappen aufschlugen, war unser einziges linderndes Mittel. Mein Leidensgefährte und ich wurden heftig krank und hofften oft, der Tod würde unserem Elend ein Ziel setzen.

Aber trotz allem Leiden siegte unsere kräftige Natur, mein Kamerad, etwas stärker als ich, war schon nach drei Wochen wieder imstande, umherzugehen, und nach einem Monat hatte auch ich mich wieder erholt. –

Mehrere Türken, welche uns einige Mal aus Neugierde besuchten, lachten über unser Elend und fragten, wie wir sonst so kräftige Europäer bei solch einer Kleinigkeit allen Mut verlieren und aufs Krankenlager dem Tode nahe gebracht werden könnten? Sie sagten, ihre Kinder in der Schule bekämen nicht selten 150 Schläge, und gebärdeten sich dabei nicht so schlimm, als wir eben. Wir gaben ihnen darin vollkommen Recht, dass der Türke mehr Schläge vertragen könnte als der Europäer, und führten ihnen als Beispiel an, dass doch der kleine Esel mehr Prügel aushalten könne als das große Pferd. Da sie hierüber ärgerlich zu werden schienen, so suchten wir sie dadurch zu beruhigen, dass wir ihnen begreiflich machten, wie die Kinder im gesitteten Europa erzogen werden, und dass das Leiden der meisten Europäer mehr aus einer geistigen als körperlichen Ursache herrühre. – Da sie dieses begriffen zu haben schienen, so sagte einer von ihnen, obgleich unsere Erziehung in einigen Stücken so gut oder wohl besser als die ihrige sei, so taugten wir doch nichts und wären verloren für Erde und Himmel. Denn, sagte er ferner, ihr seid ja unter euch selbst uneins, ihr liebt euch minder untereinander, als wir Mohammedaner, *Allahoe-ekber!* (Gott ist groß!) Wenn wir Türken bei euch in Gefangenschaft gerieten, so würden wir einander anhängen und uns lieben, aber nicht, wie ihr, einander verraten. Da wir eigentlich nicht begreifen konnten, was der Türke mit diesen Redensarten meinte, und uns auch aus Klugheit nicht so weit in Gespräche einlassen durften, indem dabei manches zu befürchten war, und weil wir auch noch nicht sehr viel Türkisch sprechen konnten; so sagte ich ihm, dass er meist gut und wahr geredet habe; was aber den Verrat betreffe, so glaubte ich, dass dieses bei anderen Nationen mehr der Fall sei, als bei uns. Da fing er an zu lachen und sagte, nun habe er mich gefangen, indem er mir ein Beispiel zeigen wollte. Er sagte hierauf, dass einer unserer Kameraden, der Savoyard, welcher die Ratten fange, sobald wir aus dem Schloss entflohen wären, dem Schlossverwalter unsere Flucht verraten habe, worauf dieser sogleich einige Mann von der Wache beordert habe uns zu verfolgen. Und nun lachten uns die Türken derb aus und verließen uns.

Wir mussten uns wirklich vor den Türken schämen, und wurden beinahe rasend über den schändlichen Verrat, den dieser nichtswürdige Savoyard an uns verübt hatte. Alle übrigen Sklaven fielen über denselben her, spien ihm ins Gesicht und schalten ihn einen teuflischen Verräter. Er aber leugnete die Tat und verteidigte sich, so gut er konnte. Es tat mir sehr weh, von unseren eigenen Leuten verraten worden zu sein; doch konnte ich dem unglücklichen Savoyarden leicht verzeihen, indem er wahrscheinlich seine traurige Lage um etwas verbessern zu können glaubte, was aber dennoch nicht der Fall war.

20. Veränderung meines Schicksals

Als ich mich von meiner Krankheit wieder erholt hatte, und wieder anfing, meine Arbeit zu verrichten, wurde meine Lage noch drückender. Die Sehnsucht nach Freiheit, nach dem Vaterland erwachte aufs Neue. Der Gedanke, vielleicht auf immer Sklave zu bleiben, und das Gefühl, bei dem geringsten Vergehen misshandelt zu werden, rissen mich oft zur Verzweiflung, zum Murren gegen die Vorsehung hin. Einige Mal war ich im Begriff, mit dem Küchenmesser (meiner einzigen Waffe) meinem traurigen Dasein ein Ende zu machen. Aber gerade in solchen düsteren Augenblicken, wo die Gegenwart wie Zentnerlast auf mir lag, wo meine Phantasie keine Schranken mehr kannte, da fühlte ich mich oft plötzlich von einer höheren

Gewalt ergriffen, ich ahnte die Nähe eines schützenden Gottes, der mich von einem Abgrund retten wollte. Bessere Gedanken und sanfte, wohltuende Gefühle kehrten wieder in meine Seele zurück. Nach und nach wurden auch solche Anfälle einer wilden Verzweiflung geringer, bis sie sich endlich in eine stille, dauernde Schwermut auflösten. Ich suchte einzig Trost und Hilfe bei meiner Religion, und fand sie insoweit, als diese mich von bösen Gedanken abhielt und mein Gemüt beruhigte.

Aber der Allgütige hatte mich erhört! Zwei Jahre mochte ich schon in dieser Lage zugebracht haben, als eines Tages der Minister zu uns in die Küche kam, wo er alles betrachtete und sich mit den Köchen unterhielt. Er fragte den Oberkoch wie sich die Sklaven aufführten, und dieser unterließ nicht, uns zu loben. Endlich fragte auch mich der Minister, was ich früher in Europa für ein Geschäft erlernt habe? Ich sagte ihm, die Wundarzneikunde, worauf er höchst erfreut erwiderte, dies sei ja ein sehr gutes Geschäft, zumal in Algier, wo man nicht *einen* guten Arzt besitze, indem die Kunst der Araber ganz verloren sei. Hierauf gab er seine Freude zu erkennen, dass ich für den kurzen Aufenthalt schon so ziemlich die türkische Sprache begriffen hätte. Ich sagte ihm sodann in der rauen türkischen Sprache: »Oh Herr! Wundert es dich, dass dein Knecht deine Sprache schon so gut sprechen kann, so bedenke, dass er dieselbe nur notgedrungen erlernet hat, teils um die Befehle der Köche zu verstehen, und so weniger der Gefahr ausgesetzt zu sein, von ihnen misshandelt zu werden, teils auch aus Langeweile. Würdest du mir meine Freiheit geben, so hätte ich Gelegenheit, noch viel von euren schönen Sachen zu lernen und euch durch meine Kunst nützlich werden zu können.« Da fing er herzlich an zu lachen und entfernte sich.

Mehrere Wochen nach dieser Unterredung trat eines Morgens früh der Hofmeister zu mir und sagte, der Herr verlange nach meiner Hilfe. Ich ging zu ihm in sein Schlafkabinett, und fand ihn sehr leidend; aber zu meinem

Glück gelang es mir, seine Krankheit zu entdecken. Er war ein Mann von etlichen und 50 Jahren, so außerordentlich dick, dass ihm sein Fett nicht selten beschwerlich fiel. Er litt häufig an Katarr, nun aber glaubte ich eine Leberentzündung bei ihm wahrzunehmen. Was war nun zu tun? Ich hatte nicht allein Mangel an gründlichen Kenntnissen, sondern es fehlte nun auch an zweckmäßigen Heilmitteln. Ich war wirklich in eine kritische Lage versetzt. Denn vom Gelingen oder Misslingen dieser Kur hing mein ferneres Glück ab. Doch ich fasste mich kurz, und indem ich mir Blutegel bringen ließ, welche ich dem Patienten auf die Lebergegend setzte, bereitete ich ihm auch eine Mixtur aus Tee, arabischem Gummipulver und Zucker und ließ ihn dasselbe nach europäischer Sitte alle Stunden einen Löffel voll nehmen. Ich verordnete ihm eine zweckmäßige Diät, und ließ ihm kühlende Getränke reichen.

Auf diese Art fuhr ich acht Tage fort, ihn zu behandeln, und am neunten hatte ich das Vergnügen, den Minister ziemlich hergestellt in seinem Gemach umhergehen zu sehen.

Als ich ihm meine Aufwartung machte, um mich nach seinem Befinden zu erkundigen, war er voller Freude und überhäufte mich mit Lobeserhebungen. Er beschenkte mich mit mancherlei Sachen, namentlich einer goldenen Uhr von großem Wert, und machte mich förmlich zu seinem Leibarzt. Von diesem Moment an war ich wie in ein anderes Leben versetzt. Statt meiner Ratten- und Schlangenhöhle erhielt ich nun zwei schöne geräumige Zimmer im Schloss mit Divans rings an den Wänden umher, den Boden mit kostbaren Teppichen bedeckt und überhaupt herrlich ausgeschmückt. Meine schlechten Sklavenkleider wurden sogleich mit kostbaren Seidenstoffen und feinen Hemden vertauscht, die bisherigen Speiseabfälle durch eine gute Tafel ersetzt, und zwei *Piskiri* erhielt ich zur Bedienung; kurz, aus einem verachteten Christenhund, aus einem unterdrückten Küchenjungen, der jeden Augenblick den größten Misshandlungen der Köche und übrigen Türken preisgegeben war, war ich nun, wie durch einen Zauberschlag, zum geehrten und von allen Schlossbewohnern geachteten Leibmedikus des Hassenatschi Efendi von Algier. Aber meine jetzige Stellung war auch umso schwieriger, indem ich mich wegen mancherlei sehr leicht begreiflichen Ursachen mit der größten Umsicht und Klugheit benehmen musste: Ich vermisste nichts als die Freiheit, und diese war mir alles! Für sie hatte ich die Flucht, mein Leben gewagt; ihr Verlust machte mich zum Unglücklichsten meiner Unglücksgenossen, denn diese vermissten sie nur darin, dass sie ihre rohen Begierden nicht befriedigen konnten, und sie fühlten daher ihre traurige Lage nicht in vollem Maß. So konnten sie ihre Teilnahme an der Flucht versagen, so konnte einer von ihnen mich sogar verraten!

Da ich hier gleichsam Abschied von ihnen nehme, so will ich, was ich damals von ihnen wusste, hier mitteilen. Es waren meist rohe Kerle, die mich auf jede Weise gekränkt hatten. Mit mehreren hatte ich mich nie näher unterhalten. Diejenigen, an welchen ich mehr Anteil nahm, ließ ich mir bisweilen rufen oder besuchte sie in der Küche. Wunderbarerweise aber war mir derjenige, der mir am verhasstesten sein sollte, gerade der Interessanteste und ich wage es daher, seine Geschichte als eine kleine Episode hier einzuschalten.

21. Der Savoyarde

Der Savoyarde, welcher mich verraten hatte, war unstreitig der Roheste unter allen. Er war bei allen Sklaven und selbst bei den Türken durch seine Grausamkeit sehr verhasst. Er fühlte wohl, dass nur ich der Einzige sei, der ihn nicht als einen Verhassten zurückstieß, sondern ihn stets, voller Mitleid mit ihm, herzlich bat, seine Leidenschaften zu bändigen. Deswegen wollte er sich auch von niemandem als von mir etwas gefallen lassen und nur für meine sanften Ermahnungen schien sein verwildertes Gemüt einigermaßen empfänglich zu sein. Er hatte der ganzen Welt Hass und Verderben geschworen; ja sein Hass erstreckte sich sogar auf die Tierwelt. Er wurde von den anderen Sklaven spottweise Ratten-Efendi genannt, und zwar deswegen, weil er alle Ratten, welche er in seinen Fallen fing, mit eigenen Händen ums Leben brachte. Vielen derselben riss er mit einer Zange die Zähne aus und ließ sie hierauf wieder laufen; manche spießte er an die Erde und setzte zu sich ihnen, um sich an ihren konvulsivischen Bewegungen zu ergötzen. Andere hielt er mit einer Zange über das Feuer, bis sie unter entsetzlichem Zischen ihr Leben aushauchten. Einige Mal wurde er von den Türken wegen solcher Grausamkeiten bestraft; und obgleich dieselben von uns Übrigen des Gegenteils sich bewusst waren, so schimpften und fluchten sie doch beständig auf die Grausamkeit der Christen. Manchmal kam der Savoyarde (wann er einen lichten Augenblick zu haben schien) zu mir, wo er mir von seinem früheren Leben erzählte, und ich hatte dann Gelegenheit zu bemerken, dass er doch noch einige menschliche Gefühle in sich hatte, und freute mich, die Erfahrung zu machen, dass die höheren Gefühle, die nur der menschlichen Natur eigen sind, wenn auch einigermaßen, doch nie ganz verleugnet werden können.

Man konnte mit Recht den verwilderten Charakter dieses Menschen seiner Erziehung und seinen späteren Schicksalen zuschreiben. Er erzählte mir nämlich, dass er in Savoyen geboren, wo sein Vater ein wohlhabender Krämer war, schon in früher Jugend seine Mutter verloren habe. Sein Vater, ein guter, frommer Mann, glaubte das Schicksal seiner vier unerzogenen Kinder dadurch zu verbessern, dass er ihnen eine Stiefmutter gab; um so mehr, da er als Kaufmann die meiste Zeit auf Reisen zubringen musste. Die Stiefmutter aber, ein gottloses Weib und eine schlechte Haushälterin, vernachlässigte, wenn der Vater abwesend war, nicht allein ihr Hauswesen und die ihrer Pflege anbefohlenen Kinder, sondern misshandelte dieselben auch auf die schändlichste Art und suchte sie dann bei der Ankunft des Vaters in das schwärzeste Licht zu stellen. Der Vater ermahnte stets seine Kinder, fleißig in die Schule zu gehen, zu beten und Mutter und Lehrern gehorsam zu sein, dass es ihnen einst wohl ginge, was ihm denn die unschuldigen Kinder gern versprachen. – Sobald aber der Vater wieder abwesend war, so wurden sie nicht nur von der Mutter zur Schule und zu einem ordentlichen Lebenswandel nicht angehalten, sondern von derselben sogar entfernt; und dass sie selber besser ihrem müßigen und liederlichen Leben nachgehen konnte, ließ sie die Kinder die meiste Haus- und Gartenarbeit verrichten, wodurch jene denn stets gehindert waren in die Schule zu gehen. Zu den Lehrern sagte sie dann, ihre Kinder seien nicht in die Schule zu bringen, und klagte bei jedermann beständig über die Unarten der kleinen Brut, wie sie die schuldlosen Kinder nannte. Dieselben sahen nun täglich das abscheuliche Betragen ihrer Stiefmutter und immer mussten sie die Erdichtungen gegen sich selber anhören. Und fiel es manchmal einem ein, sich zu verteidigen, so musste es die härtesten Züchtigungen dulden. In dieser üblen Lage hatten nun die Kinder außer ihrem Vater, der doch meistens auf Reisen war, keine andere Stütze mehr als ihre alte Großmutter. Sie war eine geborene Schweizerin. Fromm, wie sie stets gelebt, erwartete sie nun in ihrem hohen Alter den Tod. Sie konnte den Kindern keine große Stütze sein, konnte denselben in nichts helfen als sie trösten und mit ihnen beten. So lehrte sie die Kleinen das deutsche Vaterunser und den englischen Gruß.

Der arme Savoyarde erzählte mir ferner, seine teuflische Stiefmutter habe, um ihr Werk zu krönen, ihre Abscheulichkeiten so weit getrieben, dass sie ihre Pflegekinder nicht selten zu Betrug und Diebstahl angehalten habe. Sie habe z. B. nie Eier gekauft; wenn sie deren bedurfte, so musste der kleine Baptist (so hieß er) in die Hühnerställe der Nachbarn schleichen und der schlechten Mutter so die Küche versorgen. Er sagte, sie habe ihn mehrmals schlagen wollen, da er ihr aber durchging, so habe sie ihm bei seiner Rückkehr die Strafe dahin gemildert, dass er irgendwo etwas stehlen und ihr nach Hause bringen musste. Einst, als eben sein guter Vater zu Hause war, wollte ihn die Rabenmutter auch wieder prügeln, und zwar deswegen, weil er demselben einiges von der Mutter schändlichem Betragen geschwätzt habe. Er entlief aber und kam in den Garten; die Mutter aber kam ihm nach und sagte ihm leise, sie wolle ihn ferner nicht mehr schlagen, wenn er hinging und jene fette Gans aus des Nachbars Stall holen wolle. Er war sogleich bereitwillig und versprach es. Sie rief ihm noch nach, er möge nur vorsichtig sein und der Gans womöglich erst den Hals umdrehen. Er ging hin zu tun, was ihm seine nichtswürdige Mutter befahl, schlich in des Nachbars Stall, drehte der Gans den Hals um und wollte sie eben fortschleppen, als des Nachbars Buben hinzukamen und ihm die tote Gans wieder abnahmen. Erst prügelten sie ihn, wie er sagte, lederweich, dann führten sie ihn zu seinem Vater. – Baptist sagte mir später, er bedauere jetzt noch seinen Vater, wenn er sich erinnere, wie er damals, als er hörte, dass sein Sohn, den er so sehr liebte, ein Dieb sei, totenbleich auf einen Stuhl sank und dann mit bebenden Händen und furchtbarem Gesicht fragte, warum er die Gans gestohlen und ob er schon mehr entwendet habe?

Während nun der Vater examinierte, stand die Stiefmutter in der Ecke des Zimmers und winkte dem Kleinen unaufhörlich, der aber absichtlich ihre Winke nicht verstehen wollte. Er gestand nun dem Vater in Wahrheit alles, was er schon in dieser Art begangen hatte und wie die Stiefmutter stets die Veranlassung gewesen. – Der Vater geriet außer sich vor Wut, die Stiefmutter fiel mit einem entsetzlichen Geschrei über den armen Jungen her, sie schlug und kratzte denselben, der Vater stieß sie rasend zurück und schlug den kleinen Baptist mit einem Stock dermaßen, dass dieser alle Besinnung verlor, welche er erst nach mehreren Tagen wiederbekam. Er wurde bedeutend krank und musste längere Zeit das Bett hüten; und ehe er sich noch ganz erholt hatte, trug man seine einzige Stütze, seinen Vater, zu Grabe, welchen dieser Vorfall so sehr angegriffen hatte, dass er kurz nachher von einem heftigen Fieber befallen wurde, infolgedessen er starb.

Der kleine Baptist verließ nun das elterliche Haus und begab sich zu seiner alten Großmutter. Da ihn diese aber nicht gehörig verpflegen konnte, so schickte sie denselben zu ihrer Schwester Sohn in der deutschen Schweiz, wo er in seinem dreizehnten Jahr ankam. Da der Vetter aber aus Geiz wenig an dem Kleinen tun wollte, so war auch hier seine Lage nicht die beste. Hier sollte er nun konfirmiert werden; da er aber gar nichts gelernt hatte, so spielte ihm der Lehrer manchmal sehr übel mit, wodurch ihm der Religionsunterricht gänzlich verleidet wart. Eines Tages, als ihn eben der Lehrer tüchtig geprügelt hatte, kam er an ein Wirtshaus, wo sich holländische Werber aufhielten und eben im Begriff waren einen Transport Angeworbener nach Holland abzuführen. Der kleine Savoyarde, dem das Soldatenleben schon längst gefallen hatte, ging nun zu dem Unteroffizier und fragte denselben, ob er ihn nicht auch annehmen wolle. Der Unteroffizier willigte ein und nahm ihn als Tambour in Dienst. In Holland angelangt, diente er mehrere Jahre bei einem Schweizerregiment. Da er aber daselbst wegen Vergehungen mehrmals Strafe empfing, so wollte es ihm am Ende nicht mehr gefallen, er verließ Holland, um sich in französische Dienste zu begeben, und so brachte er abermals einige Jahre als Soldat zu. Da es ihm aber auch hier nicht mehr behagen wollte, indem er auch da schon mehrmals bestraft worden war, so verließ er Frankreich und begab sich nach Italien, wo er mit einem jungen Mädchen bekannt wurde, mit dem er sich verheiratete. Nachdem er mit dieser ein Mädchen gezeugt hatte, wollte er, um sich etwas Geld zu erwerben, eine kleine Reise im Mittelmeer machen, wurde aber von einem Kaper gefangen und nach Algier in die Sklaverei geschleppt. Dies waren die sonderbaren Schicksale meines Verräters. Bei einer schlechten Erziehung, ohne allen Unterricht, hatte er gar keinen Begriff von Religion und höherer Bestimmung des Menschen. Bei ihm hatte sich ein ganz eigener Charakter und die Idee gebildet, er dürfe den Neigungen seines Herzens freien Zügel lassen; er habe ja nichts gelernt, folglich könne er auch keine Verantwortung schuldig sein. Er glaubte, wenn es dem Recht nach ging, so müsse seine Stiefmutter, die ihn so schlecht erzogen habe und größtenteils Ursache an dem Tod seines Vaters war, alle seine Sünden tragen. Einstmals kam er zu mir und sagte, er könne sich noch erinnern, dass ihn seine Großmutter Deutsch beten lehrte; er habe aber alles wieder vergessen. Da ihn die Deutschen so gut behandelt hätten, so glaubte er auch, dass ein deutsches Gebet gut sei, und dass ein deutsches Vaterunser bessere Wirkung habe, als ein *Pater noster*. Er bat mich alsdann, ihn beten zu lehren, damit ihm Gott (den er freilich nicht recht kenne) seine Freiheit wiederschenke, um sein Weib und Kind, so wie auch seine gute Großmutter wieder zu sehen; aber auch seiner Stiefmutter bei Nachtzeit, wenn sie schliefe, das Haus anzünden zu können. Obgleich ich ihm begreiflich machte, wie und warum man betet und inwiefern es den Menschen heilsam werden könne und so sehr ich mich bemühte, ihm zu zeigen, wie diese verkehrte Idee nicht allein die Erhörung seines Gebets verhindern, sondern ihn noch mehr von der Tugendbahn entfernen würde: so war dieselbe doch zu sehr in seinem Innern eingewurzelt, als dass er sie hätte verbannen können.

Straße von Algier

22. Neues Ungemach

Mein ganzer Beruf bestand darin, den Minister oder wer sonst im Schloss krank wurde, zu behandeln, wobei mir denn viel Muße übrig blieb. Auch ließ der Dei, der ebenfalls keinen Arzt hatte, bei vorkommenden Unpässlichkeiten mehrmals durch den Minister oder einen seiner Diener bei mir Rat erholen. Er wünschte zwar selbst, mich zu sehen, konnte aber aus Etikette mich nicht zu sich kommen lassen. Denn über die Dächer ging der Weg zu nahe am Harem vorüber und über die Straße durch die vielen Wachen hätte zu viel Aufsehen bei den Türken erregt. Ich sah ihn selbst daher in dieser Zeit nicht, wohl aber später.

Der Minister hatte mir zwar auf Befehl des Dei aus Paris eine kleine Apotheke und chirurgische Instrumente kommen lassen, aber Bücher hatte ich keine und fühlte deren Mangel umso mehr, da mir nicht allein die nötigen theoretischen Kenntnisse fehlten, sondern mich in den geschäftslosen Stunden nicht selten die Langeweile plagte. Wenn ich mich nicht mit meiner alltäglichen Gesellschaft, den phlegmatischen Türken des Schlosses oder mit den Sklaven unterhalten wollte, so stopfte ich mir die Pfeife und streckte mich auf meiner Ottomane aus, wo ich dann Muße genug hatte, über Vergangenheit und Zukunft nachzudenken.

Täglich begab ich mich auch mit einem Perspektiv auf die Terrasse des Schlosses, von wo aus mir der Anblick des Meeres, der Stadt und deren Umgebungen manche Unterhaltung gewährte und mir die Neuheit der Gegenstände meine Lage vergessen machte. Zu meiner ferneren Unterhaltung und Zerstreuung dienten vorzüglich die mancherlei Vögel, die sich im Schloss befanden, als Papageien, Turteltauben und Kanarienvögel. Am meisten gab ich mich mit einem Feldhuhn ab, das ich gezähmt hatte, mit einem Häher, den ich Türkisch sprechen lehrte und vor allem mit einer Nachtigall, die ich so zahm gemacht hatte, dass sie mir im ganzen Schloss, wo ich hinging, nachflog und sogar auf dem einen Ende meiner Ottomane bei mir schlief. –

In dieser zwar ziemlich sorgenfreien, aber einförmigen Lebensart war mir wieder ein Jahr verflossen, als sich abermals der Horizont meines Lebens trübte und der furchtbarste Sturm über meinem Haupte losbrach, wo ein einziger Augenblick entschied über Tod und Leben. In unserm Schloss befand sich nämlich der Neffe des Ministers, ein junger Türke von schöner Gestalt, aber abscheulichem Charakter. Die Hauptzüge Abdallahs waren Hochmut, Wollust, Missgunst, Argwohn, Zorn, Rachsucht und vor allen Religionsfanatismus. Er war ein abgesagter Feind der Christen, und so wenig Autorität derselbe auch im Schloss hatte, so war er doch allen Sklaven eine wahre Plage, indem er sie stets mit teuflischer Schlauheit und Schadenfreude zu misshandeln suchte.

Lange schon war ich diesem Ungeheuer ein Dorn im Auge. Denn wie konnte er gleichgültig dabei bleiben, dass ein Christenhund, wie er sich stets ausdrückte, in der Galerie des Schlosses ebenso schöne Zimmer als er bewohnte; dass ein Christ ebenso bedient und geehrt wurde, als er, und dass derselbe mit ihm an einem Tische speisen, ja aus einer Schüssel tauchen durfte. Mit missgünstigen Blicken verglich er oft meine Kleider oder andere Sachen, die mir der Minister geschenkt, mit den seinigen, und je gleichgültiger ich mich dabei benahm, umso wütender wurde er. Er suchte seinem boshaften Herzen oft dadurch Luft zu machen, dass er mir auf alle mögliche Art zu schaden, mich bei seinem Oheim in ein böses Licht zu stellen oder wo möglich zu stürzen suchte. Da aber der Minister uns beide kannte und auch öfters in ärztlicher Hinsicht meiner Hilfe bedurfte, so schlug dieses fehl. Eines Tages, als ich in Gedanken vertieft vor der Tür meines Zimmers in der Galerie saß, näherte sich mir dieser Abdallah und fing nach seiner Gewohnheit an mich zu necken. Unter anderem sagte er zu mir: »Nicht wahr, eben denkst du wieder an dein Vaterland, wo man den Speck frisst und sich im Wein badet?« – Nun hielt er mir wieder über diesen Text eine seiner langen, faden Reden, worin er sich selbst zum Muster aufzustellen pflegte und wie gewöhnlich damit schloss, ich sollte das unreine Christentum verlassen und den *Kur-ahn* lesen, indem ich nur dadurch meine Freiheit, Glück und Ehre erlangen könne. So sehr ich mich auch stets über ein solches Geschwätz hinwegsetzte, und einen Abdallah nicht lehren wollte, wie alle Straßen in eine gemeinschaftliche übergehen, auf welcher jeder Erdenpilger zu seinem Ziele gelangen wird; so war ich doch sehr ärgerlich darüber, dass er mich schon wieder in meinen Träumereien gestört hatte. Nachdem ich ihm daher für seine Besorgnis für andere Menschen gedankt, bat ich ihn, mich künftighin mit solchem fruchtlosen Geschwätz zu verschonen. Da er aber dennoch fortfuhr, so beging ich die große Unvorsichtigkeit, ihm zu raten, er müsse sich selbst erst eines bessern Lebenswandels befleißigen, ehe er andere belehren wolle, und als er darauf heftig ward und erklärte, der heilige *Kur-ahn* habe mit dem Lebenswandel nichts zu schaffen, rief ich ärgerlich, er möge sich, samt seinem Kur-ahn zum Teufel scheren. Da fiel er mich mit entsetzlichem Gebrüll an und wollte mich misshandeln. Ich aber zog mich verteidigend in meine Wohnung zurück.

Abdallah machte nun einen furchtbaren Lärm, sodass alle Schlossbewohner zusammenliefen, welchen er mit lügenhaften Zusätzen erzählte, wie ich Gott, den Propheten und dessen Wort gelästert habe. Abends, als der Minister nach Hause kam, ging Abdallah eilends zu ihm und brachte nun bei ihm dasselbe mit noch lügnerischen Verleumdungen vor. Auch führte er mehrere Janitscharen als Zeugen an. Hassenatschi ließ mich hierauf zu sich rufen. Ich erzählte ihm die Sache, wie ich sie hier erzählt habe. Er erschrak über meine Unvorsichtigkeit, bedeutete mir, dass auf meinem Vergehen der Tod durch Schwert oder Feuer stände, erinnerte mich daran, wie im vorigen Jahr ein Amerikaner und ein Jude, die den *Kur-ahn* gelästert hatten, hingerichtet worden, und entließ mich mit dem schrecklich dunkeln Wort, dass er mich von der Strafe nicht befreien könne, weil sein Neffe Zeugen aufgewiesen habe.

Ich ging auf mein Zimmer – einschlafen konnte ich nicht – eine furchtbare Nacht. Ein grässlicher Gedanke drängte den andern, die Geister meiner Eltern schienen an mir vorüberzuschweben; nur der Gedanke an sie und an Gott hielt mich vom Selbstmord ab. Endlich gegen Morgen kam der Haushofmeister und geleitete mich hinab in den Hof. Hier lag ein Teppich ausgebreitet, der Scharfrichter stand da mit seinen Gesellen; um mich her sah ich Mordwaffen und oben auf der Galerie Abdallahs hohnlächelndes Gesicht. Man entkleidete mich, warf mich zur Erde, sechs Kerle hielten mich fest und zweihundertundfünfzig Schläge musste ich erdulden. Besinnungslos lag ich da, der entsetzliche Schmerz brachte mich wieder zu mir selbst, alles Blut stieg mir zum Kopf, ich verlor wieder die Besinnung, wie im Traum sah ich mich in einer furchtbaren Gegend, von schrecklichen Gestalten umschwebt.

Erst nach sechsunddreißig Stunden kam ich zum vollen, schrecklichen Bewusstsein, denn schrecklich waren die Folgen der grausamen Strafe. Sechs Wochen lag ich unter ungeheuren Schmerzen und in düsterem Trübsinn, fast Wahnsinn, zu Bett ohne liebevolle Pflege, ohne eines Freundes Trost, ohne eines Menschen Mitgefühl. Mein Körper war für immer geschwächt, mein Geist für immer getrübt.

23. Bruch mit Frankreich

Gerade während dieser Schreckenszeit erfuhr ich ein Ereignis, aus dem mir endlich ein schwacher Strahl der Hoffnung hervorleuchtete, einmal wieder aus der Sklaverei gerettet zu werden, und die Folge zeigte, dass sie gegründet war, und gab mir für die Zukunft die Lehre, im Unglück nie das Vertrauen auf die göttliche Gerechtigkeit, nie die Hoffnung auf des Himmels Beistand aufzugeben. Schon zweimal hatte sie mich nicht getäuscht.

Am Tage vor *Ramasan-Beiram* des Jahres 1828 (dem großen Feste der Mohammedaner) begaben sich alle europäischen Gesandten in das Schloss, um dem Dei ihre Glückwünsche zum gegenwärtigen Feste darzubringen. Der Dei nahm sie alle, außer dem französischen Generalkonsul Mr. Devall freundlich auf. Dieser war früher längere Zeit in Konstantinopel gewesen, wo er die türkische Sprache gründlich erlernte, konnte daher mit dem Dei ohne Dolmetscher sprechen, was ihm freilich unendlich viel Vorteil gewährte, wodurch er aber auch gerade ein Jahr vorher (1827) seiner Rede bei dem Dei so freien Zügel ließ, dass sie beide in einen heftigen Wortwechsel gerieten, infolgedessen sie ein ganzes Jahr in der äußersten Spannung lebten.

Als nun an diesem Tage der Dei den französischen Gesandten fragte, ob er nun von seiner Regierung endlich günstige Instruktionen über diejenigen Punkte, welche sie voriges Jahr an eben diesem Tage verhandelt hätten, erhalten habe, antwortete ihm der französische Gesandte mit Nein und bemerkte ihm ferner, dass jene Regierung eher geneigt sein würde, mit einer Flotte und Armee zugleich vor Algier zu erscheinen, ihre Fahne daselbst aufzupflanzen und ihm, dem Dei, bessere Gesinnungen einzuflößen, als in seine Forderungen einzuwilligen. Auf diese Erklärung geriet der Dei außer Fassung und ergrimmt schlug er den französischen Gesandten mit dem Fliegenwedel, den er eben in der Hand hatte, auf den Kopf. Hierauf sagte er noch zu demselben, ob er denn nicht bedenke, wo er sich befände und dass es ganz in seiner Macht stände ihn hinrichten zu lassen? Alsdann schickte er ihn mit dem Bemerken fort sogleich seinen Staat zu verlassen, sonst würde man noch ganz andere Maßregeln gegen ihn ergreifen. Der französische Gesandte begab sich hierauf in sein Landhaus, hielt daselbst eine Generalversammlung mit den übrigen europäischen Gesandten und übertrug dem sardinischen alle nach seiner Abreise vorkommenden Geschäfte der französischen Regierung. Als ob es verabredet gewesen wäre, erschien noch an demselben Tage im Hafen von Algier eine französische Brigg, welche den Gesandten mit dessen Gefolge an Bord nahm und nach Frankreich brachte.

So wenig mir auch die Punkte bekannt sind, welche zu diesen Misshelligkeiten Veranlassung gegeben haben, so will ich doch diejenigen berühren, welche ich Gelegenheit hatte von den Algierern zu erfahren. Obwohl ich sie nicht alle als authentisch verbürgen kann, so mögen doch einige, wenn man sie gegen die einseitigen französischen Berichte, vorzüglich unter Polignacs Regierung vergleicht, dem Unbefangenen nähere Aufklärung geben.

Den Traktaten zufolge, welche in früheren Zeiten zwischen Frankreich und Algier abgeschlossen wurden, sollte nämlich Frankreich alljährlich einen mäßigen Tribut an Geld, sowie auch eine Fregatte und eine bestimmte Quantität Pulver und Kanonenkugeln entrichten. Dagegen gestattete der Dei den Franzosen eine freie Schifffahrt im Mittelmeer sowie auch die Korallenfischerei bei Bona. Dieses Verhältnis soll bis in die Zeit der französischen Republik bestanden haben, wo aber die damalige französische Regierung den Dei gebeten haben soll, er möge sie doch vorläufig von der jährlichen Ablieferung einer Fregatte dispensieren, sie wollte es ihm später auf eine andere Art vergüten, indem sie ihre Schiffe und Munition für sich allzu nötig hätten. Der damalige Dei von Algier soll ihr diese Bitte großmütig gewährt haben. Nach dieser Zeit traten zwischen beiden Parteien mehrere Störungen ein, sodass die Verhältnisse ziemlich verwickelt wurden. In der Zeit, als Frankreich mit Ägypten Krieg führte, hatte auch der Dei den Franzosen den Krieg erklärt. Im Jahr 1806 nahm der Dei die Perlenfischerei bei Bona den Franzosen ab und belehnte die Engländer damit, indem dieselben damals auch die Oberhand über die Franzosen im Mittelmeer hatten. Später schloss Frankreich wieder neue Traktate mit Algier ab, welchen zufolge Frankreich mehrere alte rückständige Summen an Algier bezahlen, der Dei dagegen Frankreichs Flagge im Mittelmeer respektieren sollte, so wie er auch die Korallenfischerei bei Bona den Engländern wieder abnahm und sie an Frankreich verpachtete. Ferner mischten sich in späteren Zeiten, als Spanien mit Algier in Feindschaft lebte, indem die Algierer mehrere spanische Schiffe genommen hatten, die Franzosen hinein, um die schwachen Spaniolen vor dem Dei zu schützen. Eines Tages nahmen die Algierer ein Schiff unter spanischer Flagge und erklärten dasselbe für *buona presa*. Dieses Schiff hatte französische Munition und Proviant an Bord und war im Begriff diese Gegenstände nach Spanien zu bringen.

Der französische Gesandte in Algier reklamierte dieses Schiff, der Dei aber, höchst aufgebracht, dass die Franzosen den Spaniolen in jeder Hinsicht tätigen Vorschub leistete, verweigerte die Herausgabe des Schiffes und sagte dem französischen Gesandten: »Er begreife nicht, wie sich die Franzosen in die spanisch-algierischen Angelegenheiten mischen könnten, und wie sie die Torheit begehen möchten, sich als die Schutzherren der Spaniolen zu präsentieren, dieweil sie ja nicht einmal imstande seien, ihre alten Schulden zu tilgen.« Er drang nun ungestüm auf die Bezahlung von 2 500 000 Francs, welche noch rückständig seien von den ersten Jahren der französischen Republik, wo die beiden jüdischen Handelshäuser *Bacri* und *Bosnak* in Algier von da aus Getreidelieferungen für die französische Regierung gemacht hätten. Er fragte hierauf den französischen Gesandten, ob denn diese angegebene Summe nicht eine gerechte Forderung sei, ob die französische Regierung beabsichtige, ihre Unverschämtheit noch weiter zu treiben und mit Zahlung dieser Summe noch länger zu zögern, und ob dieses Betragen der Franzosen den Gefälligkeiten entspreche, die er ihnen bei mehreren Gelegenheiten erwiesen habe? Mr. Devall erwiderte ihm hierauf, dass diese Forderung allerdings gerecht und von seiner Regierung auch anerkannt sei; da aber die algierischen Juden Bacri und Bosnak an mehrere französische Handelshäuser bedeutende Summen schuldig seien, so habe die französische Regierung aus Vorsicht, um die Forderungen ihrer Kaufleute zu sichern, diese Summe von 2 500 000 Francs in die Kasse *des dépôts et des consignations* gelegt. Der Dei entgegnete nun, die französische Regierung könne ihn doch nicht verantwortlich machen für seine jüdischen Kaufleute. Dann drang er auf eine andere Summe von 2 000 000 Francs, welcher er noch von der französischen Regierung zu fordern habe. Der Generalkonsul suchte nun den Dei durch allerlei Ausflüchte zu beschwichtigen, indem er sagte, hierüber seien ihm von seiner Regierung noch keine ausführlichen Instruktionen mitgeteilt worden. Der Dei, hierüber äußerst ungehalten, soll damals schon (es war eben am Ramasanfeste 1827) den französischen Gesandten in heftigen Worten beleidigt haben. Er soll ihm unter anderem gesagt haben, er wäre nun gezwungen zu glauben, dass der König von Frankreich, sowohl als auch dessen Gesandte ihn zum Besten hätten, ferner, dass der Gesandte mit dem Juden *Bacri* unter einer Decke stecke, um ihn zu prellen, und er vermute daher, der Gesandte habe schon die 2 000 000 Francs erhalten für die Dienste, die er dem Juden Bacri geleistet habe und gedächte wahrscheinlich dieselben, anstatt den Dei ehrlich zu bezahlen, für sich zu behalten. Mr. Devall, dem dadurch wahrscheinlich Unrecht geschah, war hierüber äußerst aufgebracht, er und der Dei fingen heftig an zu disputieren und in der aufgeregtesten Stimmung trennten sich beide. Was der Gesandte nach Frankreich berichtete, hatte man in Algier nie erfahren. Dadurch entstand nun zwischen dem Dei und dem französischen Gesandten die Spannung, welche ein ganzes Jahr dauerte und mit dem oben erzählten Vorfall endigte, worauf denn der Gesandte Algier verließ.

So viel konnte ich auf meinem damaligen Standpunkte erfahren, und je mehr man in Algier davon sprach, dass die Franzosen schon längere Zeit auf eine günstige Gelegenheit gewartet hätten, um Algier den Krieg zu erklären, und eine Expedition dahin unternehmen zu können, umso mehr war meine Hoffnung gestiegen und die Möglichkeit vorhanden wieder aus der Sklaverei erlöst zu werden. Auf welcher Seite auch immerhin das Recht sein mochte, so wünschte ich mir damals doch Glück zu einer etwaigen Expedition der Franzosen und sah oft im Geist schon die französischen Fahnen siegreich von Algiers Festen wehen und hörte schon das Wirbeln der französischen Trommeln in den engen Straßen. Wenn der Flug meiner Hoffnungen sich wieder ein wenig mäßigte, so dachte ich, dass es schon genug für mich sei, wenn Frankreich, im Falle es Algier nicht gerade ganz erobern könne, doch wenigstens, wie Lord Exmouth im Jahre 1816, die Sklaven befreien würde und schon dieser Gedanke versüßte mir manche schmerzliche Stunde.

24. Kampf der beiden Flotten

Kurze Zeit darauf, als der französische Gesandte Algier verlassen hatte, erschien eine kleine Escadre von vier bis sechs Schiffen, welche den Hafen von Algier förmlich blockierten. Einige *Kursan-Dekne*, welche nächtlicherweile den Hafen verließen, um Jagd auf französische Handelsschiffe zu machen, wurden von den genannten Blockadeschiffen gefangen, die Schiffe verbrannt, und die Mannschaft nach Frankreich gebracht. Von Algier aus machten jährlich mehrere tausend *Hatschi* (Pilger) eine Wallfahrt nach Mekka und Medina, und mehrere algierische Schiffe mussten dieselben nach Alexandrien bringen. Im Frühling 1828 ging ebenfalls wieder ein Pilgerschwarm auf zwei Schiffen, einer Fregatte und einer Korvette, dahin ab. Da aber kurz nach ihrer Abfahrt die französischen Schiffe den Hafen von Algier blockierten, so waren jene genötigt, im Hafen von Alexandrien liegen zu bleiben, und auf diese Weise schnitten die Franzosen den Algierern von der Seeseite her alle Kommunikation ab, sodass nicht allein ein Mangel an vielen europäischen Produkten eintrat, sondern auch die Einwohner anfingen, schwierig zu werden und Klagen wegen Mangel an Verdienst erhoben, indem manche von ihnen, die zuvor vom Raub gelebt hatten, nun entweder ganz, oder doch zum Teil brotlos waren. Der Dei, dem das Murren des Volkes nicht entgangen war und dem die französischen Schiffe vor dem Hafen ein wahrer Dorn im Auge waren, befahl, dass die algierische Flotte ausgerüstet werden solle, um die französischen Blockadeschiffe angreifen zu können. Elf Kursanschiffe lagen bald segelfertig im Hafen und erwarteten den Wink des Dei, um die Anker zu lichten. Mehrere 1000 Einwohner der Stadt hatten sich auf dieselben begeben, um als Freiwillige gegen die Franzosen zu kämpfen. Unter den Schiffen waren eine Fregatte und eine Korvette die bedeutendsten, die übrigen waren Briggs und Schoner.

In einer mondhellen Nacht (es war gerade die Nacht *Maulud*, das heilige Geburtsfest des Propheten, wo die französischen Schiffe etwas vom Hafen sich entfernt hatten) segelte die Flotte aus dem Hafen. Des andern Morgens früh begaben sich die Einwohner der Stadt meistenteils auf die Terrassen der Häuser, um die Seeschlacht zu betrachten. Auch ich bestieg mit einem Perspektiv versehen, die Terrasse unseres Schlosses. Alles war gespannt, man hörte keinen Laut, Todesstille beherrschte die ganze Stadt. Plötzlich aber, als eben die Sonne majestätisch aus dem Meer emporstieg und anfing, auf demselben Licht zu verbreiten, hörte man vom Meere her einen donnernden Kanonenschuss und sah die Schiffe beider Nationen aufeinander lossteuern.

Die französische Escadre bestand aus vier Schiffen, einer Doppelfregatte, einer Korvette, einer Brigg und einem Schoner. Der Kommandant befand sich auf der Fregatte. Als derselbe des Morgens die elf Schiffe in einiger Entfernung gewahrte, gab er ihnen ein Signal durch Flagge und Kanonenschuss, um zu fragen, wer sie seien. Da die Algierer sein Signal aber nicht verstanden, und ihm ganz verkehrt geantwortet hatten, so erkannte er sehr bald, dass sie keine Engländer seien, obgleich sie die englische Flagge aufgezogen hatten, um ihn irrezumachen. Beide Teile manövrierten und lavierten nun einige Stunden und suchten dadurch sich gegenseitig den Wind abzugewinnen, bis endlich die Franzosen denselben gewannen. Sie bildeten nun eine Linie und steuerten auf die Algierer los, welche ganz verworren dalagen. Die Franzosen gaben ihnen von beiden Seiten die glatte Lage und durchbrachen ihre ungeregelte Linie. Zwei algierische Briggs verließen alsbald den Kampfplatz und steuerten in die Ferne. Die Übrigen aber umgaben die Franzosen und lieferten denselben ein hitziges Treffen.

Die französische Fregatte war von vier Kursans umringt, die Korvette von zwei, die Brigg ebenfalls von zwei und der Schoner hatte mit einem zu tun. Wütend kämpften die Algierer, wütender noch die Franzosen. Das Schießen war so heftig, dass, während der Donner zu mir herüberrollte, auch die Schiffe beständig in ein graues Dunkel eingehüllt waren, welches nur durch die Blitze der Kanonen unterbrochen ward. Nur von Zeit zu Zeit, wenn die Schiffe mit Brassen beschäftigt waren, und die Rauchwolken von dem Winde fortgetrieben wurden, konnte man die Schiffe sehn.

Unter den algierischen Schiffen hatte sich nur eines bedeutend ausgezeichnet, es war ein Schoner, welchen Omar, mein ehemaliger Kapitän, der Renegat, befehligte. Er hatte nicht allein den Franzosen sehr geschickt den Wind abgeschnitten, sondern legte sich auch auf die Seite des französischen Schoners und fügte demselben bedeutenden Schaden zu. Unter anderem schoss er demselben den großen Mast und das Steuerruder entzwei und war im

Begriff, sich demselben zu nähern und ihn zu entern, als auf einmal der französische Kommandant seinen Schiffen das Signal zum Absegeln gab. Die französische Fregatte nahm den sehr beschädigten Schoner auf das Schlepptau, und in einer Linie gingen sie *over stag*, d. h. den Wind scharf zur Seite, und waren bald aus dem Gesicht.

Nachdem der Kampf mehrere Stunden gedauert hatte und die Franzosen abgezogen waren, begaben sich auch die algierischen Kursans wieder in den Hafen, mehrere von ihnen waren stark beschädigt, die Korvette hatte mehrere Grundschüsse bekommen, sodass sie sich nur mit Mühe über dem Wasser erhalten konnte. Auch die Mannschaft, welche zu zahlreich auf den Schiffen war, hatte viel gelitten und doch bei aller ihrer Anstrengung nichts ausgerichtet. Der Dei geriet nun außer sich vor Wut, er ließ alle *Kursan-Kapudan* vor sich kommen, fuhr sie wütend an, schalt sie feige Memmen und soll gesagt haben, er wäre geneigt alle köpfen zu lassen. Es war ihm unbegreiflich, wie das zugegangen war, dass seine elf Schiffe, die er stets für die tapfersten und für unüberwindlich hielt, nicht ein einziges französisches Schiff, welche doch nur ihrer vier waren, wegnehmen oder doch wenigstens in Grund schießen konnten. Er schalt seine Kapitäne Verräter und beteuerte, wenn er bei dem Treffen gewesen wäre, so würde kein Franzose davongekommen sein. Einige der geschlagenen Kapitäne suchten den Dei durch Tränen zu besänftigen, und dadurch, dass sie sagten, die Uneinigkeit und Eifersucht habe viel zu diesem ungünstigen Ausgange beigetragen, so wie auch nicht minder die allzu zahlreiche Mannschaft auf den Schiffen, indem durch sie, die meistenteils keine Seeleute waren, große Verwirrungen entstanden seien.

Obgleich sich die französischen Schiffe bei diesem Treffen tüchtig verteidigt hatten, sich aber keineswegs den Sieg zuschreiben konnten, indem sie vor den Algierern den Kampfplatz verlassen hatten, so hatte doch ihre Taktik und die ihnen eigentümliche Tapferkeit bei den meisten

Einwohnern von Algier eine ganz eigene Stimmung hervorgebracht. Sie sahen nun wohl ein, was für einen Gegner sie hatten, und bekamen eine höhere Meinung von den Christen, welche sie zuvor stets zu verachten gewohnt waren, und zwar deswegen, weil die eruopäischen Mächte sie ihr Raubwesen ziemlich ungestört hatten treiben lassen und alle ihre Versuche, das Piratennest zu vernichten, gescheitert waren. Denn die Algierer wussten freilich nicht, dass nur die Eifersucht zwischen England und Frankreich die Hauptursache war, sondern glaubten, die Christen fürchteten sich vor ihnen, und nun, da sie vom Gegenteil sich überzeugten, fingen einige an, die Ohnmacht des Dei und dessen ganze Marine zu verhöhnen. Der Dei, von dieser gefährlichen Stimmung des Volkes benachrichtigt, ließ nun allenthalben durch seine Spione aussprengen, die Franzosen seien gänzlich geschlagen und verdankten ihr Entkommen nur dem Großmut der algierischen Kapitäne; man habe aber Grund zu glauben, dass die französischen Schiffe ihr Vaterland nicht mehr erreichen, sondern unterwegs versinken würden. So schwach und ungereimt diese List auch war, so erreichte der Dei doch einigermaßen seinen Zweck, indem ein großer Teil der Einwohner daran glaubte, und nur wenige Klügere darüber lachten. Die Schwachgläubigen aber wurden umso fester in ihrem Wahn bestärkt, als sich vierzehn Tage lang nach diesem Treffen keine französischen Schiffe mehr vor dem Hafen sehen ließen.

25. Weitere Vorfälle

Nach dieser genannten Zeit aber sah man an einem Morgen acht französische Fregatten und Korvetten wieder vor dem Hafen kreuzen. Der Kommandant einer der Fregatten war eines Tags so unvorsichtig, zwei bemannte Schaluppen in den Stroth, welcher sich einige Meilen östlich von Algier in das Meer ergießt, zu schicken, um Wasser zu holen. Als sich aber diese der Küste näherten, da erhob sich auf einmal ein heftiger Wind, die ungeheuren Wellen warfen beide Schaluppen an das Ufer, und die Mannschaft war nun gezwungen an das Land zu steigen. Sie befand sich in einer äußerst schlimmen Lage, denn sie sah, wie ihr Schiff, um nicht ebenfalls zu stranden, sich eilends von der sehr gefährlichen Küste zu entfernen suchte, und ihm mit der Schaluppe bei diesem Wind und heftigen Wellen nachzurudern, war für sie eine Unmöglichkeit. Was ihre Lage noch schlimmer machte, war, dass ihre meisten Patronen, welche sie bei sich hatten, vom Seewasser durchnässt waren, wo sie denn nicht einmal, wenn sie von den Bergbewohnern angefallen würden, ihre Gewehre benutzen könnten. Als sie nun miteinander berieten, was zu tun sei, wurden sie von einem Hirten bemerkt, welcher auch augenblicklich nach dem Gebirge eilte, um es den Kabeïli anzuzeigen, und es währte nicht lange, so sahen sich die Franzosen von einem großen Haufen wilder Bergbewohner umringt. Die französische Mannschaft bestand aus etlichen 30 Mann, worunter sich ein Offizier, zwei Kadetten und zwei Unteroffiziere befanden.

Der Offizier stellte nun seinen Leuten vor, dass sie als brave Franzosen lieber kämpfend sterben oder sich in die Meereswogen stürzen, als sich gefangen geben sollten. Der kleine Haufen rief nun wie aus einem Mund: »Es leben die französischen Krieger! Es lebe das Vaterland!« Sie lehnten sich mit dem Rücken an einen alten Turm und erwarteten so ruhig die Kabeïli. Ungefähr 500 derselben drangen bewaffnet mit einem entsetzlichen Geschrei auf die Franzosen ein, die zwar einen kräftigen Widerstand leistete, aber bald, da schon mehrere von ihnen gefallen waren, der Übermacht weichen mussten und bis ans Meer zurückgedrängt wurden. Als der Offizier sah, dass sie sich nicht mehr halten konnten, stürzte er sich in die See, zwei Matrosen ihm nach und da Ersterer nicht schwimmen konnte, so nahmen ihn die beiden geübten Schwimmer in ihre Mitte und schwammen mit demselben nach ihrem Schiff zu, welches sie noch immer im Gesicht hatten. Dieses hatte sie bemerkt und ihnen mit großer Mühe und Gefahr eine Schaluppe entgegengeschickt. Die übrigen Zurückgebliebenen wurden nun von den Kabeïli auf die grausamste Weise ermordet.

Nur ein Einziger wurde verschont, und zwar auf eine sonderbare Weise. Als eben auch ihn die Unmenschen schlachten wollten, kam ein junges Mädchen, die Tochter eines Scheichs, auf ihn zugelaufen und warf ein Tuch über ihn, fasste ihn bei der Hand und führte ihn in ihre Wohnung. Da er am Kopf und an der rechten Hand schwer verwundet war, so verband sie ihm seine Wunden. Später brachte sie ihm Brot, Honig und Milch, und bedeutete ihm freundlich ihre Gaben zu genießen. Denselben Tag aber wurde er noch in Begleitung von vier und zwanzig Köpfen seiner ermordeten Kameraden nach Algier gebracht. Der Dei ließ ihn vor sich kommen, betrachtete ihn sehr genau, ließ ihn alsdann zu mir führen und mir sagen, dass ich denselben verbinden solle.

Er wurde zu mir geführt. Wer stellt sich meine Lage vor, als dieser arme Leidende vor mich kam. Schon seit vier Jahren hatte ich keinen Menschen in europäischer Kleidung gesehen und nun stand ein teurer Europäer vor mir – aber wie sah er aus: das Gesicht bleich, wie eine Leiche, und stark angeschwollen, ein blutiges Tuch um den Kopf und ebenso an der einen Hand, die er mit der anderen unterstützte, alle seine Kleidungsstücke steif vom Blut. Staunen, Schmerz und Freude zugleich hatten mich im ersten Augenblick gänzlich betäubt, sogar die Sprache fehlte mir, ich deutete den Janitscharen, welche den Unglücklichen führten, sie möchten denselben in mein Zimmer bringen, folgte ihnen nach, und als ich die Neugierigen fortgeschickt hatte, setzte ich mich zu dem Franzosen auf die Ottomane. Lange sahen wir einander stillschweigend an, herzlich drückte ich ihm die Hand, bis er endlich mit einem schmerzlichen Ton zu mir sagte, er könne sich mein Betragen nicht erklären, und fragte, was ich eigentlich mit ihm beginnen wolle. Hierauf sagte ich ihm, wer ich sei, und dass ich ihn verbinden und verpflegen würde. Er fing nun an, freier zu atmen, drückte mir die Hand und fing an heftig zu weinen. Ich verband ihm seine Wunden, öffnete ihm eine Ader und gab ihm kühlende Getränke. Man brachte ihn hierauf in ein anderes Gemach, wo ich ihn zehn Tage lang verpflegte. Als er sich etwas erholt hatte, ließ ihn der Minister in einen der Gärten bringen und ich sah ihn nie wieder. Er hieß Martin und mochte zwanzig Jahre alt sein. – Die Köpfe seiner Kameraden wurden vor dem Schlosstor des Dei aufgestellt. Das gemeine Volk von Algier fiel erbittert über sie her, um damit zu spielen, einige gingen so weit, mit denselben zu kegeln, wieder andere verbrannten sie im Feuer. Die christlichen Gesandten, welche dieses abscheuliche Verfahren empörte, beschwerten sich beim Dei über das Betragen des Volkes, worauf ihnen derselbe erlaubte, die Köpfe zu beerdigen. Die Gesandten ließen sie sammeln und mussten dem rohen Volke für jeden Kopf einen Dollar bezahlen.

Um diese Zeit kam auch ein Ambassadeur des Sultans von Konstantinopel an den Dei nach Algier, der ihn aufforderte ein neues Armeekorps von 40 000 Mann nach europäischer Art zu organisieren. Der Dei aber weigerte sich, dieses zu tun und sagte, er ehre das Gesetz und die Gebräuche seiner Väter zu sehr, als dass er die Neuerungen der Ungläubigen nachahmen sollte. Auch gab er dem Gesandten sehr deutlich zu verstehen, dass der Sultan in Algier nichts zu befehlen habe, und er möge sich ausschließlich um seine eigenen Länder bekümmern. Der Gesandte musste daher unverrichteter Sache wieder abreisen. Der Dei sowohl als auch die Janitscharen waren sehr aufgebracht gegen den Großherrn, sie sagten, man müsse denselben selbst für einen Ungläubigen halten, weil er den *Dihn-islam* nicht gehörig achte und beschütze, sondern vielmehr den ihnen verhassten Gebräuchen der Christen anhänge, und sie in seinen Staaten zu verbreiten suche.

Als später der Krieg zwischen Russland und der Hohen Pforte ausgebrochen war, wiederholte der Sultan sein Verlangen und bedrohte den Dei mit seiner Ungnade, wenn er sich nicht in seinen Willen fügen würde. Ferner ließ er ihm sagen, er könne sein Vergehen dadurch einigermaßen wieder gutmachen, wenn er ihm 7 000 000 Piaster leihen wolle. Der Dei wollte sich aber auch hierzu nicht verstehen. Er schickte den Gesandten mit dem Bemerken fort, dass seine Kasse gegenwärtig auch in einem schlechten Zustand sei und das wenige Geld, was er besitze, brauche er gar sehr, indem er selbst mit Frankreich in einen Krieg verwickelt sei, und täglich gewärtig sein müsse von einer französischen Flotte heimgesucht zu werden.

Bald darauf schickte auch der Pascha von Ägypten, Mehmed-Ali, eine Brigg von 16 bis 18 Kanonen nach Algier und ließ dem Dei wohlmeinend raten, dem Großherrn hinsichtlich der Organisation eines Armeekorps Folge zu leisten sowie auch 7 000 000 Dollars zu leihen, ferner sich mit den Franzosen auf jede mögliche Weise zu vergleichen. Er machte den Dei auf seine Schwäche sowie auch auf die den Franzosen zu Gebote stehenden Macht aufmerksam, und bot sich als Vermittler beider Parteien an. Aber auch hier zeigte der Dei eine Halsstarrigkeit, die an das Unglaubliche grenzte. Den wohlmeinenden Rat des Mehmed-Ali verwarf er, und behandelte den Kapitän des ägyptischen Schiffes nicht auf die zuvorkommendste Art. Unter andern ließ er demselben, solange das Schiff vor Algier läge, Trommeln und Läuten verbieten, was die schon mehr an die europäischen Sitten und Gebräuche gewöhnten Ägypter ungemein verdrossen haben soll.

26. Meine Beschäftigungen

Um wieder auf mein christlich-mohammedanisches, auf mein freies Sklavenleben zurückzukommen, so verlebte ich meine Tage äußerst ruhig und hatte über nichts als über Langeweile zu klagen. Die Hoffnung, wieder erlöst zu werden, flammte zwar hoch in meinem Innern und obgleich der mir früher eigene lebhafte Flug meines Geistes nun ziemlich gehemmt, ja infolge der ausgestandenen psychischen und physischen Leiden einigermaßen niedergedrückt war, so entbehrte ich doch nur allzu häufig einer geistigen Beschäftigung. Die Stadtneuigkeiten, welche mir täglich die Janitscharen oder meine beiden *Piskiri* nach Hause brachten, konnten nur höchstens eine Stunde des Tages die Langeweile verscheuchen, wohl aber gewährte mir damals die Verfertigung künstlicher Vogelkäfige und Kriegsschiffe mehr Zerstreuung. Der oft erwähnte Savoyarde war sehr geschickt im Schnitzen, ich gab ihm allerlei Pläne an und so brachten wir unter anderem einmal nach dreimonatlicher mühsamer Arbeit eine Maschinerie zustande, welche von den Algierern noch nie gesehen worden war. Diese bestand aus einem langen geräumigen Käfig, in welchem sich ein Triller befand. An einem Ende desselben war ein Wellbaum angebracht, an dessen äußerstem Ende sich ein Kammrad befand; dieses griff wieder in ein anderes ein, das wieder nach unten hin einen anderen Wellbaum drehte und so griffen am ganzen Werke vier Kammräder und drei Wellbäume ineinander. Am unteren Ende des untersten Wellbaums waren vier sich kreuzende Arme angebracht, wo denn an jedem dieser Arme ein kleines fein geschabtes Stückchen Horn befestigt war. Unten auf dem Boden des Käftigs brachten wir ein Saiten-Instrument mit acht Metalldrähten an. Dasselbe hatte die Länge des Käfigs und die Form einer Harfe, die wir aus äußerst dünn geschabten Brettchen mit großer Sorgfalt und Mühe zusammengeleimt hatten. Oben auf diesem Instrument befand sich, wie bei der Gitarre, eine runde Öffnung und über derselben liefen die acht Saiten hin. Dieses Instrument stellte ich nun so, dass die Saiten ein wenig den unteren Teil der vier Stückchen Horn berühren mussten. Wenn nun ein Vögelchen (gewöhnlich hatten wir zu diesem Zweck einen Distelfink oder einen Goldammer) den Triller umdrehte, so drehten sich auch äußerst leicht die Wellbäume mit ihren Kammrädern, und somit auch die vier Arme mit den Hornstückchen, die nun ein wildes Gemisch von verschiedenen Tönen, die sich aber dennoch gut ausnahmen, hervorbrachten. Alle Bewohner des Schlosses wurden beim Anblick dieses Käfigs vom höchsten Erstaunen ergriffen, ebenso auch der Hassenatschi-Efendi selbst, welcher den Käfig in das Harem bringen ließ, um sowohl seine, als auch des Dei Weiber damit zu belustigen. Später hatte ich Gelegenheit, von der Frau des Ministers zu erfahren, dass damals mein Käfig sein Glück bei den Türkinnen gemacht habe, indem er lange Zeit Gegenstand der Bewunderung des ganzen Harems gewesen ist.

Nicht geringere Bewunderung erregte eine andere Arbeit. Von der Terrasse unseres Schlosses aus hatte ich nämlich die Ansicht der Stadt Algier mit ihren Umgebungen auf einen großen Bogen Papier gezeichnet und koloriert. Als ich eines Tages eben damit beschäftigt war, trat der Minister hinzu und fragte: »Ich habe von deiner Arbeit gehört und komme, dieselbe zu sehen.« So schlecht nun auch dieselbe bei meiner wenigen Fertigkeit in dieser Kunst sein musste, so gefiel sie ihm doch so sehr, dass er eins um andere Mal ausrief: »*Maschah – allah!*«, was bei den Mohammedanern gewöhnlich so viel bedeutet, als herrlich, vortrefflich; wörtlich übersetzt heißt es aber die Verherrlichung des großen Gottes. Mein Efendi bewunderte lange meiner Hände Werk, und wie weit sein Kunstbegriff sich erstreckte, konnte ich daran sehen, dass ihm die bunte Mischung, z. B. die roten und grünen Flaggen der Algierer auf den Forts und Schiffen, besser gefielen als die Arbeit an sich selbst. Er drückte besonders sein

Erstaunen darüber aus, wie ich mich so lange an der Ausarbeitung einzelner Gegenstände, als Häuser, Bäume, Schiffe, gedulden könne. Hierauf sagte ich ihm, dass ich das bloß tue, um die Langeweile zu töten, und wiederholte, dass ich in seiner Wohnung nichts so sehr vermisse, als einige Bücher, vorzüglich solche vom chirurgisch-medizinischen Fach. Er entgegnete, dass er mir schon oft gesagt habe, wie es nicht in seiner Macht stünde, mir dieselben zu verschaffen; wenn ich aber arabische, persische oder türkische Bücher haben wolle, so stünden mir viele zu Diensten. Ich machte ihn nun aufmerksam, dass, obgleich ich nun die arabische und türkische Sprache ziemlich geläufig sprechen könne, ich doch keineswegs im Stande sei, ohne Hilfe eines Lehrers lesen und schreiben zu können, und bat ihn deshalb, er möge mir erlauben, einen Lehrer zu nehmen, welcher mir in den Anfangsgründen dieser Sprachen Unterricht erteile. Er willfahrte wirklich zu meiner großen Freude dieser Bitte und schon am anderen Tag schickte er mir einen türkischen *Hotscha* zum Lehrer.

27. Mein Lehrer

Jusuf-Hotscha, so hieß er, war ein Männchen von vierzig Jahren, hatte sich in seinem Leben schon sechsmal verheiratet, viermal in Asien und zweimal in Afrika, und in diesen Ehen achtzehn Kinder gezeugt, wovon zwölf in der Türkei und sechs in Algier lebten. Er hatte manche sowohl körperliche als auch geistige Eigenheiten, sodass ich es nicht für überflüssig halte, einiges von denselben zu erwähnen. Er erzählte mir, er sei in einem kleinen *Koe* (Dorfe) in Karamanien geboren, welches sein Vater in der Eigenschaft eines Aga befehligt habe. Er war der einzige Sohn seiner Eltern, seine Mutter starb, als er zwei Jahre alt war, und als er sein sechstes Jahr erreicht hatte, wurde in einer Nacht das Haus seines Vaters von den Dorfbewohnern angezündet, der Aga selbst starb als Opfer seiner früheren strengen Regierung, den Sohn aber verkaufte ein erbitterter Feind seines Vaters als georgischen Sklaven an eine Karawane, welche von Kurdistan nach Konstantinopel ging. Dabei bemerkte er mir lachend, dass er damals ebenso wenig einem *Kurtschi* (Georgier) geglichen habe als der Affe einem Engel; denn er wäre in seiner Jugend ein so hässlicher Knabe gewesen, dass er an mehreren Orten seiner Hässlichkeit wegen berüchtigt gewesen sei. In Konstantinopel wurde er an einen armen alten Hotscha verkauft, welcher ihn zum *Jolschi* (Ausläufer), zum *Kawatschi* (Kaffeekoch), zum *Tschibuktschi* (Pfeifenstopfer) und zum *Hemdasch* (Begleiter) auf seinen Spaziergängen mehrere Jahre gebrauchte. Nach seiner Erzählung war der alte Hotscha ein sehr gelehrter und frommer Mann, welcher vom Kur-ahn-Abschreiben und von seinen Gedichten, die er schrieb und verkaufte, lebte. Von seinem zehnten Jahre hielt den kleinen Jusuf sein Gebieter zum Lernen an. Er ließ den Kleinen den Kur-ahn auswendig lernen, und da er ihn liebte, so befolgte er die türkische Lehrmethode im strengsten Sinne. Er gab ihm nämlich des Morgens einige Blätter des Kur-ahn zum Auswendiglernen auf, und wenn er sie des Mittags gut hersagen konnte, so lobte er seinen Fleiß, oder schenkte ihm eine Kleinigkeit, als einige Rosinen, eine Dattel, Feigen oder Zucker; hatte er aber seine Lektion nicht ganz gut gelernt, so musste sich der Zögling mit dem Bauch auf den Boden legen, und ganz kaltblütig zog er dessen Füße vermittelst eines Strickes, welcher oben an der Decke des Zimmers durch eine Rolle ging, in die Höhe, sodass sie mehrere Fuß hoch von der Erde erhöht und die Fußsohlen nach oben hin gekehrt wurden. Alsdann gab er ihm eine kleine Bastonade von zwanzig, dreißig bis fünfzig Stockschlägen, und wenn dieses vorüber war, so ermahnte er denselben, künftig besser zu lernen und ihm wegen dieser Züchtigung ja nicht böse zu werden. »Denn«, sagte er, »da du noch jung bist, so siehst du noch nicht ein, wie heilsam dir diese Schläge sind. Sie dienen zu deinem Besten auf Erden und im Himmel, die blauen Flecken auf deinen Füßen geben einst im Himmel lauter schöne wohlriechende Blumen, deren Geruch dich und mich alsdann ergötzen werden«, und, fuhr er fort: »*Allahbeïgamber–ile–emmer–ettibisse* (Gott hat uns durch seinen Propheten befohlen) unsere Kinder so zu erziehen, damit durch die Schläge *Scheïtahn* (der Satan) aus dem Fleische vertrieben werde.«

Wenn, was nicht selten der Fall war, der kleine Jusuf mehrere Tage nacheinander die Bastonade bekommen hatte, sodass seine Füße sehr angeschwollen oder gar an einigen Stellen offen waren, so setzte der Lehrer einige Tage mit der Bastonade aus, strafte ihn aber, wenn er es für nötig fand, auf eine andere Weise; er sperrte nämlich den Kleinen mit seinem Kur-ahn in ein eigenes Kämmerchen, wo er ihn einen Tag lang ohne alles Essen und Trinken seiner Muße überließ.

Dieses ist die allgemeine Methode, wie die Türken ihre Gelehrten bilden, d. h. diejenigen, welche den Kur-ahn wörtlich auswendig lernen, und dieses wird den Zöglingen umso schwerer, weil er in der ihnen fremden altarabischen Sprache geschrieben ist. Die Zeit, in der sie den Kur-ahn auswendig lernen, ist gewöhnlich zwischen zehn und sechzehn Monaten; denn um das Gelernte zu behalten, müssen sie das Buch mehrmals repetieren. In dieser Zeit aber werden solche *Hafislari*, wie man diejenigen nennt, welche den Kur-ahn auswendig gelernt haben, so sehr angegriffen, vorzüglich solche, die einen schwächlichen Körperbau haben, dass viele von ihnen kein hohes Alter erreichen, und manche ihr ganzes Leben hindurch mit einem siechen, verkrüppelten Körper geplagt sind.

Um wieder auf Jusuf-Hotscha zurückzukommen: Sein alter braver Pflegevater und Lehrer unterrichtete ihn recht gründlich in der türkischen, arabischen und persischen Sprache und lehrte ihn auch die Dichtkunst. Zwanzig Jahre lang lebte er mit seinem Herrn und Lehrer und als dieser starb, verehelichte er sich. Da er aber trotz seines Fleißes und Dichtertalentes nicht so viel verdienen konnte, um seine Haushaltung zu ernähren, so entsagte er seinem Harem: *Allah-esmarladim* (d. h. in Gottes Schutz empfohlen) und begab sich eben wieder in ärmlichen Umständen, denn er hatte in Algier schon wieder die zweite Frau und sechs Kinder. Bei seinem hellen Kopf, dichterischen Talenten und bei seinen Sprachkenntnissen hätte er in Algier viel Geld verdienen und recht bequem leben können, wenn er nur nicht in allen seinen Verrichtungen so unordentlich gewesen wäre. Dabei war er, wie ich später bemerkte, ein heimlicher Trinker, sodass er manchmal im Rausch seinen Propheten besungen hat.

Er war kaum vier Fuß groß, ungemein mager und schwach gebaut; sein Bart, ein kleines Büschelchen schwarzer Barthaare, welche vorn am Kinn ganz straff hinausstanden, gaben ihm ein lächerliches Ansehen. Auf dem Kopf hatte er eine hohe und breite *Kauk* und trug einen sehr langen weißen afrikanischen *Burnus*, dessen unterer Teil beständig auf der Erde schleifen musste. Obgleich ich die Türken überhaupt wegen ihrer Reinlichkeit loben muss, so musste ich doch meinen Hotscha immer erst im Schlossbad waschen und mit reiner Wäsche bekleiden lassen, um ihm den Sitz auf meiner Ottomane neben mir gestatten zu können; dann aber war es ein Vergnügen, ihm zuzuhören. In kurzer Zeit brachte er mir die Anfangsgründe der orientalischen Sprachen bei, lehrte mich so ziemlich Türkisch und Arabisch lesen und schreiben, sodass ich auch bald schon leichte Gegenstände übersetzen konnte. Neun Monate ungefähr hatte ich Unterricht bei ihm, als ich in meinen Fortschritten durch die Franzosen unterbrochen wart. Aber nicht allein die Sprachen, sondern auch viele orientalische Sitten und Gebräuche lernte ich aus seinen oft stundenlangen Erzählungen kennen. Auch ich erzählte ihm viel, und obwohl ich auch bei dieser Unterhaltung Vorsicht beobachten musste, weil ich einen Türken vor mir hatte, so war doch dieser kein fanatischer Mohammedaner, wie gewöhnlich die übrigen Priester sind. Denn nicht selten verlangte er trotz des Verbots des Propheten ein Glas Jamaika-Rum, und würde wohl auch Wein getrunken haben, wenn man denselben hätte bekommen können. Übrigens kann ich bei dieser Gelegenheit bemerken, dass mein Gebieter Hassenatschi-Efendi auf mein Anraten den ganzen *Ramasan-ai* (d. h. Fastenmonat) des Jahres 1830 hindurch Branntwein und Bier trank, um sich zu stärken, indem das viele Fasten und Wachen in diesem Monat sehr angreift.

28. Schicksale einiger meiner Mitsklaven

Kurze Zeit darauf, als ich meinen Lehrer bekam, trennte mich das Schicksal von fünf meiner früheren Unglücksgenossen, welche Trennung mich von neuem den Zustand meiner Sklaverei fühlen ließ. Eines Tages zerriss mein holländischer Freund, welcher ehemals mit mir die Bastonade teilte, seine Fesseln durch die wenigen Worte: *La-illaha-illalaha-Muhammed-rasolalaha* (Der Gott ist ein Gott und Mohammed ist Gottes Prophet!) und wurde ins Innere des Landes zum Bei von Konstantine geschickt, wo er einiges Geld, ein Haus nebst Garten und mehrere Sklaven erhielt. Später hörte ich, dass er sich einen kleinen Harem angelegt hatte, indem er die einzige Tochter des ersten Finanzbeamten des Bei von Konstanine heiratete. Nicht lange nachher folgte der Savoyarde seinem Beispiel und wurde ebenfalls landeinwärts in die Provinz Oran geschickt.

In unserm Schloss befanden sich drei Griechen, welche schon 13 Jahre ihrer Freiheit beraubt waren. Zwei davon waren Vater und Sohn aus Smyrna, der Dritte war von der Insel Tino. Dieser Letztere, namens Wasil, war ein Mann von 40 Jahren, verstand die praktische Wasserleitungs-Kunst vortrefflich und hat während seines langen Aufenthalts in Algier dieser Stadt unzählige Dienste geleistet. Er beweinte stets seine geliebte Gattin und drei, bei seiner Abreise noch unerzogene Kinder. Er verließ sein Vaterland, um in Geschäften eine Reise mit einem kleinen Fahrzeug auf eine Insel im Archipel zu machen und wurde dort von einem Kursan gefangen und nach Algier geschleppt.

Die beiden anderen waren Zuckerbäcker aus Smyrna. Der Vater, namens Juan, war ein äußerst sanfter, frommer und ehrwürdiger Greis von 76 Jahren; Machal dagegen, sein Sohn, war ein finsterer, roher Mensch, bei dem Unreinlichkeit und Ungehorsam gegen seinen Vater die hervorstechendsten Eigenschaften waren. Ihr Schicksal war dieses: Man vermisste einst am Hofe des Dei und des Ministers einen geschickten Zuckerbäcker und sogleich bekam der Kapitän eines Raubschiffes, welches eben nach Smyrna segelte, den Auftrag, einen guten Zuckerbäcker von Smyrna aus mitzubringen. Als er auf der Reede daselbst vor Anker lag, ersann er eine schändliche List, die beiden auf sein Schiff zu locken. Er ging nämlich hin zu dem alten Juan und sagte, er habe einen Zentner feinen Honig an Bord seines Schiffes, den er ihm billig verkaufen wolle, er möge sich selbst überzeugen und mit ihm an Bord fahren. Juan folgte ihm bereitwillig und nahm auch, wie er gewöhnlich zu tun pflegte, seinen Sohn mit und so wurden beide gefangen.

Als der alte Juan einmal sehr krank wurde, sodass er oft selbst an seinem Aufkommen zweifelte, pflegte ich seiner mit Sorgfalt und suchte ihn stets mit der Hoffnung, dass er bald wieder seine Heimat sehen würde, aufzurichten, obschon ich selbst keine andere hatte, als die zwar mögliche, aber dennoch sehr weit entfernte Ankunft einer französischen Flotte. Einstmals, als ich eben über das Schicksal meines alten Freundes Juan nachdachte, fiel mir ein, ob ich denn nicht etwas für dessen Befreiung tun könne. Ich fand ein Mittel, das, wenn auch misslungen, doch keinem von uns schaden konnte, und beschloss es zu versuchen. Ich hatte nämlich schon mehrmals den Hassenatschi-

Efendi um meine Befreiung gebeten und jedes Mal die unbestimmte Antwort erhalten, dass es vorerst unmöglich sei. Einmal sagte er mir, er wolle mir jede andere Bitte gewähren, aber nicht diese, und mich dann freilassen, wenn er einmal einen anderen *Tapit* (Arzt) bekäme. Eines Tages nun, als er sich selbst unwohl befand und ich ihm warme Kräuterbäder verordnet hatte, erzählte ich ihm, wie auch der alte Juan so krank sei und wie sehr sich derselbe sehne in sein Vaterland zurückkehren zu dürfen. Ich erinnerte ihn daran, wie viel diese armen Griechen während ihrer 13-jährigen Gefangenschaft Algier schon genützt hätten, und wie billig es sei, denselben einmal wieder ihre Freiheit zu geben. Ferner sagte ich ihm, er solle sich durch ihre Freilassung einen Sitz im Himmel verdienen, er möge versichert sein, dass das freudige Dankgebet dieser Unglücklichen, worin sie auch für ihn um Segen flehten, gewiss vom *Robil-ahlembu* (Gott der ganzen Welt), welches doch auch ihr Gott sei, würde erhört werden. Er schien meine Rede nicht ungnädig aufgenommen zu haben, doch gab er mir keine Antwort, sondern dachte über etwas nach. Voll Zuversicht fing ich später noch einmal von dieser Sache an; da sagte er mir etwas verdrießlich: Er wolle, sobald er gesund sei, über diesen Gegenstand mit dem Dei sprechen.

Voll freudiger Hoffnung sagte ich den drei Griechen, was ich ihretwegen mit dem Efendi gesprochen hatte. Der alte Greis war sehr gerührt, sein Gesicht verklärte sich und aus allen seinen Zügen sprach eine Klarheit, welche ganz die Reinheit und Seligkeit seines Gewissens ausdrückte. Er wandte sich zu mir und sagte mit feierlicher Stimme: »Gelobt sei Gott und gepriesen die Mutter, die dich gebar! Mein Sohn, du hast auch schon viel gelitten, aber gedulde dich noch ein wenig, Christus, der Heilige, wird auch dich bald wieder erlösen, er wird dich entschädigen für deine frühen Leiden und wird dir viel Freuden geben, dass du ihn noch preisest.«

Ich war tief ergriffen von dem Anblick und der prophetischen Rede des frommen Griechen, und bemerkte kaum, wie die beiden Jüngeren, Wasil und Machal, außer sich vor Freude, wie Kinder herumhüpften und mir Kopf und Kleider küssten. Oh großer Gedanke der Freiheit, wer denkt dich ganz, wenn du wie ein elektrisches Feuer durch die Seele des Sklaven dringst!

Einige Tage nach der Unterredung, welche ich wegen der Griechen mit dem Minister hatte, ließ er mich rufen, und fragte mich, was wohl die Griechen machen würden, wenn er Wasil, dem Wasserkünstler, und dem alten Juan ihre Freiheit schenken und sie nach Tunis senden würde, von wo aus sie leicht nach Smyrna kommen könnten, dagegen aber Machal, den Sohn des Juan, zurückhalten würde? Ich erwiderte ihm, dass dieses meiner Meinung nach unmöglich sei, denn der alte Vater könne ohne die Hilfe seines Sohnes die lange Reise auf einem Maultier nach Tunis nicht machen und würde auch seinen Sohn nicht verlassen. Zudem, sagte ich, hast du etwas Gutes getan, so tue es auch ganz. Auf diese Weise würdest du sie unglücklicher machen, als sie es vorher waren. Er entließ mich, befahl aber dem Haushofmeister die drei Griechen zu rufen. Sie eilten mit flüchtigen Schritten, ja selbst der Alte schlich ziemlich schnell in das Zimmer des Ministers. Dort angelangt, warfen sie sich zu den Füßen ihres Herrn. Er wiederholte nun dem Greis, was er mir schon gesagt hatte, Juan aber umklammerte seine Füße und weinte laut, er möge ihm doch seinen Sohn als seine einzige Stütze, mitgeben! In dem Augenblicke kam ein Sekretär des Ministers, ein gutmütiger Türke, in das Zimmer; er wurde gerührt von den Tränen des Greises, bat nun ebenfalls bei dem Minister und so gewährte dieser endlich die Bitte des alten Juan und gab ihnen auf Befehl des Dei einen Sack mit 300 Dollars als Reisegeld. Wir alle teilten ihre Freude, keiner aber freute sich mehr als ich, dessen Herzenswunsch erfüllt worden war. Mehrere Tage blieben sie noch bei uns, bis sie sich endlich zur Karawane begeben mussten, welche sie nach Tunis bringen sollte. Schmerzlich war für mich der Abschied, denn an

Juan verlor ich einen sanften, guten Freund, einen frommen Christen und weisen Ratgeber. Lange noch sehnte ich mich nach ihm und noch jetzt gedenke ich oft seiner Liebe.

29. Ereignisse in Algier

Aber zu wichtigeren Vorfällen muss jetzt meine Erzählung übergehen. Es war am ersten August 1829, als ein französisches Linienschiff mit der Parlamentärflagge und der Flagge des Dei auf der Reede von Algier erschien. Es hatte einen gewissen Mr. de la Bretonnière an Bord, welcher als Parlamentär des Königs von Frankreich dem Dei unter gewissen Bedingungen den Frieden anbieten sollte. Zweimal begab er sich in die Kasaba, um mit dem Dei zu unterhandeln. Da aber seine Forderungen der Art waren, dass der Dei in keinem Falle einwilligen konnte, so schickte dieser den Franzosen unverrichteter Sache und ziemlich ungestüm wieder fort.

Gegen Mittag des dritten August lichtete das Parlamentärschiff die Anker, um Algier zu verlassen. Da ihm aber der Wind ungünstig war, so war dasselbe gezwungen, *over stag* ganz nahe an den Forts vorüber aus dem Hafen zu segeln. Das Schiff hatte alle Segel bei und alle Batterieläden geschlossen. Von der Hintergabel, sowie von der Spitze aller Masten wehten Flaggen, unter deren Schutz es auszusegeln gedachte. Als es abfuhr, befand ich mich gerade, mit meinem Fernrohr versehen, auf der Terrasse des Schlosses und gewahrte nun, als das Schiff in die Nähe der großen Marineforts kam, wie von mehreren Batterien Fumaden (Pulverrauch als Warnungszeichen, damit das Schiff nicht zu nahe kommen soll) gemacht wurden. Das Parlamentärschiff, welches auf dieses gegebene Signal billig hätte beilegen und nicht weiterfahren sollen, bekümmerte sich aber gar nicht darum, sondern ließ dem Schiff seinen Gang, sodass es ganz unter die Batterien des großen Forts kam. (Ob Halsstarrigkeit oder Unmöglichkeit, das Schiff einhalten zu können, die Ursachen waren, dass das französische Schiff den regelwidrigen Fehler beging, so nahe unter das Fort zu steuern, weiß ich nicht genau. Übrigens glaube ich, dass Ersteres der Fall war; denn obgleich der Wind ungünstig war, so war es doch keineswegs unmöglich, umzukehren oder beizulegen.) Von da aus wurden dreimal Fumaden gegeben; da man aber sah, dass die Franzosen sich nicht im Geringsten darum bekümmerten, schoss man einige Kanonen auf sie ab, und als auch diese nichts fruchteten, folgten mehrere und endlich eine förmliche Kanonade. Zum Glück der Franzosen lag ihr Schiff zu nahe unter den algierischen Batterien, als dass ihnen die Kanonenkugeln hätten viel schaden können; die meisten flogen über dasselbe hinaus, ohne es zu berühren. Der französische Kommandant ließ sich durch dieses Schießen nicht abschrecken: Er befahl der ganzen Schiffsmannschaft, auf dem Verdecke bereitzustehen, und ließ stolz und majestätisch sein großes Schiff durch den Kugelregen dahinsteuern. Die algierischen Forts längs der westlichen Küste schossen so lange auf dasselbe, als es ihre Kugeln erreichen konnten: Das Feuer dauerte ungefähr achtundzwanzig Minuten.

Während dieser Zeit versammelten sich beinahe alle Einwohner der Stadt auf den Terrassen ihrer Häuser, was einen interessanten Anblick gewährte. Von unserem Schloss, das fast ganz oben auf dem Berg liegt, von dem sich die Stadt über einige Anhöhen bis an das Meeresufer hinabzieht, kann man so ziemlich die ganze Stadt übersehen. Die weiß getünchten, platten Dächer der hohen Häuser waren ganz mit Menschen bedeckt, welche die verschiedenartigsten Gruppen bildeten. Hier sah man einzelne Menschen stehen: Da gewahrte man einen Haufen Türken gelagert, deren prächtige grüne, rote und gelbe Kleider und Turbanti, mit Gold besetzt und von der Sonne bestrahlt, weit umher glänzten. Dort erblickte man einen

Vor einem Kaffee in Algier.
Gemälde von F. A. Zitadelle

Trupp Araber in ihre schwarzen und weißen Mäntel gewickelt und hie und da bemerkte man Gruppen von Frauenzimmern, die Gesichter mit ihren *Fotta* (feine weiße linnene Tücher) sittsam verschleiert, den übrigen Körper aber nachlässig – wollüstig – in ihre bunten *Haiken* (leichte wollene Decken) gehüllt. Endlich sah man im unteren Teil der Stadt unzählige Juden, Männer, Weiber und Kinder, alle schwarz oder dunkelblau gekleidet, unruhig umherwimmeln. Und nun das lärmende Geschrei, die verschiedenen Sprachen, Meinungen, Äußerungen, die mich umso mehr interessierten, da ich sie meistens jetzt verstehen konnte! Die Ansicht beinahe aller war die, dass man das französische Schiff so zerschießen solle, dass es mit Mann und Maus versinken müsse: denn es sei ja ihre heilige Pflicht, die Ungläubigen auszurotten!

Bei diesem Vorfall muss ich auch erwähnen, dass der Dei, um das Verfahren der Algierer von sich zu wälzen und sich bei den Europäern das Ansehen zu geben, als habe er nicht befohlen, auf das französische Parlamentärschiff zu schießen, den damaligen Marineminister Ibrahim ins Exil schickte und einen gemeinen Janitscharen an dessen Stelle setzte. Dieses Verfahren erregte bei den Freunden des verbannten Ministers einen großen Hass gegen die Regierung, keiner aber wagte es, öffentlich die Unschuld des Verbannten darzutun. Nur Hussein, der liebenswürdige Tochtermann des Dei, klagte heftig über diese Ungerechtigkeit. Er beschuldigte den Hassenatschi-Efendi und Aga-Efendi (welcher Letztere ebenfalls ein Tochtermann des Dei war) als die Urheber alles Unglücks, indem diese beiden nicht allein seinen braven Oheim *Jachia* gestürzt hätten, der zehn Jahre lang als Kriegsminister dem Dei treu gedient habe, sondern auch ganz allein an dem Krieg mit Frankreich schuld seien, sie hätten auch dem Dei geraten, auf das französische Parlamentärschiff feuern zu lassen. Der junge Mann mochte wohl einigermaßen Recht haben, übrigens sieht man, dass er die Handlungen dieser beiden Efendi, wovon der eine sogar sein Schwager war, zu leidenschaftlich beurteilte, indem er in ihnen nur die Mörder seines geliebten Oheims erblickte, und zwar, wie ich später erzählen werde, mit Recht. Die beiden Minister beklagten sich hierüber beim Dei und schwärzten den jungen Hussein so an, dass der Dei in der ersten Aufwallung seines Zorns Befehl gab denselben augenblicklich von seiner Tochter zu scheiden und aus dem Harem zu entfernen. Der arme Hussein war damals einundzwanzig Jahre alt; in seinem achtzehnten Jahr wurde er auf Anstiften seines Oheims, der damals noch Aga-Efendi war, mit der zweiten Tochter des Dei verehelicht, von welcher er jetzt nur mit Gewalt gerissen werden konnte. Nichts war im Stand, den Starrsinn des Dei zu beugen, alles Wehklagen seiner Tochter und der übrigen Frauen sowie die vielfältigen Bitten einiger Freunde des trostlosen Hussein konnten ihn nicht bewegen seinen grausamen Befehl zurückzunehmen. Sein Stolz ließ es nicht zu; denn er sagte mehrmals, was ein Sultan einmal ausgespien, könne er nicht wieder verschlucken. Hussein bekam eine bedeutende Summe als Reisegeld und wurde zur großen Freude seiner Verfolger nach Tunis geschickt, um von da nach Konstantinopel zu gehen.

Ich nahm großen Anteil an seinem ungünstigen Schicksal und umso mehr, da ich ihn auf folgende Weise kennen lernte. Eines Tages hatte er sich mit einer Glasscheibe die innere Handfläche aufgerissen; bluttriefend kam er zu mir, ich verband ihm seine Wunde und behandelte ihn so lange, bis er genesen war. Auch besuchte er mich später noch öfters, wo er nicht selten stundenlang bei mir verweilte und mir mehrmals von seinem Oheim erzählte. Obgleich die Türken vorsätzlich vermeiden, von ihren Harems zu sprechen, so erzählte mir Hussein doch, wie glücklich er mit seiner jungen Gattin lebte, wie sehr sie einander liebten; einige Mal wiederholte er dann, wieviel glücklicher er noch leben könnte, wenn er nicht beständig den Neckereien der Feinde seines Oheims ausgesetzt wäre. Ich muss gestehen, damals hielt ich diese Klagen mehr für Einbildungen als für Wirklichkeit und sagte ihm einmal halb tröstend, halb scherzend: »Sei ruhig, wenn du einst Pascha von Algier bist, dann steht es in deiner Macht, alle diejenigen, welche jetzt deine Feinde sind, nach der Türkei zu schicken, wo sie dir unschädlich sein werden, so wie auch mir meine Freiheit zu geben, wo ich dann als dein Leibchirurg bei dir bleiben werde.« Hierauf erwiderte er mir ein wenig ängstlich, dass man jetzt, wo sein Schwiegervater noch am Leben sei, von so etwas noch nicht sprechen dürfe. »Doch«, fuhr er fort, »wenn das, was du sagst, eintreten würde, so könntest du dich freuen, meine Bekanntschaft gemacht zu haben; denn ich würde dich über alle anderen erheben, und um sicher zu sein, müsstest du mir den Turbandi aufsetzen und mein Hassenatschi-Efendi werden.« Später belachten wir noch mehrmals unsere Einfälle, deren Verwirklichung nicht in unser Schicksalsregister aufgezeichnet war.

Einige Monate nachdem der junge Hussein Algier verlassen hatte, vermählte der Dei die noch trauernde Gattin desselben mit dem neuen Marineminister, Mustafa, um Husseins Andenken ganz aus dem Herzen seiner Tochter zu verbannen. Abermals ein Beweis, wie sehr der Dei die Ratschläge seiner Minister befolgte. Hierdurch hatte er sich schon die Gemüter mehrerer Janitscharen abgeneigt gemacht, umso mehr wurden es die Freunde des ermordeten Kriegsministers sowie die des verbannten Marineministers, und im Stillen beschlossen sie eine furchtbare Rache an Hussein-Pascha zu nehmen.

30. Vorkehrungen zum Krieg

Der Dei besoldete in Italien sowohl, als in Marseille, Toulon und Paris Spione, die ihm jetzt plötzlich berichteten, dass Frankreich eine furchtbare Flotte ausrüste, welche nach Algier bestimmt sei. Auch zwei Schiffe, das eine unter englischer, das andere unter livorneser Flagge, welche sich bei Nachtzeit durch die französischen Blockadeschiffe zu schleichen wussten, bestätigten die Nachricht, und zwar würde die französische Flotte aus 200 Kriegs- und 500 Transportschiffen bestehen, welche mit 40 000 Mann Landungstruppen an der afrikanischen Küste im Mai 1830 erscheinen und wahrscheinlich, westlich von der Stadt Algier, in der kleinen Bucht Sidi-Ferusch ihre Landung bewerkstelligen würde. Fürwahr sichere Nachrichten, ein Schrecken für ganz Algier, für mich die schönsten Hoffnungen! Der Dei schickte Kuriere an alle Beis und Scheichs im ganzen Staat, er benachrichtige sie von der nahe bevorstehenden Landung der Franzosen und befahl ihnen, sich bereitzuhalten, um ihm, sobald er ihrer bedürfe, zu Hilfe eilen zu können. Damals hat Hussein-Pascha nach meiner Ansicht mehrere Fehler begangen. Er trotzte nämlich zu sehr auf seine Armee und achtete die französische Landmacht so gering, dass er die Hauptstadt, welche von der Landseite her beinahe ganz offen war, nicht einmal befestigen ließ. Seine Blindheit ging sogar so weit, dass er glaubte, in seiner Kassaba unüberwindlich zu sein und jahrelang dem Feind trotzen zu können. In Folge seiner eingebildeten Sicherheit sowie aus allzugroßer Ersparnis, versäumte er, ein Armeekorps um die Hauptstadt zusammenzuziehen und ließ diejenigen Truppen, welche sich bei einer Landung der Franzosen mit denselben schlagen sollten, fünf bis zehn Tagereisen von Algier entfernt; ein Glück für die Franzosen, wie wir später sehen werden. Die einzigen Vorsichtsmaßregeln, welche auf der Landseite getroffen wurden, bestanden darin, dass der Aga-Efendi einige Kanonen mehr auf die Batterie bei Sidi-el-Ferusch bringen sowie auch deren Besatzung um einige hundert Mann verstärken ließ. Dann wurden auch noch einige Getreidemagazine mit ungefähr 180 000 *Ostschek* (etwas weniger als ein Malter) Weizen und Gerste in der Stadt und deren Umgebung angelegt. Mehr Sorgfalt ward auf die Seeseite, vorzüglich auf den Hafen verwendet. Derselbe war ganz umgeben von furchtbaren Forts und

Batterien, die sich ungefähr sechs Stunden von Osten nach Westen längs der Küste hinzogen und wohl einige tausend schwere Kanonen enthielten. Alle diese Forts und Batterien wurden gehörig mit Mannschaft und Proviant versehen. Vor der Mündung des Hafens wurden von einer Seite zur anderen hin drei sehr starke Ketten befestigt, hinter welchen die Kursanschiffe wohl geborgen vor Anker lagen, vor diesen fünfzig Kanonierschaluppen, wovon achtzehn eine jede mit einer Bombe, die Übrigen aber mit Kanonen von schwerem Kaliber versehen waren. Die Stimmung des Volkes war für den Dei meistenteils günstig, nur in der Gegend von Bilida war es nicht so recht, wie es sein sollte. Der dortige *Kaid* (Statthalter) nämlich hatte zwei Oberhäupter (*Schech*) der Kabeïli, welche das angrenzende Gebirge bewohnen, gefangen nehmen und nach Bilida bringen lassen; die Kabeïli, hierüber aufgebracht, zogen bewaffnet nach Bilida und befreiten ihre Schechs mit Gewalt. Der Dei wollte sie anfangs für diese Eigenmächtigkeit bestrafen, da sie aber mit jedem Tage trotziger wurden und am Ende gar erklärten, sie würden ihm gegen die Franzosen nicht beistehen, wenn er fortfahren würde, sie so streng zu behandeln, so wurde er dadurch so abgeschreckt, dass er sogleich andere Saiten aufspannte. Er verzieh ihnen nicht allein, sondern beschenkte auch noch einige von ihren Schechs mit prächtigen Säbeln und roten Burnussen.

So standen die Sachen zu Algier, als anfangs Mai des Jahres 1830 ein Spion die Nachricht brachte, dass die französische Flotte, über 600 Segel stark, den Hafen von Toulon bereits verlassen habe. Auf diese Nachricht ließ der Dei in der Hauptstadt und der Umgebung bekannt machen, dass eine Flotte der Ungläubigen nun im Begriffe sei, die allen *Muselmanlari* teure Stadt *Dschesaïr* (Algier) anzugreifen, um ihr Kreuz und ihre Fahne an die geweihten Stätten des Halbmondes und der Fahne des Islam aufzupflanzen. Er forderte sie auf, sich nicht vor der großen Macht der Franzosen zu fürchten, sondern stets auf Gott und Muhammed zu vertrauen. Er erlaubte allen denjenigen Arabern und Kabeïli, welche zuvor keine Waffen tragen durften, sich nun dieselben anzuschaffen und bemerkte ihnen ferner, dass, sobald man der französischen Flotte ansichtig werden würde, er ihnen ein Zeichen durch zwei Kanonenschüsse geben wolle, worauf sie sogleich herbeieilen sollten, um die *Jaurlari* (Christen) am Landen zu hindern, oder dieses doch wenigstens ihnen zu erschweren.

31. Unglück zweier französischer Schiffe

Die französische Flotte hatte wirklich den Hafen von Toulon verlassen, wurde aber durch längere Zeit anhaltende Winde und Sturmwetter nicht allein zerstreut, sondern die meisten Schiffe waren genötigt in die Häfen von Majorka und Minorka einzulaufen.

Zwei französische Briggs, welche miteinander segelten, hatten das Unglück, während des Sturmes zu nahe an die afrikanische Küste zu geraten und daselbst zu stranden, woran die Nachlässigkeit einiger Offiziere ebenso viel Schuld hatte als der Sturm. Sie hatten einen und denselben Kurs und segelten so dicht hintereinander, dass, als das eine schon auf den Strand geraten war, das andere nicht mehr so viel Zeit hatte, sich zu entfernen oder seine Segel zu streichen, sondern ebenfalls auf den Strand fuhr, wo dann auch der Gedanke an alle Rettung schwinden musste. Die hohen Wellen der wogenden See hatten sie so weit auf den seichten Grund gestoßen, dass sie bei ruhiger See nie wieder flott werden konnten.

Die Mannschaft beider Briggs, gegen 200 Mann, stieg nun ans Land. Sie befanden sich bei einer Bucht von Algier östlich fünf Stunden entfernt und beratschlagten, was sie nun beginnen wollten, ob sie sogleich aufbrechen und nach Algier gehen, oder ob sie sich an dem Landungsplatz lagern sollten, bis der Dei Nachricht von ihrem Unglück an seiner Küste erhalten und sie nach Algier würde abführen lassen. Zu ihrem Unglück beschlossen sie, das Letztere zu tun; denn schon am anderen Morgen wurden sie von mehr als tausend dort in der Nähe wohnender Kabeïli bemerkt, welche, von Raub- und Mordlust beseelt, unter dem beständigen Geschrei: *Muth-fransis-kaefirihn!* (sterbt, verdammte Franzosen!) sie umringten. Unter den Franzosen befand sich ein Malteser, welcher die Sprache der Kabeïli verstand und ziemlich geläufig sprechen konnte. Um die Franzosen zu retten, oder doch wenigstens ihr Leben auf einige Zeit zu fristen, trat er hervor und rief den Kabeïli in ihrer Sprache zu, dass die gestrandeten Schiffe keine französische, sondern englische seien, und da die Engländer mit den Algierern in Frieden lebten, so verlange die gestrandete englische Mannschaft, dass sie von den Kabeïli unangefochten zum englischen Gesandten und zum unüberwindlichen Dei nach Algier geführt werde, für welche Tat *Kraal-englis* (der englische König) die Kabeïli reichlich belohnen würde. Hierauf stutzten sie ein wenig, fingen an, unter sich zu beratschlagen und zu disputieren, und riefen dem Malteser zu, dass ihnen, wenn sie Engländer wären, kein Haar gekrümmt werden solle. Die Schechs der Kabeïli kamen nun zu den Franzosen und bewillkommten sie, zwar ein wenig misstrauisch, aber doch freundlich, die französischen Offiziere gaben ihnen ihr Waffen und wurden dann sämtlich in die Wohnplätze der Kabeïli gebracht, wo man ihnen *Gedide* (in der Sonne getrocknetes Fleisch), Brot, Oliven, Datteln und Feigen reichte. Die Kabeïli sandten hierauf einen reitenden Boten nach Algier, um den Dei von der Ankunft der Engländer zu unterrichten. Dieser Bote konnte aber, wie man in Algier sagte, wegen der großen Aufschwellung des *Ulued-Buberah* (Buberah-Fluss) nicht weiterkommen, und musste einen ganzen Tag dort warten, bis er endlich am anderen Ufer einige Araber bemerkte, welchen er seine Nachricht mitteilte und sie aufforderte, dieselbe dem Dei zu überbringen.

Als dieser die Nachricht erhielt, zweifelte er keinen Augenblick, dass jene gestrandeten Schiffe französische seien. Er sowie alle Muselmanen, die es hörten, freuten sich ungemein, dass das Geschick ihnen so hold und den Franzosen so ungünstig sei; sie sahen hierin den Zorn des Propheten gegen die Ungläubigen und träumten im Voraus schon von eine Reihe von Siegen. Der Dei befahl seinem Aga-Efendi, einen Offizier an Ort und Stelle zu schicken und die Franzosen abzuholen. Dieser schickte seinen *Tschauschbaschi* (Erster Scharfrichter) namens Hassan ab, welcher am Abend des dritten Tages, nachdem die Franzosen gestrandet waren, am Fluss anlangte und von hier aus den Kabeïli Nachricht von seiner Ankunft gab, mit dem Befehl, die Franzosen zu ihm zu bringen. Aber nur der Hälfte der Franzosen konnte diese Nachricht das Leben retten.

Den zweiten Tag, nachdem die Franzosen gestrandet waren, wurden die Unglücklichen von den Kabeïli aus unbekannten Gründen in zwei Teile geteilt und die eine Hälfte mehrere Stunden landeinwärts in ein Dorf gebracht. Am dritten Tag aber, als eben die Kabeïli beschäftigt waren, allerlei Gegenstände von den verunglückten Schiffen aus dem Wasser zu retten, da erschien nicht weit von dieser Stelle ein französisches Schiff und fing an, heftig auf die Kabeïli zu feuern, sodass von diesen der Sohn eines Schechs tot auf der Stelle blieb. Die Kabeïli erhoben hierauf ein entsetzliches Heulen und Wehklagen, liefen, um sich zu rächen und ihren Blutdurst zu stillen, nach ihrem Dorf, fielen gleich wilden Tieren ihre Gefangenen an und mit der ihnen eigenen Kaltblütigkeit beim Morden schlachteten sie die wehrlosen Gefangenen mit unerhörter Grausamkeit. Nur zwei Franzosen, ein Unteroffizier und ein Matrose, welche zusammen in einem Gemach eingesperrt waren und eben von drei Kabeïli ermordet werden sollten, hatten in diesem entscheidenden Augenblick noch so viel Geistesgegenwart sich schnell, der eine mit einer Hacke, der andere mit einem Beil, zu bewaffnen und drei

Kabeïli zu erschlagen und in den Wald nach der Richtung von Algier zu fliehen, wo sie auch nach Verlauf einer Woche glücklich ankamen.

Als gegen Abend die Bewohner des anderen Dorfes, wo sich die übrigen Gefangenen befanden, Nachricht von dem Vorgefallenen erhielten, wandelte auch sie die Lust an, dem Beispiel ihrer Nachbarn zu folgen. Sie beratschlagten lange, was zu tun sei, und fragten einige Mal den Malteser, ob sie auch wirklich Engländer seien. Sie legten ihm sogar ein Messer an die Kehle. Dieser blieb aber beständig bei seiner ersten Aussage, und da sie noch so hin und her schwankten, kam plötzlich der Bote, welchen Hassan-Tschausch abgeschickt hatte, und machte durch seine Ankunft den schwankenden Beratungen der Kabeïli und der peinlichen Angst der Franzosen ein Ende. Dieselben wurden nun an den Buberah-Fluss geführt, welcher nun wieder, wie man sagte, so in sein Bett zurückgetreten war, dass man ihn ohne Gefahr passieren konnte. Hassan-Tschausch nahm sie daselbst in Empfang, sorgte, dass sie Maultiere bekamen und brachte sie nach Algier.

Eine große Menge Volks zog ihnen entgegen, und als sie sich der Stadt näherten, wurden sie von vielen Tausenden der Einwohner umringt, welche ihnen in arabischer Sprache zuriefen: *Chairi-welmussre-el-Muslimihne, scherri-we-muth-fih-duschmahni!* (Wohlsein und Sieg den Muselmanen, Unglück und Tod für die Feinde!) Alles Volk war entzückt und jubelte laut, ja der Lärm wurde so groß und das rohe Gesindel drängte sich so nahe an die Gefangenen, dass einige derselben nicht weiterreiten konnten und sogar noch Misshandlungen zu erdulden hatten. In dem Augenblick aber kam eine Abteilung bewaffneter Janitscharen, die mit ihren Stöcken den unbändigen Afrikanern dermaßen auf ihre schwarzen, bloßen Köpfe hieben, dass ihnen augenblicklich zum ferneren Schreien alle Lust verging und sie sich eilends aus dem Staub machten. Als man mit den Gefangenen in der Stadt angelangt war, brachte man dieselben in ein geräumiges

Haus, die Taberna genannt, welches vor Zeiten schon zum Aufenthaltsort vieler Christensklaven diente und nun an die Juden vermietet war, die daselbst ihren Feigenbranntwein bereiteten. Da die Kabeïli viele der Franzosen ihrer Kleidung beraubt hatten, und einige deshalb fast entblößt in Algier ankamen, so wurden ihnen auf Befehl des Dei Sklavenkleider gegeben. Auch reichte man ihnen morgens und abends eine äußerst magere Kost, so wie sie die Janitscharen in den Kasernen hatten, welche aber der Mensch kaum zu genießen imstande ist. Kurz nachher aber schickte ihnen der sardinische Gesandte, als der Geschäftsführer der Franzosen während der Abwesenheit ihres Gesandten, mit Verwilligung des Dei, von Zeit zu Zeit etwas weniges Geld, um sich von den sie umgebenden Juden verpflegen zu lassen.

An demselben Tag, als die Gefangenen ihren Einzug hielten, brachten auch die Kabeïli die Köpfe ihrer ermordeten Kameraden nach der Hauptstadt, um sie dem Dei zu verkaufen. Es waren deren etliche und achtzig, die sie teils in Säcke gefüllt, teils mit durch Ohren und Nasen gezogenen Stricken befestigt, auf Maultiere und Kamele gepackt hatten. Als sie vor der Kassaba angelangt waren, ließ ihnen der Dei für jeden Kopf 100 Dollar auszahlen. Die Köpfe wurden auf dem kleinen freien Platz vor der Kassaba reihenweise aufgestellt und Algiers neugierige Einwohner strömten nun tausendweise dahin, um sie anzuspeien. Am anderen Tag aber, als sie bei der 40 Grad hohen Hitze bereits anfingen, einen üblen Geruch zu verbreiten, wurden sie auf Befehl des Dei an das gemeine Volk verschenkt, welches sie auch mit großer Dankbarkeit und Freude vor das Stadttor schleppte und mit denselben so lange ihren Unfug trieb, bis endlich die Janitscharen, welche bei dem sardinischen Gesandten die Wache bildeten, kamen, ihnen dieselben abkauften und beerdigen ließen.

Dieses ist die tragische Geschichte der beiden gestrandeten Schiffe, wie man sie in Algier damals erzählte und wahrscheinlich auch durch öffentliche Blätter in Europa bekannt machte. Allein von meinem Lehrer Jusuf-Hotscha, als eines Tages ein tüchtiges Glas Jamaika-Rum sein Herz geöffnet und seiner Zunge Beredsamkeit gegeben hatte, hörte ich die Sache insofern anders, als die Kabeïli nicht aus eigenem Antriebe die Franzosen ermordet hätten, sondern viele mehr auf einen heimlichen Befehl von Algier aus, ihre Gefangenen, die keine Engländer, sondern Franzosen seien, wenigstens zur Hälfte dem Islam zu opfern. Von wem aber eigentlich der Befehl ausgegangen, konnte mir Jusuf-Hotscha selbst nicht sagen, ob vom Dei, einem Minister, oder gar von irgendeinem fanatischen Morabot, welche ebenfalls sehr viel über das rohe Volk vermögen und von demselben als Heilige verehrt werden, wahrscheinlich aber von einem der beiden Letzteren; denn die Minister waren abgesagte Feinde der Christen, hatten schon mehrere dergleichen Schändlichkeiten ohne Vorwissen des Dei verübt oder ihn durch böse Ratschläge dazu verführt, und die Morabot, bloße Müßiggänger und Betrüger, sahen in den aufgeklärten Christen ihre schlimmsten Feinde.

32. Innerer Zustand von Algier vor Ausbruch des Krieges

Dieses traurige Schicksal der Franzosen verursachte bei vielen Einwohnern Algiers große Freude, besonders bei den niederen, unwissenden Klassen, die nichts zu verlieren haben und als wahre Sansculotten, indem sie meistens keine Hosen tragen, nur von dem leben, was ihnen der Zufall darbietet. Ganz anders hingegen war die Stimmung der Bemittelteren, vorzüglich der Araber und Türken. Unter ihnen herrschte eine dumpfe Stille, ihre Geschäfte waren gelähmt, sie sahen eine ernstere Zukunft, manche ihren Untergang voraus und harrten bekümmert der Landung der Franzosen. Die Lage der Türken war die schwierigste. Denn, hatten in früheren Zeiten 12 000 bis 14 000 Türken kaum hingereicht, die Regierung von Algier aufrechtzuerhalten, wo doch die Afrikaner größtenteils nicht bewaffnet und bei weitem noch nicht so aufgeklärt und daher so schwierig waren, wie jetzt; wo doch der Dei mit dem Sultan in Frieden lebte, und keinen offenen Krieg mit europäischen Mächten hatte: Wie sollte es jetzt dieser Hand voll Türken, die in Folge der französischen Blockade und des Bruchs mit dem Sultan seit vier Jahren keine Verstärkung aus der Levante erhalten hatten, sondern vielmehr durch Desertion mehreren Trupps von 50 bis 60 Mann nach Tunis, Marokko und Ägypten und außerdem noch durch das Sterben viele Janitscharen verringert worden waren, – wie sollte es diesen kaum 6000 Türken gelingen, zumal wenn man erwägt, dass sie nicht allein durch die Landung feindlicher Truppen, sondern noch weit mehr durch die Gesinnung der Afrikaner beunruhigt waren. Diese unglücklichen Völker hatten sie zuvor durch die schmählichsten Bedrückungen und Misshandlungen aller Art auf das Höchste gegen sie gereizt. Jetzt fingen diese nun allmählich an, ihre Kräfte zu fühlen und ihre Rechte geltend zu machen, zwangen den Dei, ihnen täglich mehr Rechte einzuräumen und misshandelten sogar nicht selten die Türken, sodass ich diese oft untereinander sagen hörte: »Das Blatt hat sich gewendet. Vorerst will es das Geschick so haben, aber wartet, verdammte Araber, wenn der Krieg mit Frankreich beendigt und der Sultan wieder besänftigt sein wird, wo wir alsdann eurer Hilfe nicht mehr bedürfen, dann sollt auch ihr wieder gedemütigt werden, dann sollt ihr wieder unsere ganze Rache empfinden.« So sprachen sie unter sich, waren aber gegen die Afrikaner äußerlich sehr höflich und gefällig.

Hussein-Pascha, dem die Sinnesart seiner Untertanen wohl bekannt war, befand sich in der bedenklichsten Gemütsstimmung. Seine Ruhe war geflohen, Schwermut umwölkte seine Stirn und Gram nagte an seiner Seele. Die Tage verlebte er unter schweren Sorgen und öfters verließ er des Nachts, von Träumen aufgeschreckt, sein Harem. Öfters sah ich ihn in mondhellen Nächten auf der Terrasse seines Schlosses, in einen Mantel gehüllt, umherwandeln und von Zeit zu Zeit mit dem Perspektiv nach dem Meer sehen.

Den Janitscharen ließ er insgeheim bedeuten, sich in dieser kritischen Epoche ja weise und klug gegen die Afrikaner zu benehmen, und dieselben durch Beleidigungen ja nicht zu reizen, vorerst lieber manche Beleidigung zu übersehen, und zu denken, wie sehr man gegenwärtig ihrer Hilfe bedürfe. An die Afrikaner aber erließ er schmeichelhafte Manifeste, worin er ihnen für die Folge große Versprechungen machte, und sagte, dass dieser Krieg mit Frankreich bloß aus seiner großen Liebe für sie und Sorge für ihr Wohlergehen entstanden sei, indem die Franzosen Algier unterjochen und auf die den Muselmanen geheiligten Stätten ihr verhasstes Kreuz aufstecken wollten. Er ließ noch einmal mehrere der angesehensten Schechs zu sich in die Kassaba kommen und beschenkte sie mit roten Mänteln, Säbeln mit goldenen Scheiden und mit Taschenuhren. Seine Minister ließ er mehrmals an verschiedene Grabstätten der Morabots wallfahrten, wo sie Schafe und Rinder opfern und an die Armen, welche sich daselbst in großer Menge eingefunden hatten, Geld austeilen mussten. Ferner, um die Araber recht zu schmeicheln, setzte der Dei den Großmufti, einen Türken, ab und an seine Stelle, was in Algier zuvor nie geschehen war, einen Araber. Er schickte allen Imams kleine Geschenke und forderte sie auf, in öffentlichen Gebeten den Propheten und die Morabots um Hilfe und Sieg anzuflehen. In den Tschaminen sowohl, als auch auf den Straßen erzählten nun auch die Imams dem fanatischen Volk, wie groß die Macht ihrer Morabots sei, besonders aber durch welche Wundertaten die drei Morabots, Sidi-Abdelgader, Sidi-Abdrachman und Sidi-Weled-Dede, die Stadt schon so oft vor dem Untergang bewahrt hätten. Das Volk betete unaufhörlich zu diesen Heiligen und man glaubte fest, dass Weled-Dede die Stadt abermals vor dem Feind schützen würde.

So standen die Sachen, als man den *Kurbahn-Bairam* (Opferfest) feierte. Diese Feier aber wurde durch ein merkwürdiges Ereignis unterbrochen. Es wurde nämlich eine Verschwörung entdeckt, die nichts weniger als den Tod des Dei und aller Minister sowie auch eine gänzliche Umänderung der Verfassung bezweckte. Sechsundvierzig Janitscharen, die Freunde des ermordeten Kriegsministers Jachia, hatten beschlossen den Tod ihres Freundes und Wohltäters zu rächen und dem jetzigen gespannten Zustand der Dinge ein Ende zu machen. Sie hatten allerdings das Wohl des Staates im Auge und gedachten, sobald ihnen dieser Streich gelungen und ihre neue Regierung gegründet sei, mit Frankreich zu unterhandeln, bedeutende Opfer zu bringen, und im Falle Frankreich dieselben nicht annehmen sollte, sich eher in Englands Arme zu werfen, als sich den Franzosen zu ergeben. Der Plan der Verschworenen war folgender: Am ersten Tag des Bairamfestes sollte sich ein jeder, mit einem Dolch und einer kleinen Pistole bewaffnet, in die Kassaba begeben, was ihnen leicht möglich war, indem an diesem Morgen der Dei einen jeden seiner Untertanen vor sich lässt, um sich zu dem Feste gratulieren und die Hand küssen zu lassen. Die Verschworenen wollten nun während des Handkusses über den Dei und seine Minister herfallen, dieselben ermorden und ihren Anführer Mustafa-Hotscha auf den Thron setzen. Einer von diesen vierzig aber wurde zum Verräter des Komplotts: Am Tag vor dem Fest ging er in die Kassaba und enthüllte dem Dei den ganzen Plan. Als Hussein-Pascha dieses vernahm, ward er wütend; denn er war fest überzeugt, dass er diese schändliche Gesinnung seiner Untertanen nicht verdient habe, indem er stets, solange er schon regierte, mit Liebe und Sorgfalt das Wohl seines Staats zu fördern suchte. Sogleich ließ er die sieben Rädelsführer der Verschworenen verhaften und in einer Stunde erdrosseln. Die Übrigen von dem Komplott, welche meist gemeine mit Geld und glänzenden Versprechungen gewonnene Janitscharen waren, wurden aus der Hauptstadt verbannt. Unter ihnen befand sich ein alter blinde Greis, welcher, als er vor den Dei geführt wurde, gestand, dass er sich armutshalber von den Verschworenen habe hinreißen lassen für Geld als Spion zu dienen. Hussein-Pascha schenkte ihm einiges Geld und einen *Burnus-achmar* (roten Mantel) und schickte ihn ins Exil nach Oran. Glühender Hass erfüllte nun die Seele des Dei gegen seine Janitscharen, die er zuvor seine Treuen nannte und auf die er in allen Gefahren rechnen zu können glaubte. Unerträglich war ihm der Gedanke, dass diejenigen, welchen er Wohltaten erzeigte, seine Verräter und Mörder werden könnten. Er wurde nun äußerst misstrauisch gegen seine Umgebung und unaufhörlich schalt er auf die Verstellung und Treulosigkeit der Türken. Mehr hingegen traute er den ihn umgebenden Sklaven und freien Afrikanern.

33. Landung und Sieg der Franzosen

Endlich erschien mir die längst ersehnte Stunde, welche Jahre hindurch Tag und Nacht meine Phantasie beschäftigt hatte, welche die Würfel über mein ferneres Lebensglück werfen sollte, ob mir im eisernen Spiele Freiheit und Rückkehr oder Tod in der Sklaverei zuteil werden würde. Der Ruf, dass die französische Flotte im Anzug sei, erfüllte die ganze Stadt mit Entsetzen; alle Einwohner eilten auf die Terrassen, um sich von der Wahrheit zu überzeugen; zwei sechzigpfündige Kanonen gaben den in der Umgegend wohnenden Afrikanern das Signal herbeizueilen und reitende Boten wurden an alle Beis und Schechs des ganzen Staates abgeschickt, um ihnen die Gefahr zu verkünden. Die europäische Zeitrechnung war mir verloren gegangen, Tag und Monat, an welchem die französische Flotte vor Algier erschien, war mir damals völlig unbekannt, nur so viel wusste ich, dass es im Sommer 1830, oder nach türkischer Zeitrechnung im *Jassin* 1245 war.

Es war morgens früh, die Sonne war eben aufgegangen, und als sie die Meeresnebel verscheucht hatte, entfaltete sich die französische Flotte großartig vor unseren Augen. In einem ungeheuren Umfang dehnte sie sich auf der Meeresfläche aus. Der frische Morgenwind war ihr günstig und in größter Schnelligkeit steuerte sie auf die Stadt los. Einige Meilen von derselben entfernt, brasste aber die ganze Flotte und den Wind in den Flanken segelte sie majestätisch von Osten nach Westen an der Stadt vorüber. Ihre Größe und Erhabenheit hatte den Algierern Furcht und Entsetzen eingeflößt. Ich aber war vor Freude und Bewunderung dieses erhabenen Anblicks aufs Heftigste angegriffen und zog mich zurück, um ungestört meinen freudigen Betrachtungen nachhängen zu können.

Westlich von Algier in einer Entfernung von fünf Stunden ward das kleine Vorgebirge Sidi Ferusch zum Landungsplatz ausersehen. Es hat den Namen von einem Morabot, dessen Grabmal sich daselbst innerhalb eines kleinen Forts befindet. Des Nachmittags schickte der Aga-Efendi, der sich mit einigen tausend Mann seiner Truppen dorthin begeben hatte, einen reitenden Boten an den Dei mit der Nachricht, »dass die Franzosen das Fort auf Sidi Ferusch gänzlich zerstört hätten, und trotz seiner tapferen Gegenwehr dennoch gelandet wären, und zwar befänden sich in dem Augenblick, wo er den Boten abschickte, ungefähr 20 000 Franzosen am Lande.« Der Dei ließ dem Kriegsminister hierauf sagen, dass er sich bis auf die Anhöhe Stauli, welche die Ebene von Sidi Ferusch begrenzt, zurückziehen, dieselbe besetzt halten, in jedem Falle sich aber so lange defensiv verhalten solle, bis ihm in einigen Tagen die Beis und Schechs hinlängliche Streitkräfte zugeführt hätten. Der Kriegsminister befolgte genau die Befehle des Dei, schlug oben auf der Anhöhe Zelte auf, ließ einige Batterien mit schwerem Geschütz aufpflanzen, und verhielt sich, wie auch die Franzosen, ganz ruhig, die kleinen Vorpostengefechte abgerechnet, welche täglich durch die rohen Afrikaner veranlasst wurden. Die algierische Armee unter den Befehlen des Aga-Efendi Ibrahim vermehrte sich täglich um einige tausend Mann Araber und Kabeïli, welche von ihren Schechs oder Beis und deren Chalifen hinzugeführt wurden. So brachte der Bei von Constantine ungefähr 12 000 Mann, der Bei von Titteri 8000 und sein Chalif 3 000 Mann; der Chalif des Bei von Oran 6000, die Schechs der Kabeïli an 16 000 bis 18 000, der Aemin-Mussabi gegen 4000 Mussabis ins Lager bei Stauli, sodass mit Einschluss der Garde des Aga-Efendi und der Einwohner Algiers, welche in großer Menge dahinströmten, die algierische Armee wenigstens gegen 50 000 Mann zählte. Weder der Dei selbst noch der *Aga* wussten genauer die Stärke des Heeres.

Als sich dieses bedeutende Heer oben auf der Ebene von Stauli konzentriert hatte, gab der Dei dem Aga-Efendi Befehl, dass er nun mit seiner gewaltigen Armee am folgenden Tage die viel schwächere französische angreifen und vernichten solle. Dieser Befehl erregte allgemeine Freude im ganzen Lager; denn es zweifelte kein Muselmann, dass am folgenden Tag die französische Armee gänzlich würde zugrunde gerichtet werden. Viele Türken und Afrikaner freuten sich jetzt schon so sehr auf die morgige allgemeine Schlacht, dass sie es im Lager nicht aushalten konnten, und kampflustig und raubgierig in großen Haufen gegen die Franzosen anliefen. Während dieser Scharmützel, bei welchen das Kleingewehrfeuer von beiden Seiten ziemlich stark unterhalten wurde, fiel bei der algierischen Armee ein Ereignis vor, welches für sie am folgenden Tag die schlimmsten Folgen hatte und viel zum Siege der Franzosen beitrug.

Hussein-Pascha hatte nämlich, seitdem die Franzosen gelandet waren, Preise auf die Köpfe derselben gesetzt. Im Anfange, wo die Köpfe der getöteten Franzosen nur sparsam ankamen, ließ der Dei, um die Armee recht anzufeuern, für einen Kopf vierzig bis fünfzig spanische Dollar auszahlen; je häufiger aber die Köpfe in der Folge kamen, desto weniger Geld bezahlte er dafür, sodass der Preis allmählich herabsank, erst auf dreißig, dann auf zwanzig, später auf zehn und endlich auf fünf Dollar, ja dass er sogar in der letzten Zeit gar kein Geld mehr auszahlen ließ, sondern nur die Namen der Überbringer in ein Buch einschreiben ließ, um dieselben nach Beendigung des Krieges belohnen zu können. An dem Tag nun, wo die Köpfe noch einen hohen Preis hatten, schoss ein Janitschar von der Armee einen Kabeïli, der mit ihm in einem Gebüsche sich befand, durch den Kopf, indem er unbemerkt zu sein glaubte, und beeilte sich dem Kabeïli den Kopf abzuschneiden und für denselben ebenfalls sich von dem Dei eine Belohnung zu holen. Aber in seiner Nähe befanden sich noch andere Kabeïli, und zwar Freunde des Ermordeten, welche ihn, hinter einem Felsen versteckt, belauert hatten. Mit furchtbarem Geschrei und entsetzlicher Wut fielen diese nun über den Türken her, und würden ihn sogleich ermordet haben, wenn nicht andere Janitscharen hinzugekommen wären. Die wütenden Kabeïli forderten Rache und verlangten, dass augenblicklich der Mörder ihres Freundes hingerichtet werde. Die Türken gaben sich alle Mühe sie zu beschwichtigen; als sie aber sahen, dass jene hartnäckig auf ihrer Forderung beharrten, so schlugen sie ihnen vor, den Mörder vor den Aga-Efendi zu führen, damit er wenigstens nach türkischem Gebrauch gerichtet würde. Die Kabeïli willigten ein, mit der Bedingung, ihn selbst zu dem Aga führen zu dürfen. Als man den Janitscharen vor den Aga gebracht hatte, sagte jener, er habe den Kabeïli nicht vorsätzlich, sondern nur aus Versehen ermordet, indem derselbe ohne Kopfbedeckung mit den langen Haaren einem Franzosen sehr ähnlich gesehen habe. Hierauf erklärte ihn der Aga für unschuldig, schickte ihn aber, um ihn vor der Wut der Kabeïli zu schützen, nach Algier, und beging noch die Unvorsichtigkeit, die Kabeïli tüchtig auszuschelten, indem er sagte, »es geschehe ihnen ganz recht, wenn sie aus Versehen erschossen würden, weil sie nicht gleich andern Muselmanen Turbandis trügen«. Über diese Ungerechtigkeit und grobe Beleidigung wurden nun alle Kabeïli so sehr gereizt, dass sie beschlossen, sobald als möglich Rache an den Türken zu nehmen; und auch nur zu bald bot sich ihnen hierzu die günstigste Gelegenheit dar.

Am anderen Morgen früh, als kaum die Sonne aufgegangen war, hörte man in Algier von der Westseite, woher eben der Wind blies, einige Kanonenschüsse, das Signal zur Schlacht. Es währte nicht lange, so rollte ein furchtbarer Donner über die Berge her. Von Zeit zu Zeit hörte man deutlicher die Salven des schweren Geschützes sich mit dem Donner von mehr als 70 000 Musketen vermischen. Um zehn Uhr des Vormittags kam eilends ein Kurier vom Schlachtfelde, um dem äußerst besorgten Dei die Nachricht zu bringen, dass am frühen Morgen die ganze algierische Armee mit der größten Heftigkeit über die französische hergefallen sei, und dass sich nun beide Armeen schon mehrere Stunden lang unausgesetzt mit der größten Erbitterung schlügen. Er setzte noch hinzu, dass ohne Zweifel vor Abend noch die französische Armee nicht allein gänzlich vernichtet, sondern auch kein Mann von derselben am Lande übrig bleiben würde. Der Dei geriet außer sich vor Freude über diese frohe Nachricht und königlich beschenkte er den glücklichen Boten, der sie ihm überbrachte. Die fröhliche Nachricht wurde sogleich den noch zurückgebliebenen Einwohnern mitgeteilt und diese jubelten im Voraus schon über den glänzenden Sieg. Ich war vielleicht der Einzige in der ganzen Stadt, der dieser Nachricht keinen vollen Glauben schenken konnte, denn obgleich sich auch einige Mal bange Zweifel über den Ausgang dieser Schlacht in meine besorgte Seele schlichen, so tröstete mich doch gleich wieder der Gedanke, dass die französische Armee der türkischen, wenn auch nicht an Kühnheit und Macht, doch an Klugheit und Taktik bei weitem überlegen sei. Den furchtbaren Donner des

Geschützes vom Schlachtfeld aus konnte man bis elf Uhr in der Stadt vernehmen; dann aber erfolgte plötzlich eine anhaltende Todesstille. In der Stadt glaubte man nun allgemein, die französische Armee wäre gänzlich aufgerieben. Ich hörte sogar damals einige Algierer sagen, man hätte doch nicht alle Franzosen niederhauen, sondern einige lebendig nach Algier bringen sollen, denselben die Ohren abschneiden und sodann dem französischen König überschicken sollen. Wie groß waren daher der Schrecken und die Verwirrung, als des Mittags gegen zwei Uhr die ersten fliehenden Reiter die schreckliche Nachricht nach Algier brachten, dass um elf Uhr, als eben das Treffen am heftigsten von beiden Seiten entbrannte, wo sich der Sieg schon sogar auf die Seite der Muselmanen hinzuneigen begann, plötzlich alle Kabeïli, wie auf ein gegebenes Zeichen, zurückgewichen seien, und gleich einem tobenden Meere, alles, was ihnen in den Weg kam, mit sich fortgerissen hätten, und mit dem Rufe: »Wir sind geschlagen, lasst uns fliehen, rette sich, wer da kann!« nach den Bergen geflohen wären. Durch diese Treulosigkeit der Kabeïli geriet das ganze Heer der Muselmanen in Verwirrung, die Franzosen benutzten dieselbe, der Sturmmarsch ward geschlagen und mit »*Hurrah*« und »*Vive le roi!*« erstürmte die ganze Armee die Anhöhe von Stauli.

Die ganze afrikanische Armee geriet nun in Wirrwarr, es war ihr nicht möglich, länger den französischen Bajonetten Widerstand zu leisten, und mit dem Rufe: *Scherr-Allah!* oder *Sudur-Robbi!* (Gott sei uns gnädig; Gott schütze uns!), liefen sie davon. Die Franzosen richteten die eroberten Kanonen auf die fliehenden Haufen und vermehrten so noch die Flucht und den Schrecken des vernichteten Heeres. Mehrere bedeutende Batterien, das ganze türkische Lager von 600 bis 800 Zelten, in welchen sich eine Menge Waffen, prächtige Teppiche sowie auch eine große Quantität Tabak, Kaffee und anderer Lebensmittel vorfanden, fielen den siegreichen Franzosen in die Hände. Desgleichen einige tausend Lasttiere, auf welchen die bequemen Türken ihre meisten Habseligkeiten mit sich führen und einige tausend Schafe. Das ganze vor mehreren Stunden noch so große und furchtbare Heer der Muselmanen hatte sich nun in unordentliche fliehende Haufen aufgelöst. Die Kabeïli und Araberhorden waren in der größten Eile in ihre Berge geflüchtet; die Einwohner von Algier und die Janitscharen rannten in der äußersten Bestürzung zur Stadt herein. Viele Verwundete wurden mitgeschleppt, aber dennoch blieben noch einige tausend Tote und schwer Verwundete auf dem Schlachtfeld liegen. Der ganze Weg von Stauli bis nach Algier war mit Verwundeten bedeckt. Viele derselben verkrochen sich in das Gebüsch, wo sie später teils durch Muselmanen, teils durch Franzosen, manche tot und von wilden Tieren zernagt, gefunden wurden.

34. Meine Verhältnisse nach diesem Sieg

Die Bestürzung des Dei war unbeschreiblich, und der Schrecken der Einwohner so groß, dass viele ohne alle Besinnung ganz betäubt auf den Straßen umherirrten, andere wie verzweifelt fragten, wo denn die Ungläubigen seien, und ob sie auch alle Muselmanen ermorden würden? In meiner Nähe befand sich ein Janitschar, ein Erzbösewicht und abscheulicher Prahlhans; jetzt aber war seine Furcht vor den Franzosen so groß, dass er mich fragte, ob er sich wohl dadurch retten könne, dass er sogleich die französische Religion annähme? »Alter Fuchs«, sagte ich ihm, »ist dir deine Religion, die du mir so oft aufdringen wolltest, jetzt so feil?« Beschämt verließ er mich. Ich, sowohl als auch die meisten Einwohner der Stadt dachten nicht anders, als dass die Franzosen noch an demselben Tag ihren Einzug in Algier halten würden. Ich hatte umso mehr Grund, dieses zu glauben, da sich ihnen an demselben Mittag kein einziger Mann würde entgegengestellt haben, indem alle sagten: *Allach dan!* (dieses kommt von Gott); und wenn der Türke einmal glaubt, dass das Geschick etwas über ihn verhängt habe, so lässt er sich lieber auf der Stelle töten, als dass er noch einmal das Äußerste wage. So verharrte ich schon mehrere Stunden und glaubte bei jedem Geräusch den Trompetenschall und Trommelschlag der Franzosen zu hören. Wohl hundertmal erstieg ich an diesem Nachmittag mit dem Fernrohr die Terrasse unseres Schlosses, um von da aus meine Befreier heranrücken zu sehen, und schlich jedes Mal wieder getäuscht, unruhig und betrübt hinunter. Aber noch vor der Ankunft der Befreier sollte ich die Freiheit erlangen.

Um vier Uhr ließ mich der Hassenatschi-Efendi eilends auf sein Zimmer rufen. Ich begab mich sogleich dahin und fand denselben traurig und nachdenkend auf dem Polster sitzen. Als er mich bemerkte, fragte er mit trauriger Stimme, ob ich schon von der verlorenen Schlacht gehört hätte? Und da ich dieses bejahte, so fuhr er fort: »Ja, mein Sohn, Gott hat gewollt, dass das Heer der Gläubigen geschlagen werde. Aber noch nicht soll der Halbmond unterliegen, Gott wird nie diese Stadt in die Hände der Franzosen geben.« Bei diesen Worten sah er mir starr ins Gesicht; ich aber schwieg. Dann fuhr er fort: »Vom Schlachtfeld aus wurden eine große Anzahl Verwundeter in die Stadt gebracht; da wir nun keine Ärzte haben, so bin ich vom Pascha-Efendi beauftragt dich in die Kasernen zu schicken, woselbst die Verwundeten hingebracht worden sind, damit du dieselben verbinden mögest. Ich bin überzeugt, dass du jenen Unglücklichen gern helfen wirst, umso mehr, da ich weiß, dass dein dankbares Herz nicht vergessen wird, wie du in der Zeit des Glücks von den Muselmanen, deren Sklave du warst, mehrere Jahre hindurch milde behandelt wurdest und ihr Brot gegessen hast, und durch eine gute Behandlung der kranken Muselmanen wirst du dir nicht allein für dich und deine Eltern den Himmel erwerben, sondern nach Beendigung dieses

Krieges werden ich und der Dei dich reichlich belohnen.« Hierauf küsste ich ihm der Sitte gemäß noch einmal die Hand und in der freudigsten Stimmung rief ich aus: »Oh Herr, ich will dir alles versprechen und halten, wenn du mir nur meine lang ersehnte Freiheit zusicherst.« »Du bist frei«, sagte er, »und ich werde dich wie ein Sultan belohnen, wenn du fleißig für die Verwundeten sorgst.«

Mit dem seligsten Bewusstsein der goldenen Freiheit verließ ich meinen ehemaligen Gebieter und eilte auf mein Zimmer, um meine ersten Gefühle dem allgütigen Retter darzubringen. – Von meinen Knechten ließ ich hierauf eine große Anzahl Verbandstücke, Pflaster und andere zum Verbinden nötige Gegenstände hinunter in eine der Kasernen tragen, wohin ich mich auch sogleich selbst führen ließ. Auf dem Weg dorthin war ich so entzückt, so außer mir, dass ich später selbst über meine ungezähmte Freude lachen musste; und ich erinnere mich noch, dass mir damals auf der Straße einige Türken mit den traurigsten Gebärden begegneten. Mein Knecht rief ihnen zu: *Balik, Balik!* (macht Platz, macht Platz!), und da sie meine vornehme Kleidung sahen, wichen sie mir ehrerbietig aus. Da war mein Herz so ergriffen, so voll; ich fühlte mein Glück und ihr Unglück zugleich so stark, dass ich ihnen die Hand reichte, ihnen erzählte, wie ich eben frei geworden war, und sie aufforderte, sich mit mir zu freuen.

Aus allen Janitscharenkasernen ließ ich nun die Verwundeten in eine, und zwar in die größte von allen, bringen, weil dadurch ihnen, sowohl als auch mir, viel mehr Erleichterung und Bequemlichkeit verschafft wurde. Die Zahl derselben belief sich auf 860. Die übrigen Verwundeten, meist verehelichte Türken und Afrikaner, lagen teils in anderen öffentlichen Gebäuden, teils in ihren Harems; man zählte deren ebenfalls an 700. Diese waren durchgängig mit Flintenkugeln verwundet, außer einigen wenigen, welche von Kanonenkugeln gequetscht und zweien, die durch Bajonettstiche verwundet worden waren. Auf mein Verlangen schickte mir der Hassenatschi-Efendi alte Leinwand von abgenutzten Zelten, welche ich in Ermangelung besserer Hilfsmittel zum Verband gebrauchte; an Charpie war nicht zu denken und ich war genötigt erst dergleichen zupfen zu lassen. Darum gab der Minister Befehl, dass etliche jüdische und maurische Barbiere mir als Gehilfen beigesellt werden sollten. Allein diese Unglücklichen hatten zum Verband weder Instrumente noch Geschicklichkeit, und obgleich ich einundzwanzig solcher Praktikanten hatte, so konnte ich doch nur fünfen in der Schnelligkeit den gehörigen Verband begreiflich machen. Die Übrigen ließ ich aus den alten Zelten Bandagen schneiden und Charpie zupfen.

Um den Lesern nur einen kleinen Begriff von dem mich umgebenden Elend und Jammer zu geben, muss ich bemerken, dass ich in einem Zeitraum von vier Stunden 240 Janitscharen verband, welchen ich in dieser Zeit 95 Musketenkugeln und zwei Kartätschen herausnahm. Diese hatte ich durch meinen Burschen in einem Sack aufbewahren lassen; wie ich aber vermute, hat mir sie später ebenderselbe wieder gestohlen. Während dieser vier Stunden hatte auch der Tod siebenundzwanzig Verwundete von ihren Leiden befreit, wovon einige unter meinen Händen den Geist aufgaben. Das Elend war an diesem Ort so groß, dass es mir schwer werden dürfte, es in seinen wahren Farben zu schildern. In einem Zimmer lagen dreißig bis fünfzig Schwerverwundete reihenweise nebeneinander. Manchmal, wenn ich von Schweiß triefte, wenn ich vor den Rückenschmerzen und Müdigkeit niedersinken zu müssen glaubte, richtete ich mich ein wenig auf, um einige Minuten auszuruhen. Da rief aber hier wieder ein Unglücklicher und flehte um Gotteswillen, ihm doch eilends beizustehen und die brennenden Schmerzen zu lindern; dort lagen andere, denen ich durch Wegnahme der Kugeln und den ersten Verband schon ein wenig Linderung verschafft hatte, und wünschten meine Hand zu küssen und segneten und priesen laut die Mutter, die mich geboren und die Lehrer, denen ich meine Kunst verdankte. Dort kämpften andere ihren letzten Kampf, und schrecklich waren mir Neuling ihr konvulsivisches Zucken, ihr tiefes schmerzliches Stöhnen und ihre letzten Seufzer. Außerdem musste ich noch schaudern vor der kalten Gefühllosigkeit einiger der freilich gezwungenen Krankenwärter. Alles Mitleidsgefühl war in ihnen erstorben, sodass ich sie mit Prügeln musste zur Krankenpflege zwingen, und ihnen durch bewaffnete Janitscharen die Türen versperren lassen.

Abends ziemlich spät, als noch bei hunderten der erste Verband zu machen war, unterlag ich endlich der großen Anstrengung, und ich sah mich genötigt einige Stunden der Ruhe zu pflegen. Viele meiner Helfer hatten schon längst unterlegen und sich ermattet zwischen die Verwundeten auf die Erde gestreckt, von wo sie trotz allem Zureden nicht mehr aufzubringen waren. Diejenigen Janitscharen, welchen der erste Verband schon Linderung verschafft hatte, forderten mich öfters auf doch ein wenig zu ruhen; die anderen hingegen,welche noch nicht verbunden waren, flehten mich in den kläglichsten Tönen an, sie doch diese Nacht noch zu verbinden, indem sie sonst den unsäglichsten Schmerzen unterliegen müssten. Noch einmal versuchte ich das traurige Geschäft, war aber nicht mehr imstande, mich auf den Beinen zu halten, und verließ gänzlich betäubt die Gemächer des Jammers.

Es war abends zehn Uhr, als ich die Krankensäle verließ und während der ganzen Zeit, welche ich in denselben zubrachte, hatte ich nicht erfahren, was außer der Kaserne vorgegangen war. Nun wurde mir aber gesagt, dass der Dei gegen Abend mit allen seinen Ministern, hohen Offizieren und Beamten einen Kriegsrat gehalten sowie auch eine gelehrte Versammlung von allen türkischen und arabischen Ulamas zusammenberufen habe, um sich mit ihnen zu beraten. Das Resultat dieser Versammlungen war, dass der Dei und alle höheren Beamte mehr als dreißig Kuriere mit Briefen versehen in alle Gegenden des algerischen Staates absandten, um die zerstreuten Truppen wieder sammeln zu lassen. Ferner hatte der Divan beschlossen, dass sogleich das Kaiserfort gehörig mit Munition und Proviant versehen werden sollte. Dieses Fort, von den Algierern gewöhnlich Sultan-Kalai oder Burtsch-Ispaniol genannt, ist auf der Landseite von Algier der einzige feste Ort, welchen die Franzosen, wenn sie die Stadt nehmen wollten, passieren mussten. Diese Burtsch-Ispaniol (so genannt, weil ein Teil davon von den Spaniern unter Karl V. erbaut worden ist) liegt südwärts, ungefähr in Kanonenschussweite von der Stadt entfernt, und hat drei aufeinander folgende Batterien von 80 bis 100 Kanonen. An dem Tag, wo die Muselmanen die Schlacht verloren hatten, befanden sich in demselben nur vier Kanonen, ungefähr fünfzig Kugeln und, wenn ich nicht irre, kaum ein ganzer Zentner Pulver, etwa vierzig alte Männer und an Proviant war gar nicht zu denken. Auf Befehl des Divan wurden nun in der Nacht eine große Anzahl Kanonen, Bomben und Kugeln vom Hafen aus dorthin gebracht sowie auch eine ungeheuere Menge Pulver und Proviant und 2000 Mann Besatzung unter den Befehlen des Hassenatschi-Efendi. In dieser Nacht hatte in der Stadt große Tätigkeit geherrscht, die Algierer hatten sich von ihrem Schreck wieder erholt und neu bewaffnet. Mit dem Ruf: *Mutschehidihn-fih-sebih lila* (Wir sind bereit zu sterben, um Gott einen Dienst zu tun) zogen wieder mehrere tausend Einwohner, die Ulamas an der Spitze, vor Tagesanbruch zur Stadt hinaus. An demselben Morgen stießen noch verschiedene Haufen Araber und Kabeïli zu ihnen, sodass sie wieder eine Armee von wenigstens 18 000 bis 20 000 Mann bildeten. Sie gingen den Franzosen entgegen, welche sie noch auf der Ebene Stauli trafen, woselbst sich jene verschanzt hatten. Die Muselmanen vermieden auch sorgfältig, mit den Franzosen im allgemeinen Treffen zusammenzustoßen, sondern suchten ihnen nur durch kleine Scharmützel zu schaden.

Des Morgens begab auch ich mich wieder auf meinen Posten, um der leidenden Menschheit beizustehen, ihr wenigstens mit gutem Willen so viel Hilfe zu leisten, als in meinen Kräften stand. In den Krankenstuben angekommen, erfuhr ich sogleich, dass in dieser Nacht wieder mehrere der Verwundeten gestorben waren. Ich ging nun wieder rasch ans Werk und an diesem Morgen verband ich wieder mehrere hundert Verwundete.

Auffallend ist es mir oft jetzt noch, wie ich mich damals bei meinen geringen Erfahrungen mit solcher Klugheit und Ausdauer benommen hatte. Alle Arten von Verwundungen kamen mir hier vor, das heißt, an allen Teilen des menschlichen Körpers fand ich Schusswunden, welche mir neu und selten waren. So unternahm ich auch an diesem Tag zum ersten Mal das Wagstück einer Amputation, und deren Gelingen rechtfertigte nicht nur meine Verwegenheit, sondern flößte mir auch für immer Vertrauen auf meine Kunst ein. Eine französische Mitraille hatte einem rüstigen Janitscharen die linke Hand so zerschmettert, dass an eine Heilung nicht zu denken war. Ein Kamerad desselben war so vernünftig, um die Verblutung zu verhindern, einen wollenen Mantel, mit Lehmerde gefüllt, um dessen zerquetschte Hand zu wickeln, und in diesem Zustand wurde er zu mir gebracht. Ich erschrak anfänglich über diese Wunde, doch als ich sie gehörig untersucht hatte, und mit mir selbst einig war, was dabei zu tun sei, stellte ich dem Unglücklichen vor, dass er nur durch eine Amputation gerettet werden könne. Dabei bemerkte ich ihm, dass, wenn er es bei der gegenwärtigen heißen Witterung noch einige Tage anstehen ließe, unfehlbar der Brand an seine Wunde kommen würde, wo alsdann sein Leben gefährdet sei. Als er dies hörte, verwünschte er unter heftigem Weinen sein böses Geschick; aber nicht, wie ich erwartete, auch mich und meinen Vorschlag, sondern sagte mit fester Stimme: »Wohlan, Tabip, ich weiß, dass ihr Christen die Kunst versteht, dem Menschen das Leben zu verlängern; ich füge mich daher ganz nach deinem Willen, tu du, was dir die Kunst gebietet; nur das Einzige verspreche mir, dass du so lange, bis ich wieder hergestellt bin,

Algier im 19. Jahrhundert.
Blick von der Zitadelle

täglich zu mir kommst!« Ich versprach ihm dieses und eine gute Pflege dazu; damit ihn aber sein Entschluss nicht gereuen möge, beeilte ich mich, den Apparat zu diesem für mich wichtigen Geschäft schnell zu besorgen, und noch ehe eine Stunde verging, war die Amputation und der Verband vollendet. Von diesem Augenblick an ließ ich ihm die zweckmäßigste und sanfteste Pflege angedeihen. Oft pflegte ich selbst ihn wie ein Kind, denn es machte mir ungemeine Freude, diesen *Carra-Achmed* (schwarzer Achmed), so nannte man ihn, auf diese Weise gerettet zu haben. Aber nicht allein bis zu seiner Herstellung hatte er meine Pflege genossen, sondern auch später bis zu meiner Abreise von Algier, sodass ich überzeugt bin, er werde sein ganzes Leben dankbar der Wohltaten gedenken, welche ihm ein junger Christ erwiesen hat.

Während ich so in meinem Spital beschäftigt war, wurde auch vielfältig aus allen Teilen der Stadt nach meiner Hilfe geschickt. Denn wie ich schon bemerkte, befanden sich noch eine große Anzahl Verwundeter in anderen öffentlichen Gebäuden oder in ihren Harems. Sogar einige Frauen, welche mit dem Heer auf dem Schlachtfeld gewesen waren, bedurften jetzt meiner ärztlichen Hilfe. Es waren größtenteils Weiber, welche schon lange Jahre hindurch die liederlichste Lebensweise geführt hatten, und sich nun mit ihrem Gott und der übrigen Welt dadurch aussöhnen wollten, dass sie mit ledernen Schläuchen voll Wasser auf dem Rücken nach dem Schlachtfeld eilten, um den Durst der streitenden Muselmane zu löschen, ihnen mit ihren Tüchern den Schweiß abzutrocknen und sie durch ihr anhaltendes Klagegeschrei zum Kampf anzufeuern. Doch befanden sich auch edle, treue Weiber und Mädchen darunter, die einzig aus heftiger Liebe und Besorgnis ihren Männern und Vätern dahin gefolgt waren.

Betrübend war mir zuweilen, wenn ich die zahllosen Verwundeten überschaute, der Gedanke, was ich allein zu ihrer Heilung vermöge, der ich nicht nur Mangel an vielen Heilmitteln und Verbandstücken fühlte, sondern auch durch den Gedanken niedergebeugt wurde, ob ich auch die Unglücklichen richtig behandle und mein Verfahren vor meinem Gewissen verantworten könnte. Denn ich hatte das quälende Bewusstsein, dass ich mit vielen Zweigen der Heilkunde noch gänzlich unbekannt war, dass ich durch meine geringen praktischen Kenntnisse den Namen Arzt noch gar nicht verdiente. Dann aber fand ich doch wieder Erholung darin, dass ich den besten Willen hatte, den Unglücklichen zu helfen und dass meine gute Absicht durch einen guten Erfolg belohnt wurde. Ich versuchte und tat alles, was in meinen Kräften stand. Ich behandelte die Verwundeten entzündungswidrig, was mir bei Schusswunden, vorzüglich in jenem heißen Land am besten schien. Den Verband suchte ich wenigstens alle zwei Tage zu erneuern, damit die Wunden frisch und rein blieben, wodurch den Patienten sehr große Linderung verschafft wurde. Ferner sorgte ich für Reinlichkeit in den Krankensälen, für Matratzen oder sonstige Betten, worauf die Kranken sanft ruhen konnten; so wie auch der Dei auf mein öfters wiederholtes Nachsuchen bewilligte, dass den armen Patienten, welche größtenteils Mangel an Weißzeug hatten, von der Regierung Hemden verabreicht wurden. Nicht minder besorgt war ich für eine den Umständen angemessene, zweckmäßige Diät; so wie ich auch äußerst streng darüber wachte, dass die Wächter ihre pflegebefohlenen Patienten mit der größten Sorgfalt und Aufmerksamkeit behandelten. Da aber diese täglich schwieriger wurden, sich am Ende größtenteils weigerten, die Patienten zu pflegen, und sich beständig über meine Ungerechtigkeit beklagten, dass ich sie als arme Leute mit Gewalt in dem Spital zurückhalten und sie zwingen ließ, die Kranken zu pflegen, ohne ihnen weiter etwas zu geben als die Kost; so rührten mich diese billigen Äußerungen, und, von ihrem Recht überzeugt, bewirkte ich beim Hassenatschi-Efendi, dass er einem jeden Krankenwärter täglich zwei *Rubeïe* (ungefähr 26 Xr.) auszahlen ließ. Nun aber hatte ich auch das Recht, auf ihre Dienste Ansprüche zu machen, und versäumte auch nicht, denjenigen von ihnen, welcher seine Pflicht nicht gehörig erfüllen wollte, zu bestrafen. Von allen diesen Anordnungen wäre wahrlich ohne mein Zutun keine einzige ins Leben getreten, denn so weit war in Algier die Kultur noch nicht vorangeschritten. Aber auch sehr bald hatte ich die Freude zu sehen, wie wohltätig die gute Pflege sowohl in physischer als psychischer Hinsicht auf die Verwundeten gewirkt hatte; denn Kranke, die verlassen und ohne Verpflegung sind, versinken in düstere, traurige Schwermut, die natürlich ihre Schmerzen noch um vieles verschlimmert, wie ich selbst die furchtbare Erfahrung gemacht habe; erfreuen sie sich hingegen einer guten liebevollen Behandlung, so vergisst ihr erheiterter Geist leichter die körperlichen Leiden. Es freute mich oft, wenn ich in die Krankenstuben trat, wo ich zuvor stets düstere, traurige Blicke sah und nichts als Seufzer und Klagen hören musste, und wo oft die armen

Verwundeten, zu sehr gebeugt von ihrem Unglück, meine dringendsten Fragen nicht beantworten wollten, und jetzt beim Eintreten meist heitere Mienen sah und viele hundert freudige Grüße und Segenswünsche hörte. »Sei uns gegrüßt«, riefen sie, »du Helfer in der Not! Gott wird dir um des Propheten willen, dessen Angehörigen du pflegst, langes Leben und einst die Seligkeit geben, denn Gott hat dich sicher nur deswegen in die Sklaverei kommen lassen, dass du nun unser Retter bist! Ebenso, wie er auch einst seinen Knecht Jusuf-ben-Israel als Sklaven nach Ägypten kommen ließ, dass er der Wohltäter und Retter vieler tausende werden sollte!« – Jawohl, schon oft hatte ich an die Geschichte des jungen Josef gedacht.

Über zweitausend Verwundete verband ich während dieser fünfzehn Tage in den Kasernen und Harems. Namentlich boten sich mir in den Letzteren die verschiedenartigsten Szenen dar, von welchen ich nur zwei ihres auffallenden Kontrastes wegen als Beispiele anführen will. Nachdem zu wiederholten Malen von einer verwundeten Frau nach mir geschickt worden war, ging ich endlich hin, um der unglücklichen Schönen Hilfe zu leisten. Ich fand sie auf dem Bett sitzend, von vier jungen Mädchen umgeben, welche sich um das Bett gelagert hatten. Die Mädchen waren unverschleiert, die verwundete Dame aber hatte sorgfältig Gesicht und Hals verhüllt, hingegen waren Brust, Arme und Schenkel gänzlich entblößt, sodass mir dieser Anblick beim Eintreten ins Zimmer ungemein auffiel. Auf meine Frage, wer diese Verwundete sei, erfuhr ich, dass dieselbe Vorsteherin eines öffentlichen Hauses gewesen. Als sie mich erblickte, sagte sie mit einem kreischenden Ton: »Ei, bist du der Arzt? Dir fehlt ja, außer deinem bisschen Schnurrbart, gänzlich der ehrwürdige Bart, der doch des Mannes Zierde ist. Gibt es denn auch Ärzte ohne Bart?« »Oh ja«, sagte ich, »ebenso wie es Weiber ohne Scham gibt. Denn dir fehlt ja, außer deinem Schleier, des Weibes größte Zierde, die Scham.« »Ei, sieh doch, er redet ebenso, als wolle er mein Gesicht sehn«, sagte sie und begann ihren Schleier zu lüften. Unwillkürlich fuhr ich zurück, denn so hässlich war mir noch kein Gesicht vorgekommen. Gelb, wie Zitronen, die Augen trüb und eingefallen, die Nase krankhaft spitz und glänzend, die Lippen bläulich, der Mund verzerrt, kurz, alle Laster schienen in diesem Gesicht ihren Sitz aufgeschlagen zu haben. Dazu kam noch, dass auch sie, wie alle Frauenzimmer in Algier, die Augenbrauen und Wimpern schwarz gefärbt hatte, was das Grelle ihres Gesichtes noch um vieles vermehrte. Sie wollte mir nun vieles von ihrer Schönheit und ihren ehemaligen Anbetern erzählen, ich aber fragte kurz nach ihrer Wunde. Sie hatte an ihrer linken Wade einen Streifschuss bekommen, der aber so unbedeutend war, dass ich im Zorn sie schalt, wie sie sich unterfangen könnte, mich um solcher Kleinigkeit willen rufen zu lassen, da durch sie manche Schwerverwundete unterdessen meiner Hilfe entbehren müssten. Hierauf fing sie an zu weinen und sagte, wenn ich sie verließe, so würde sie unfehlbar an ihrer Wunde sterben! Ich aber versicherte sie vom Gegenteil und entfernte mich eilends.

Fünfmal war schon aus einem anderen Harem nach mir geschickt worden und als ich dahin kam, fand ich wirklich die Not größer, als ich mir gedacht hatte; denn der Hausherr, ein junger Mann lag in den letzten Zügen; eine feindliche Kugel hatte ihm auf der rechten Seite das Becken zerschmettert. Als ich ihn genauer untersuchen wollte, sagte er zu mir: »Freund, lass mich ruhig sterben, verschwende deine Zeit nicht unnötig an mir, denn ich fühle schon die Nähe des Todesengels; aber eile hin zu meiner Gattin, um sie womöglich noch zu retten!« Eine Negersklavin führte mich nun in ein anderes Zimmer, wo die junge, achtzehnjährige Frau schwer verwundet auf dem Bett lag. Neben ihrem reinlichen Lager saß ihre weinende Mutter, welche bei meinem Eintritt ins Zimmer eifrig bemüht war das Gesicht der Patientin mit einem Schleier zu verhüllen. »Lass mir doch jetzt den Schleier hinweg!«, sagte die Leidende mit schwacher Stimme. »Der Arzt wird mich sterbendes Weib nicht gierig betrachten und nicht zürnen, dass ich nicht verschleiert bin!« Ich beruhigte sie und sah eine Schönheit, wie sie mich die sanfte melodische Stimme nur ahnen ließ, ein wahres Engelsantlitz, dessen reine, zarte Züge durch den herannahenden Tod noch himmlischer erschienen: orientalische Schönheit mit deutscher Sittsamkeit gepaart. Die jammernde Mutter erzählte mir nun, wie die geliebte Tochter mit der Grube (Schlauch) auf dem Rücken, ihrem Gatten aus heftiger Liebe auf das Schlachtfeld gefolgt war; wie den Geliebten an ihrer Seite eine feindliche Kugel tödlich verwundete; wie sie denselben aus dem Schlachtgetümmel forttragen half, und endlich selbst durch eine Kugel in den Rücken verwundet wurde. Diese Erzählung sowie die ferneren Klagen der trostlosen Mutter durchdrangen tief meine Seele; teilnehmend näherte ich mich der schönen Verwundeten. Sie klagte mir nun, sie fühlte einen schmerzlichen Druck unter dem rechten Arm. Ich untersuchte sie daselbst und gewahrte unter einer schwammartigen Geschwulst mehrere feste Gegenstände. Ich öffnete schnell und fand zwischen zwei Rippen eine Flintenkugel, ferner zwei Stücke von einer zerhackten Kugel und selbst ein wollenes Läppchen, welches von ihrem Mantel mit dem Blei eingedrungen war. Alle diese Gegenstände waren zwischen zwei Rippen fest eingeklemmt stecken geblieben und hatten der Unglücklichen die unsäglichsten Schmerzen verursacht. Sobald dieselben nun fortgeschafft waren, hörten auch alle ihre Schmerzen auf; und freudig zog das junge Weib meine noch blutige Hand an ihre Lippen und dankte mir herzlich, dass ich ihr doch noch einige schmerzlose Stunden verschafft hätte. Ach, wie gerne hätte ich sie retten mögen, aber an eine Heilung war nicht zu denken, indem die Lunge verletzt war. Traurig, dass auch solche Engel sterben müssen, verließ ich die Wohnung, um aus meiner Apotheke den letzten Rest meines Himbeersaftes zu holen, woran sie sich in ihren letzten Stunden laben konnte. Der Name der mutigen Gattin war Elcheïra.

35. Eroberung Algiers

Während ich nun so beschäftigt war, schlugen sich täglich beide Heere mit der größten Erbitterung. Die französische Armee hatte sich bei Stauli und Sidi-Chalif, ungefähr noch vier Stunden von Algier, so verschanzt, dass man glauben sollte, alle fernere Lust, nach Algier zu marschieren, sei ihnen vergangen und niemand von türkischer Seite konnte begreifen, warum die Franzosen nicht weiter gegen die Stadt heranrückten. Die algerische Armee zählte etliche und zwanzigtausend Mann, und stand nunmehr unter den Befehlen der Priester; den Oberbefehl aber führte Mustapha, Bei von Titteri, der mutigste unter allen Generalen des Dei. Er suchte aber jetzt sorgfältig eine Hauptschlacht mit den Franzosen zu vermeiden, schadete jedoch denselben umso mehr, indem er sie stets umschwärmte und sie unausgesetzt durch kleine Scharmützel beunruhigte. Um diese Zeit wurden täglich einige französische Gefangene nach der Stadt gebracht, worunter sich einige Verwundete befanden. Da ich sie ärztlich behandelte, so erfuhr ich von ihnen, dass die französische Armee bloß deshalb nicht vorrücken könne, weil die Schiffe, welche das schwere Geschütz an Bord hätten, noch nicht angekommen seien.

Endlich machten die Franzosen Miene, mit Ernst gegen Algier zu marschieren, und obschon ihnen überall die algerische Armee im Wege stand, gelang es ihnen doch bald durch Mut und geschickte Manöver eine Anhöhe zu erreichen, von welcher sie das Kaiser-Fort beschießen konnten. Auch von der Seeseite her wurde nun mehrere Tage lang die Stadt beunruhigt, indem sich ein Teil der Flotte dem Hafen näherte und Algier beschoss. In der ganzen Stadt war man seines Lebens nicht mehr sicher; pfeifend flogen die Kugeln über unsere Köpfe; viele Häuser wurden so hart beschädigt, dass ich einige derselben mit fürchterlichem Geprassel einstürzen hörte. Massen von Weibern eilten in dieser Bedrängnis wehklagend auf die Terrassen ihrer Häuser, gleichsam, als wollten sie dadurch die französische Flotte um Mitleid und Schonung anflehen. Aber die Kanonade dauerte unaufhörlich fort und wurde von unseren Forts nur schwach erwidert. Aus Furcht vor dem Bombardement hatte der größte Teil der Juden die Stadt verlassen und floh scharenweise auf die Berge, die sich hinter der Stadt erheben. Aber auch dort waren sie ihres Lebens und Eigentums nicht sicher, denn die Janitscharen beschuldigten sie, dass viele derselben des Nachts in das Lager schlichen und den Franzosen nicht allein Lebensmittel zuführten, sondern auch alle Wege zeigten, auf denen sie näher und sicherer die Berge besteigen könnten, auch ihnen alles hinterbrächten, was in der Stadt vorging. Und so fielen eines Tages die Muselmanen grimmig über die verräterischen Juden her, mordeten einige derselben und plünderten die Übrigen.

Auf der Anhöhe, welche dem Kaiser-Fort gegenüber liegt, hatten die Franzosen von großen, mit Erde gefüllten Säcken, die sie zu diesem Zweck aus Frankreich mitgebracht, künstliche Batterien errichtet; und eines Morgens früh, ehe es sich die Türken versahen, wurde das Kaiser-Fort mit etlichen und dreißig schweren Kanonen und Bomben von jenen Batterien heftig und unausgesetzt beschossen. Die Besatzung von einigen tausend Mann, welche mein ehemaliger Herr, der Hassenatschi, kommandierte, wehrte sich äußerst tapfer. Als aber nach einer siebenstündigen Kanonade die Mauern des Schlosses größtenteils zusammengestürzt und wohl die Hälfte der Besatzung gefallen war, befahl der Kommandant, das Feuern einzustellen und das dem Einsturz nahe Fort zu verlassen. Er selbst aber blieb mit einigen Janitscharen zurück, um seinen Plan, den ihm Verzweiflung eingab, mit eigenen Händen auszuführen. Von dem Pulvermagazin dieses Forts an streute er Pulver auf dem ganzen Weg bis an das Stadttor von Algier. Hier angekommen, ließ er durch einen Janitscharen eine Pistole abfeuern, und – nach einigen Minuten flog ein Teil des Kaiser-Forts mit einem furchtbaren Donner in die Luft. Niemand in der Stadt hatte dieses geahnt; umso mehr Furcht und Entsetzen erregte daher diese plötzliche Explosion. Hassenatschi-Efendi aber hatte sich getäuscht: Er glaubte, die ganze Masse des Forts würde auf die französische Armee stürzen und sie zum Teil zertrümmern; allein von den Franzosen war kein Mann umgekommen, nur eine Staubwolke hatte sie eingehüllt, während eine Menge Steine von kolossaler Größe auf die Stadt herabfielen und daselbst mitunter bedeutenden Schaden anrichtete.

Unbeschreiblich war die Wirkung, die dieses Ereignis bei den Einwohnern hervorbrachte. Als das Sausen und Brausen der Steine in der Luft sowie auch alle Kanonade aufhörte, herrschte mehrere Minuten eine Totenstille in der Stadt und Umgegend und es schien, als sei kein lebendes Wesen mehr vorhanden. Auf einmal aber, als sich die Bewohner wieder von ihrer schrecklichen Betäubung erholt hatten, vernahm man durch die ganze Stadt ein dumpfes Klaggeschrei. Viele tausend Verwundete jammerten vor Schmerzen, die Weiber und Kinder eilten auf die Dächer und erhoben ein entsetzliches Angstgeheul. Die Männer liefen verzweiflungsvoll nach der Kassaba, um den Dei zu bewegen, dass er endlich mit den Franzosen unterhandele. Aber nur er schien ohne alle Furcht zu sein, denn stolz wies er seine Untertanen ab, mit den Worten: »Solange die Kassaba noch existiert, wird Hussein-Pascha mit den Franzosen nicht unterhandeln! Und lieber will ich die Kassaba mit der ganzen Stadt in die Luft sprengen, als diesen Schritt tun.« Auf diese energische Sprache des Dei wurde die Not in der Stadt noch größer; auch hatten die Einwohner schon erfahren, dass der entschlossene Dei allen Kommandanten der Forts Befehl gegeben habe, sobald sie sich nicht mehr halten könnten, dem Beispiel des Kaiser-Forts zu folgen. Nun traten aber eilends einige Minister, alle Beamten und Offiziere sowie auch alle Kaufleute und Ulamas zusammen, beratschlagten miteinander, und wurden bald einig, dass man augenblicklich mit den

Franzosen unterhandeln solle. Zu diesem Ende schickte der Marineminister einen Parlamentär mit einer Schaluppe an die eben wieder herannahende französische Flotte. Der französische Admiral aber lehnte alle Unterhandlungen ab, indem er dem Dei sagen ließ sich eilends dem Obergeneral Bourmont, welcher die Landarmee kommandiere, zu unterwerfen, widrigenfalls er das Bombardement sogleich wieder beginnen werde. Endlich gab denn auch der Dei den dringenden Vorstellungen und Bitten seiner Umgebung nach und schickte einen Parlamentär an Bormont ab, der zur Antwort gab, dass es nun für Unterhandlungen zu spät sei, indem sich die Stadt schon so gut wie in französischen Händen befinde; er möge sich daher beeilen sich und die Stadt auf Gnade oder Ungnade zu übergeben. Der Dei schickte hierauf einen zweiten Parlamentär ab, um sich wenigstens einige Garantien für sich und die Stadt geben zu lassen; und drohte zugleich, wenn ihm diese verweigert würden, augenblicklich die ganze Stadt in die Luft zu sprengen. Man denke sich meine Lage! Die Freiheit so nahe, die Lichtseite meines Lebens vor mir und gerade jetzt die furchtbare Erwartung es jeden Augenblick verlieren zu müssen! – General Bourmont schloss aber nun wirklich mit dem Dei eine Kapitulation, der zufolge dem Dei und allen Einwohnern der Stadt Leben und Privateigentum verbürgt sowie auch denselben freie Religionsübung und ihre Harems gesichert wurden. Dagegen mussten die Algierer alle Forts und sonstige festen Plätze sowie alle öffentlichen Gebäude an die Franzosen übergeben.

Als nun des Nachmittags die Kapitulation abgeschlossen war, verstummten die Kanonen und somit war der Krieg beendet. Die französische Flotte besetzte die Reede, die Armee hatte alle Anhöhen inne und lagerte sich rings um die Stadt. Von allen Bergen in der Nähe sah man die französischen Fahnen siegreich wehen und am folgenden Morgen sollte die Armee ihren Einzug in die Stadt halten.

An diesem Nachmittag lösten sich alle Bande der algierischen Verfassung, welche, in älterer Zeit von barbarischen Händen geknüpft, Jahrhunderte hindurch ganz Europa getrotzt hatten. Der Dei und seine Minister verließen ihre Schlösser, um sich in ihre Privatwohnungen zu begeben; alle Beamten und Wachen verließen ebenfalls ihre Posten; die Priester sogar beeilten sich aus den Tschamien in ihre Harems zurückzukehren. Sklaven, welche jahrelang in den Häusern geschmachtet hatten, konnten nun frei in der Stadt umherlaufen: Es herrschte Freiheit und Gleichheit, denn es gab jetzt weder Herren noch Sklaven.

In dieser allgemeinen Verwirrung hatten auch die Janitscharenwachen an meinen Krankensälen ihre Posten verlassen und mit ihnen waren auch die Krankenwärter ausgerissen und so befanden sich meine Patienten gänzlich ohne Pflege. Ich fühlte diesen Verlust umso tiefer, weil ich an diesem Tage noch eine Menge Verwundeter vom Kaiser-Fort erhalten hatte, von denen ich noch zweien das Bein abnahm. Doch ich vertröstete mich und meine Patienten auf den folgenden Tag, wo alsdann, wie ich hoffte, die französischen Chirurgen meine Patienten übernehmen würden. – An diesem Tag stieß ich in einer Straße auf einen jungen, wohlgekleideten Europäer. Erstaunt über seinen Anblick fragte ich ihn, wer er sei, und er nannte sich den Bruder des dänischen Gesandten Karslenzen. Wir sprachen lange miteinander in deutscher Sprache, denn der junge Mann redete unsere Muttersprache sehr gut, damals wohl besser als ich, indem ich seit langen Jahren nicht Deutsch gesprochen hatte, und nun nicht selten die Artikel der, die, das oder ganze Sätze verkehrt aussprach. Der junge Herr Karslenzen, der ebenso wenig als sein Bruder wusste, dass ich mich schon so lange als Sklave in Algier befand, bezeigte mir sein inniges Mitleid und lud mich ein, des andern Tags zu ihm in das Konsulatgebäude seines Bruders zu kommen, was ich auch später häufig tat.

Des Abends spät ließen die türkischen Ulamas alle Janitscharen in einer großen Kaserne versammeln, um sich mit ihnen zu beraten, ob wohl noch eine Rettung für die Stadt möglich sei. Es versammelten sich ungefähr 2000 derselben. Als man lange hin und her beraten und disputiert hatte und doch kein Mittel sah, die Stadt vor den Franzosen zu bewahren, fragte der Mufti-Efendi, ob sich die Menge morgen mit Sonnenaufgang lieber mit den Waffen in der Hand durch die französischen Kolonnen einen Weg ins Innere des Landes bahnen oder die Waffen strecken und sich den Franzosen ergeben wollte. Ein Teil der Janitscharen wählte das Erstere, der größere Teil hingegen das Letztere und hielt sich zu den Einwohnern, welche sich alle Mühe gaben, jenes verzweifelte Unternehmen zu hintertreiben, indem dadurch, wie sie sagten, die Wut der Franzosen noch mehr gereizt würde, wodurch dann leicht ihr Eigentum und das Leben ihrer Weiber und Kinder gefährdet werden könnte. So wurde zum Glück für die ganze Stadt dieser falsche Anschlag des Mufti, wovon der Dei nichts wusste, und der auch gegen alle Bedingungen der Kapitulation war, von den Einwohnern unterdrückt.

36. Die Franzosen in Algier

Des anderen Morgens um neun Uhr, es war am 6ten Juli 1830, erscholl das Freudengeschrei der siegreichen Franzosen und einige Brigaden von der ersten und zweiten Division hielten mit Trommelschall und klingendem Spiel ihren Einzug in Algier. Dumpf und schauerlich tönte die Musik und die Trommeln in den engen Straßen der Stadt, in welcher nie der taktmäßige Fußtritt der europäischen Krieger noch der Hufschlag ihrer Rosse gehört worden war. Erschrocken über den gewaltigen Lärm zogen sich die Frauen und Kinder der Muselmanen tiefer in ihre Harems zurück, während die Männer mit übergeschlagenen Beinen traurig und voller Unmut an ihren Haustüren saßen und die siegestrunkenen Franzosen lustig und fröhlich zwei und drei Mann hoch an sich vorüberdefilieren sahen.

Ich befand mich eben an dem Tor meines Spitals, als ein General mit seinem Stab an der Spitze einer Brigade dahergeritten kam. Er und alle seine Offiziere grüßten freundlich alle Muselmane, an denen sie vorüberkamen, sodass ich viele Türken ganz verwundert sagen hörte: »Seht doch diese Ungläubigen, sie haben uns besiegt und sind dennoch sehr großmütig und leutselig gegen uns. Wahrlich wären wir die Sieger, wir hätten nicht auf gleiche Weise gegen sie verfahren.« – Als der General an dem Spital angekommen war, hielt er ein wenig an, um dessen Bauart zu betrachten. Ich ging zu ihm hin und sagte ihm, dass dieses früher eine Janitscharen-Kaserne gewesen, nunmehr aber der Aufenthalt von ungefähr tausend Verwundeten sei! Erstaunt sah er mich an, aber wie stieg seine Verwunderung, als ich ihm sagte, dass ich der alleinige Arzt dieses Spitals und ein Deutscher sei, der schon seit fünf Jahren in Algier geschmachtet habe. *»Nom de Dieu«*, rief er aus, »vor Ihnen habe ich Respekt!« Er, sowie einer seiner Offiziere, welcher Deutsch sprechen konnte, wünschten mir Glück zu meiner Befreiung, und indem die Brigade heranrückte, sagte er mir, er sei General Damremont und ich möge ihn nachher besuchen in dem mir so wohl bekannten Schloss, wo mein Gebieter, wo ich selbst so lange gewohnt. Ich versprach es ihm und verließ ihn, um meine Blicke nach dem geräuschvollen Hafen zu richten, wo eben sechshundert Kriegs- und Transportschiffe im Begriff waren einzulaufen.

Des Nachmittags ließ mich Hassenatschi-Efendi dringend zu sich in sein Schloss bitten. Er war der Einzige von allen Ministern, welcher bis zur Ankunft der Franzosen auf seinem Posten geblieben war, um General Bourmont den Schlüssel zur Schatzkammer zu übergeben. Als er dieses getan hatte, begab er sich in sein Schloss, fand aber dasselbe bereits durch Franzosen besetzt, denn jener General hatte sich schon mit seinen Stabsoffizieren dahin einquartiert und nicht ermangelt, wahrscheinlich aus Neugierde, mehrere Stuben zu erbrechen. Der Minister war trostlos, als er sah, dass man sein Eigentum nicht achtete und eben nicht auf die rechtlichste Weise verschleuderte. Er protestierte gegen dieses Verfahren, aber man verstand ihn nicht und in dieser Not schickte er einige Mal nach mir. Als ich zu ihm kam, bat er mich inständig, ihm doch zu helfen, dass man ihm erlaube, sein Vermögen fortzuschaffen. »Denn«, sagte er, »wenn sie mein Vermögen nehmen, sollen sie auch mein Leben dazu nehmen, denn was soll ich armer Mann ohne Vermögen ferner anfangen!« Seine Klagen und billigen Forderungen rührten mich und ich beschloss, ihm zu helfen, so gut ich selbst vermochte. Ich ging nun zu den mir schon bekannten Offizieren und reklamierte das Eigentum des Hassenatschi; ich protestierte heftig gegen ihr willkürliches Verfahren; sie wiesen mich aber rund ab. Später jedoch wandte ich mich, unterstützt von mehreren Offizieren, worunter auch einige Deutsche waren, an den General selbst und erinnerte ihn an die Bedingungen der Kapitulation, welche der Dei mit dem Obergeneral abgeschlossen hatte; und hierauf wurde mir die Erlaubnis erteilt den Minister und sein Eigentum hinunter in sein Privathaus transportieren zu lassen. Dammremont ließ nun dem Minister eine Ehrenwache von zwölf Mann geben, welche ihn in sein Privathaus begleiteten. Unterwegs weinte er, bat mich um mein Taschentuch, und gab mir für die Soldaten eine Hand voll Goldstücke. Dann ließ er durch vierzig Lastträger den Rest seines Vermögens, was er nicht schon in seinen Harem geschafft oder durch französische Hände verloren hatte, dorthin tragen und erhielt von der Großmut des Generals die Erlaubnis mit einem jeden Transport einige Soldaten von der Wache als Bedeckung mitzuschicken, ohne welche Vorsicht schwerlich die Hälfte der Gegenstände an den Minister gelangt sein würde; denn man kann sich gar keinen Begriff machen, wie groß die Unordnung bei dem algerischen Straßengesindel war. Freilich hat es dieser brave General nicht umsonst getan! – Als ich später zu Hassenatschi-Efendi kam, war er außer sich vor Freude, weil ich ihm so treulich geholfen hätte, und wohl hundertmal rief er aus: »Ich werde gegen dich dankbar sein, ich werde dich fürstlich belohnen!« Ich freute mich ungemein darüber und fühlte einen gewissen Triumph. Aber bei mir konnte auch unser Sprichwort angewendet werden: Ein blöder Hund wird selten fett. Denn wäre ich damals klug gewesen und hätte mir augenblicklich eine Belohnung ausgebeten, ich hätte ohne Zweifel ein Geschenk von einigen tausend Gulden erhalten; aber Gefühle anderer Art hielten mich davon ab und, Gott sei Dank! Obgleich mich später Mangel drückte, so hat es mich doch nie gereut, dass ich damals so und nicht anders gehandelt habe; und bei den bittersten Vorwürfen, die mir später hierüber vielfältig von Freunden gemacht wurden, konnte ich ganz ruhig sein und ihnen sagen, dass doch in Algier mein Gewissen frei geblieben ist. Wäre der Minister noch längere Zeit in der Stadt geblieben, er hätte sicherlich sein Versprechen gehalten; da aber einige Wochen später eine Verschwörung gegen die Franzosen entdeckt wurde, an deren Spitze derselbe gestanden haben soll, so wurde er, sowie alle übrigen vom Komplott, plötzlich arretiert und mit französischen Kriegsschiffen nach der Türkei geschickt. Somit war mir diese Hoffnung verschwunden.

Auch meine beiden Stuben im Schloss fand ich bei meiner Rückkehr aus den Spitälern erbrochen und alle Gegenstände, womit sie der Minister herrlich hatte ausschmücken lassen, verschwunden: viele schöne Kleider, einiges Geld und allerlei Kostbarkeiten, die mir bei Gelegenheit der Dei durch den Minister überreichen ließ oder mir der Minister selbst geschenkt hatte. Außer den herrlichen, gewöhnlichen Möbeln befand sich in jeder Stube ein kostbarer türkischer Teppich, mehrere große Spiegel von Triest, eine englische Musikuhr und dergleichen. Alle Sachen waren für mich verloren und ich hatte nichts mehr, als was ich auf dem Leib trug. Doch in den ersten Gefühlen meiner Freiheit verschmerzte ich diesen Verlust sehr bald, ja ich kann sagen, dass ich ihn damals nie recht fühlte und freudig rief ich noch einige Mal: »Wohl bekomme es denen, die sich's zugeeignet haben!« Denn ich war ja frei und was bedurfte ich damals mehr. Auch war ein so kleines Vergehen den Soldaten bei einer solchen Gelegenheit leicht zu verzeihen, zumal da dieses herrschaftliche Schloss, als die Franzosen einmarschierten, von allen Bewohnern gänzlich verlassen war. Überhaupt sei es zur Ehre der französischen Nation gesagt, dass sich die Armee während der Einnahme von Algier so edelmütig benommen hat, wie es sich von keiner anderen in ähnlichen Fällen hätte erwarten lassen. Einzelne Vergehen muss man nicht den Soldaten als vielmehr dem Gesindel zuschreiben, das als Marketender mitzog.

Schändlich jedoch benahmen sich außerdem einige vom Korps der Dolmetscher *(Interprêts)*. Zum Glück waren deren nicht viele, denn sie würden ganz Algier ausgeplündert haben. Es waren meistenteils Juden, trugen französische Uniformen und entweihten diese auf die empörendste Art. So ging zum Beispiel einer derselben, ein Jude aus Tunis, mehrmals in die Gärten nahe bei der Stadt, trieb von dort aus mehrere hundert Schafe mit eigenen Händen nach der Stadt, um sie daselbst an andere Juden zu verschachern. Ebenso machte er es mit Pferden und Maultieren. Freilich ging dieses schändliche Gewerbe nur in den ersten Tagen, wo noch alles in der größten Unordnung durcheinander ging, und wo beim Anblick einer französischen Uniform sich die Einwohner verkrochen. – Ein anderer Dolmetscher, ein Italiener, warf eines Tages von dem Dach seines Hauses, das er bewohnte, Pistolen und Säbel in den Hof einer reichen Witwe des ehemaligen Aga-Efendi Jachia. Bekanntlich war Algiers Bewohnern bei großer Strafe verboten, Waffen in den Häusern zurückzuhalten. Der Schurke wusste sich eine Colonelsuniform zu verschaffen und fünfzehn gemeine Soldaten durch Versprechung von zehn Zechinen auf seine Seite zu bringen.

Er drang nun mit diesen in den Hofplatz der Witwe ein und indem er seine vorher eingeworfenen Waffen aufhob, schalt er die Witwe eine Staatsverräterin, weil sie gegen das Verbot der Behörde Waffen in ihrem Haus aufbewahre. Weinend beteuerte sie ihre Unschuld; allein der Betrüger sagte, sie könne sich nur dadurch vom Tod retten, dass sie ihm auf der Stelle 40 000 Zechinen auszahle. Jetzt durchschaute das schlaue Weib die Betrügerei und indem sie vorgab, sie habe nicht so viel im Hause, wolle aber durch ihren Jungen das Fehlende holen lassen, befahl sie diesem leise, zum Obergeneral zu gehen und die Sache anzuzeigen. Dies geschah. Als aber die Patrouille ankam, um die Betrüger zu entlarven, hatten sich diese, die auch die Lunte riechen mochten, schon aus dem Staube gemacht. Allein der Junge behauptete, den Schändlichen aus allen herausfinden zu können, und als zu diesem Endzweck das Dolmetscherkorps versammelt wurde, gab er ihn an; er wurde vor ein Kriegsgericht gestellt, aber seine Strafe durch die Bemühungen des Judenkönigs Bacri dahin gemildert, dass er aus dem Dolmetscherkorps gestoßen wurde.

Am zweiten Tag nach dem Einzug der Franzosen suchte ich bei dem Obergeneral nach, dass man doch die algerischen Verwundeten durch französische Ärzte möchte behandeln lassen; und Bourmont gab sogleich den Befehl, dass von Sidi Ferusch, woselbst sich noch das Hauptspital befand, acht Chirurgen und ein Regimentschirurg nach Algier kommen und die dortigen Verwundeten verbinden sollten. Dieser schnelle und menschenfreundliche Befehl des Obergenerals rettete vielen meiner Verwundeten das Leben. Am anderen Tage kamen die neun Ärzte und mit der größten Freude trat ich an den Regimentsarzt, Herrn Schanbold, meine Stelle ab. Doch blieb ich noch einige Zeit bei denselben, um ihnen sowohl bei dem Verband behilflich zu sein, als auch den Dolmetscher zu machen, welches bei wichtigen Fällen umso nötiger war, weil die Ärzte nicht mit den Patienten sprechen konnten; und was das Schlimmste war, weil die Muselmanen den Franzosen misstrauten. Ich musste daher alle meine Beredsamkeit anwenden, um sie zu überzeugen, dass sie gut und edelmütig von den Franzosen behandelt würden.

Noch drei Tage half ich so den französischen Ärzten, während welcher Zeit ich verschiedene französische Offiziere kennen lernte, vorzüglich den Kommandant vom Generalstab der II. Division, Conrad aus Straßburg, welcher nachher mein Gönner und Wohltäter war, sowie auch Gustav von Montebello, den Sohn des General Lannes, und viele andere, deren Namen ich hier nicht alle nennen kann, die aber stets bei mir in einem freundschaftlichen Andenken fortleben werden. Bei der Armee fand ich auch einige Landsleute, die als Volontäre die Expedition mitmachten. Die beiden vorzüglichsten waren der Prinz Schwarzenberg und Gustav Buch, Adjutant des Herzogs von Sachsen-Meiningen, der bei der ganzen Armee den Namen des braven Sachsen führte, der schönste Mann, den ich sah, im Feld der tapferste und im Umgang in jeder Hinsicht der gebildetste und beste Mensch, den ich auf meinen Reisen kennen lernte. Da er nur Deutsch sprach, so wurden wir bald gut bekannt.

Der Zustand der Stadt war seit dem Einzug der Franzosen wie umgekehrt. Alle Janitscharen, welche nicht verehelicht waren, erhielten Befehl, sich in den Hafen zu begeben, um sich durch französische Kriegsschiffe nach Smyrna bringen zu lassen. Ihre Zahl belief sich auf 2500. Die befreiten Sklaven sah ich zum Teil auf die Schiffe eilen, um ihre Heimat bald wieder zu sehen; andere sich zu den Soldaten in die Kasernen oder Biwaks einquartieren; wieder andere trieben sich in den Judenkneipen herum und wälzten sich dann berauscht auf den Straßen.

Von den Lesern verlangen vielleicht manche, dass ich auch etwas über die weltberühmten Schätze des Dei sagen soll, indem sie voraussetzen, dass ich zufolge meiner langen Anwesenheit in Algier auch wohl viel darüber erzählen könnte. Allein in Algier gab es kein größeres Geheimnis als den Wert der Schatzkammer und ich weiß aus sicherer Quelle, dass außer dem Dei und dem Hassenatschi-Efendi kein Mensch in Algier war, der genau wusste, wie stark der Staatsschatz sei. Dabei muss ich noch bemerken, dass es sogar eine missliche Sache war, sich viel nach dem Staatsschatz zu erkundigen; denn man machte sich dadurch verdächtig, als habe man Absichten darauf. Kein Türke ließ sich je mit mir über diesen Gegenstand in ein Gespräch ein. Alle, die ich darüber fragte, vermieden sorgfältig das Gespräch und am Ende schien es mir, als kenne man in Algier nur zwei wichtige und heilige Gegenstände, den Kur-ahn und die Schatzkammer. Der eigentliche Grund, warum man so geheim damit war, rührte daher, dass man fürchtete, der Sultan oder ein europäischer Fürst möge, von dem reichen Schatz angelockt, Algier bekriegen und den Schatz hinwegführen. Denn ein Morabot hatte es längst schon prophezeit, dass einst eine Macht übers Meer kommen, Algier besiegen und seine Schätze wegnehmen werde.

37. Mein Aufenthalt beim Bei von Titteri

Eines Mittags wurde ich zu wiederholten Malen durch einen Boten zu Mustapha Bei eingeladen, lehnte es aber ab und schützte teils Geschäfte, teils Müdigkeit vor, weil ich nicht wusste, was man mit mir wollte, bis mir endlich ein Pferd geschickt wurde. Der tapfere Bei von Titteri befand sich mit dem Mufti in einer herrlichen kühlen *Kocschke*, eine Viertelstunde vor der Stadt. Freundlich erwiderten beide meinen Gruß und der Mufti, welcher mich schon seit langem kannte, indem er früher nicht selten Hassenatschi-Efendi besuchte, redete mich an. Nachdem er vielfältig meiner Verdienste erwähnt, welche ich mir um die Muselmane erworben hätte, sagte er, der Bei von Titteri sei vom Obergeneral Bourmont hierher berufen worden, um von demselben als Aga-Efendi über den ganzen Staat von Algier anerkannt zu werden. Da derselbe nun einige Leute in seiner Nähe haben müsse, auf die er sich verlassen könne, so habe er mich demselben vorgeschlagen, dass er mich als Schatzmeister, Dolmetscher und Arzt zu sich berufen solle. Obgleich nun dieser Antrag für mich äußerst schmeichelhaft und diese wichtige Stelle höchst einladend sein musste, so drängten sich doch augenblicklich meinem Inneren tausend triftige Gründe auf, die mich bewogen es abzuschlagen. Ich tat es, indem ich beiden Herren für ihr Zutrauen dankte, aber bemerkte, dass ich dieses, bei ihnen so wichtige Amt, nicht annehmen könne. Der barsche Bei wurde ärgerlich, der schmeichlerische Mufti hingegen wurde noch geschmeidiger und beide verlangten meine Gründe zu hören. Da sagte ich zu ihnen: »Nach jahrelangem Leiden ward ich jetzt endlich von türkischer Sklaverei erlöst, die mich so lange vom Vaterland entfernt hielt. Soll ich diese goldene Freiheit nun wieder mit eurer goldenen Sklaverei vertauschen, indem ich abermals mein Schicksal an das eurige knüpfe? Ferner, was euer Schatzmeisteramt betrifft, bei dieser Stelle kann sich ja kein Muselmann lange erhalten und wer nicht schnell als Betrüger oder Dieb davonzukommen weiß, der wird bald das Opfer der Neider oder der Launen des Bei.« Der Bei lachte nun hoch auf, und sagte: »Das können keine Gründe sein, wodurch sich ein braver Mann abhalten lässt ein Amt anzunehmen. Da hätte ich damals, als mich der Dei zum Bei von Titteri machte, mehr Ursache gehabt, es auszuschlagen, allein so weit dachte ich gar nicht und es hat mich auch noch nicht gereut. So nehme auch du nun jenes Amt an, es wird auch dich nie gereuen. Du bist ja nun kein Sklave mehr und wenn du es auch noch wärest, so würdest du dich bei mir doch nicht zu beklagen haben; denn dich ehrte der Muselman auch als Sklave; dafür spricht dein früheres Betragen, wovon mir soeben der Mufti-Efendi vieles erzählt hat. Was deine Furcht vor einem etwaigen

Hugendubel
www.hugendubel.de
Friedensstrasse 23
93053 Regensburg
Tel. 01801/484484

QUITTUNG

Gefangen unter Korsaren
3865032354 7,95 1

Total: 1 7,95 EUR

Bar: 10,00 EUR
Zurück: 2,05 EUR

Typ	MWSt	Netto	Brutto
1: 7,00%	0,52	7,43	7,95

Steuernummer: 614/24504
09.02.2005 16:24:40 266-1-435
001

Vielen Dank für Ihren Einkauf!
USt-Identnr. DE130499587

Sturz betrifft, so ist sie bei mir ganz unbegründet, denn ich habe noch nie einen meiner Beamten ermorden lassen; auf Verleumdung höre ich nie und wenn ich zuweilen zornige Anfälle habe, so geht mir alles aus dem Weg und nachher ist alles wieder in Ordnung, dafür bürgt dir mein fürstliches Wort!« Der schlaue Mufti wandte ebenfalls alle Beredsamkeit an, um mich zu gewinnen; er schwur beim Kopf des Propheten, dass es mir gut gehen werde und schlug endlich dem Bei vor, um mich ganz sicherzustellen, wollte er mir eine Handschrift (eine Art Ferman) geben, die er (der Bei) selbst und der Obergeneral Bourmont unterzeichnen sollten. Dem Bei leuchtete dieses ein und er diktierte ihm also: »Ich Mustafa, Beï von Titteri, habe den freien Vorzeiger dieses als *Hassenadar, Tabip* und *Tertschiman* in meine Nähe gezogen, und verspreche, denselben, solange er bei mir ist, zu ehren und reichlich zu beschenken; so wie auch, wenn er mich wieder verlassen will, denselben mit seinem Eigentum von dannen ziehen zu lassen.« Nun folgte die Unterschrift des Mufti, und da der Bei seinen Namen nicht schreiben konnte, so drückte er sein Siegel auf und an demselben Nachmittag versprachen beide, mit mir in die Kassaba zu reiten, um diese Handschrift auch vom Obergeneral Bourmont beglaubigen zu lassen.

Ich versprach wirklich zu bleiben und barsch, aber doch treuherzig, nötigte mich nun der Bei, meinen vorigen Platz zu verlassen, und mich an seine rechte Seite zwischen ihn und den Mufti zu setzen. Indem ich dieses tat, reichte er mir seine Dose zum schnupfen und sagte mit einem traulichen Ton: »Verdammter Hund, wenn du bei mir bleiben willst, so musst du mir deine *Hotscha-Laflari* (gelehrten Komplimente) weglassen! Du musst immer offen und frei an meiner Seite sein; nur dann, wenn ich heftig werde, rate ich dir dich schnell zu entfernen. Jetzt befiel, dass dir Pfeife und Kaffee gebracht werden!« Ich befahl es und nun tranken der Bei-Efendi, der Mufti-Efendi und der neue Hassenadar-Efendi zum ersten Mal miteinander Kaffee. Während ich nun dem Bei und dem Mufti allerlei erzählte, kamen etliche zwanzig von der Bedienung des Bei, um mir mit einem Handkuss zum Antritt meines Amtes zu gratulieren. Nach der Landessitte zog ich meinen Geldbeutel und schenkte einem jeden von ihnen, bis er leer war; als aber der Bei bemerkte, dass mein Geld nicht hinreichte, sagte er zu den übrigen Dienern: »Nun, ihr Hunde, seid ihr noch nicht bald zu Ende! Lasst jetzt meinen Hassenadar in Ruhe!« Hierauf reichte er mir einen Schlüssel und befahl mir, ein in seiner Nähe stehendes Kästchen zu öffnen und ein Säckchen, mit Dollars gefüllt, zu mir zu stecken. »Denn«, sagte er, »wir wollen nun zum Obergeneral in die Kassaba reiten und da wirst du Geld nötig haben.« Nun musste ich dem Stallmeister befehlen, für den Bei, den Mufti und mich Pferde zu satteln. Am Tor des Gartens befand sich ein Detachement französischer Grenadiere, die der Obergeneral dem Bei zur Ehrenwache gegeben hatte. Als wir an das Tor kamen, trat die ganze Wache unters Gewehr und präsentierte vor dem Bei. Da fragte er mich, was dieses Manöver eigentlich zu bedeuten habe? Auf meine Erklärung freute er sich ungemein und befahl mir der Wache ein Trinkgeld zu geben. Ich reichte dem Leutnant eine Hand voll Dollar mit dem Bemerken sich und der Wache dafür einen fröhlichen Nachmittag zu machen! »Geiziger Hund«, rief der Bei, »du hast ja den Hunden zu wenig gegeben! Willst du jetzt schon sparen? Warte, bis wir ins Innere von Afrika kommen, dort wirst du bei den Arabern schon genug sparen können!« Mit Vergnügen gab ich dem Offizier noch eine Hand voll Dollar und *»Vive le Beï«* riefen die Soldaten. Dann befahl er mir, die Soldaten ein wenig manövrieren zu lassen; endlich wollte er auch, dass sie Feuer geben sollten. Auf meine Vorstellung jedoch, dass dieses auf dem Wachtposten nicht üblich sei, lachte er laut auf und entfernte sich.

Schweigend ritt ich an seiner Seite. Was ist doch mein ganzes Leben, dachte ich; wie hat mich doch schon so wunderbar die allgütige Vorsehung durch labyrinthische Wege geleitet, und wähnte ich mich auch oft gänzlich verlassen, so fühlte ich doch bald wieder ihre väterliche Liebe und selbst an den kalten Pforten des Todes erwärmte mich ihre Güte. Was war ich vor drei Jahren und was bin ich nun? Damals ein armer Sklave und nun ein reicher Herr an der Seite eines Fürsten und was wird noch in Zukunft aus mir werden? Werde ich auch von diesem schlüpfrigen Weg wieder zurück in mein Vaterland kommen? – *»Allach kerrihm!«* (Gott ist reich und gütig!) hörte ich eben den leichtsinnigen Bei zum Mufti sagen, mit dem er sich unterhalten hatte. »Ja«, sagte ich, »du hast Recht, Allach ist sehr kerrihm, das dachte ich eben auch«, und so waren wir an das Stadttor angelangt.

Endlich bei der Kassaba angekommen, verlangten wir eine Zusammenkunft mit dem Obergeneral. Dieser aber ließ uns auf einen anderen Tag bestimmen, indem er sich durch den Tod seines Sohnes, der eben erfolgt war, entschuldigen ließ und unverrichteter Sache langten wir wieder im Garten des Aga an. Am Abend bewirtete ich die Offiziere und Unteroffiziere von unserem Detachement mit Wein, Orangeade und Limonade und brachte mit ihnen in einer Laube einen jener schönen Sommerabende hin, die nur dem Süden eigen sind. Ein wenig später kam der Bei in seinen Mantel gehüllt. Verwundert fragte er mich, wie wir uns unterstehen könnten, in seinem Garten ein Weinfest zu feiern? »Wie kannst du darüber zürnen?«, rief ich. »Wir trinken ja auf deine Gesundheit und lange Regierung« – Und »Es lebe Mustapha Bei!« rufend leerten wir unsere Gläser. Lachend sagte er: »Ich trinke ebenfalls von jeher selbst gern ein Glas Wein, übrigens zu euch möchte ich mich doch nicht setzen; bringe mir daher eine Flasche hier gleich oben an den Brunnen.« Ich trug sogleich zwei Flaschen an den bezeichneten Ort, und obgleich ich mich wieder entfernte, so glaube ich doch versichern zu können, dass sie der Gläubige nicht ausgeschüttet, sondern wahrscheinlich eine Flasche auf seine eigene Gesundheit, und eine andere auf die des Propheten geleert hat. Später habe ich an verschiedenen Abenden selbst mit ihm in Kompagnie getrunken.

Noch einige Worte über den Charakter des Bei. Er hatte ein raues, abstoßendes Äußeres, war aber auch nicht so verschmitzt und heimtückisch wie mein ehemaliger Gebieter, der Hassenatschi-Efendi. Er war in hohem Grad leichtsinnig, dabei aber tapfer, ja selbst tollkühn in der Schlacht. Ein Lüstling jeder Art, verschmähte er dennoch das weibliche Leben im Harem und tummelte sich lieber zu Pferde Tag und Nacht auf der Jagd herum. Wem er einmal sein Zutrauen schenkte, der konnte ihn wie ein Kind nach Belieben leiten und mit ihm spielen. Vom ersten Tag an schenkte er mir sein volles Vertrauen und da ich nie gesonnen war, dasselbe zu missbrauchen und mich bald in seine Launen zu schicken wusste, so kam ich äußerst gut mit ihm zurecht. Mehrmals fragte er mich bei Gelegenheit, was ich von ihm hielt? Ich sagte ihm offen: seinen großen Leichtsinn, heftigen Jähzorn und seine übrigen abscheulichen Leidenschaften abgerechnet, könne man ihn allenfalls unter die mittelmäßig Guten rechnen. »Lieber Hund«, sagte er alsdann, »du hast Recht, du sprichst Wahrheit und ich bitte dich, mach mir recht grobe Vorwürfe, denn ich bin oft ein Narr!« Doch machte ich wenig Gebrauch von diesem Recht, das er mir selbst über sich einräumte; ich hielt beständig eine gewisse Linie zwischen uns beiden und erlaubte mir nie in Gegenwart anderer Diener ihn mit seiner eigenen Münze wieder zu bezahlen. Nur zweimal erinnere ich mich, ihn ziemlich ausgescholten zu haben, einmal auf einem Spazierritt, wo er ungemein über seinen Stallmeister aufgebracht war, weil derselbe ihm statt seines Lieblingspferdes ein anderes satteln ließ, und wo er so heftig wurde, dass er seinen Säbel zog und eben auf den erschrockenen Araber einhauen wollte, als ich zwischen beide sprengte; zum Glück fiel mir ein, die Aufmerksamkeit des Bei auf das schöne Manöver zu leiten, welches die erste Division unter General Berthezène in unserer Nähe ausführte. Er wandte sich schnell dahin und vergaß allen Groll. Nachher aber machte ich ihm die bittersten Vorwürfe über sein Betragen, welche er auch mit der größten Gelassenheit hinnahm und sich selbst mehrmals einen großen Narren schalt.

Fünfzehn Tage brachte ich so recht angenehm bei dem Bei zu, in welcher Zeit ich fast täglich mit demselben oder auch mit französischen Offizieren entweder auf die Jagd oder in die Stadt ritt, wo ich eine Menge deutscher und französischer Offiziere und Ärzte kennen gelernt hatte. Auch unterließ ich nicht, noch öfters den Dei und Hassenatschi-Efendi vor ihrer Abreise zu besuchen.

Der Bei war während dieser Zeit höchst aufgebracht, weil ihn der Obergeneral so lange auf sich warten ließ und beständig mit glatten Worten hinzuhalten suchte. Bourmont hatte nämlich dem Bei versprochen ihn als Aga-Efendi anzuerkennen unter der Bedingung, dass er allen Tribut des ganzen Staates an die Franzosen, so wie ehemals an den Dei, abliefern sollte. Der stolze Bei, welcher dabei weiter nichts beabsichtigte, als nur über die Afrikaner (welche alle vor ihm zitterten) herrschen zu können, war bereit, seinen Harem und seinen Schatz von ungefähr einer Million Dollar (wie er mich selbst versicherte) von Titteri aus nach Algier als Pfand zu bringen. Wahrlich eine große Garantie, und dennoch war Bourmont nicht zufrieden. Er ließ sich von einigen reichen Juden und Mauren, welche Feinde des Bei waren, bereden, und, wie man mit einigem Grund glaubt, auch durch deren Geld bestechen, mit Mustapha Bei zu brechen, und nachdem er denselben lange mit leerer Hoffnung hingehalten hatte, ließ er ihm endlich eines Tages verkündigen, er möge vorläufig Algier und dessen Nähe verlassen, indem man ihm vorerst keine Hoffnung auf die Aga-Stelle geben könnte, weil dieselbe bereits an einen arabischen Kaufmann vergeben sei. Mit Erstaunen sah ich diese Intrige des Obergenerals an und dabei fiel mir nun freilich etwas zu spät ein, dass ich hierbei etwas Wichtiges versäumt hatte; denn ich hätte dem leichtsinnigen, schlichten Bei, der an so etwas auch gar nicht dachte, geraten, dem Verräter bei Waterloo ein kleines Präsentchen von etwa 25 000 bis 30 000 Dollar zu schicken, so würde uns dieses kleine Opfer gewiss die volle Huld und Gnade des Eroberers der Kassaba zugesichert haben. Der schlaue arabische Kaufmann Sidi Hamdan hatte uns den Strauß abgejagt, weil er sein Geld besser zu verinteressieren wusste als wir; doch hatte er auch den verschmitzten Finanzminister des Obergenerals, den Juden Bacri, ganz auf seiner Seite, mit dem er, wie ich hie und da murmeln hörte, im Voraus schon einen Vertrag abgeschlossen hatte, demzufolge der Jude alle Produkte, welche der Aga-Hamdan von den Arabern stehlen würde, verschachern müsse, wobei denn freilich die französische Regierung wenig gewonnen haben würde; und sollte etwa der Obergeneral hinter ihre Streiche kommen, so könnte man ja dem Nimmersatt die Kehle mit Gold stopfen.

Der Bei war über diese Betrügerei wütend und ergoss sich in Schmähungen aller Art gegen den Obergeneral Bourmont. »Nun«, sagte er, »wenn mich die Franzosen nicht als ihren treuen Freund haben wollen, so will ich denn ihr verderbender Feind sein; ich will alles aufbieten, um alle Herzen der Afrikaner gegen dieselben zu stimmen, und ich werde nicht eher ruhen, bis ich mich fürchterlich an den Verrätern gerächt habe für diese offenbare Beleidigung.« Nun befahl er mir, schnell packen zu lassen, um nach Titteri zu gehen.

Ich hatte einen schweren Kampf mit mir selbst. Was sollte ich tun? Sollte ich nun, da sich der Bei selbst zum erbittertsten Feind der Franzosen erklärt hatte, länger bei ihm bleiben und somit selbst ein Feind derselben werden? Sollte ich den, obwohl rohen, aber doch guten Mustapha Bei verlassen, der mir so ganz sein Zutrauen geschenkt hatte und gewiss nicht daran dachte, dass ich ihn verlassen würde? Ich beschloss das Letztere und eilte wirklich gerührt zum Bei, um Abschied zu nehmen. Erstaunt rief er aus: »Willst auch du mich verlassen? Nicht doch, du bist ja mein Freund; du begehst einen Verrat, wenn du mich verlässt und es wird dir nie wohl gehen, wenn du den Freund verrätst!« »Ich gehe«, sagte ich, »ohne dich zu verraten, und danke dir für deine Freundschaft. So sehr ich wünsche, bei dir bleiben zu können, um länger deine Freundschaft zu genießen, so kann ich doch nicht mit meinem Volk brechen.« Er antwortete: »Nun, wenn du mich denn verlassen willst, so gehe hin, aber bald wirst du von meinen Taten hören und es wird dich gereuen, dass du nicht bei mir geblieben bist!« Hierauf ließ ich mir ein Maultier satteln und ritt mit meinem treuen Knecht Hamihd Lochwadi nach der Stadt.

Wie viel hätte ein glücklicher Gedanke bewirkt, der niedrige Gedanke an die Bestechlichkeit eines als unredlich bekannten Mannes. Wie nahe lag er, wie angemessen war er meinem neu übernommenen Amt; aber wie weit stand er zurück hinter den Gefühlen der Freiheit und der Rechtlichkeit, hinter der Erinnerung der überstandenen Leiden und Glücksfälle, hinter den Gedanken in eine neue, weite, unnahbare Zukunft! Wäre Mustapha Oberhaupt des Staates geworden, so war ich sein erster Diener, sein Freund, wahrlich eine glänzende Stelle und wohl verführerisch für einen jungen Mann von kaum einundzwanzig Jahren! Aber der Himmel hatte anders verfügt und gewiss besser. Ich sollte mein Vaterland und meine Freunde wieder sehen!

38. Weitere Vorfälle bis zu meiner Abreise

Ich ging nun in das Schloss des ehemaligen Marineministers, woselbst sich der Generalstab der zweiten Division einquartiert hatte. Bei diesem befanden sich meine nachherigen Freunde und Gönner, der Kommandant Conrad aus Straßburg und Buch, unser braver Sachse. Der edle Conrad sorgte nun für mein Unterkommen, da aber in

Die Große Moschee in Algier

diesem Schloss kein Raum mehr für mich war, indem zu viele Stabsoffiziere daselbst logierten, so musste ich mich in einem an das Schloss grenzende Haus einquartieren; die Tafel jedoch hatte ich im Schloss mit den Offizieren gemein.

Als ich den Bei verließ, bestand meine ganze Barschaft an Geld in zehn Dukaten aus dem kleinen Tresor des Bei, wenn ich diese dem Bei hätte zurückgeben wollen, würde er mir gewiss noch ein Geschenk dazu gegeben haben. Derselbe hatte mir auch früher eine kostbare mit Gold besetzte Kleidung gegeben, sodass ich deren nun wieder zwei besaß. Übrigens musste ich auch während der Zeit einen für mich bedeutenden Verlust erleiden, der mir freilich der Vorbote eines weit größeren sein sollte. Diebische Hände nämlich raubten mir eine Dose von Elfenbein, stark mit Gold beschlagen, an Wert ungefähr achtzehn Dukaten. Sie war ein Präsent vom ehemaligen Hafenkapitän, dessen Eidam ich in Folge einer Schusswunde behandelt hatte, und ihr Verlust schmerzte mich um so mehr, da es das Einzige war, was ich auf diese Weise bekommen hatte.

General Damremont ließ mir durch seinen Regimentsschneider vom neunundvierzigsten Regiment verschiedene europäische Kleider machen und die Stabsoffiziere, vorzüglich die zwei braven Landsleute Conrad und G. Buch, versahen mich hinlänglich mit Wäsche, sodass ich nun imstande war, meine türkischen Kleider zu verkaufen; und obgleich ich sie um einen äußerst billigen Preis ließ, so löste ich doch 1400 Francs daraus. Die Hälfte dieser Summe brachte ich sogleich meinem Gönner, dem dänischen Gesandten, Herrn Karslenzen, und dieser gab mir einen Wechsel auf das Haus Fressinet in Marseille. Die andere Hälfte, meist aus spanischen und italienischen Goldstücken sowie auch aus allerlei afrikanischen Münzsorten bestehend, gedachte ich mit nach Europa zu nehmen, zu welchem Ende ich sie in meiner Wohnung aufbewahrte. Außerdem gehörten noch zu meinem Vermögen die beiden Maultiere, auf denen ich und mein braver Knecht aus dem Garten des Bei geritten waren. Ich schenkte sie diesem jungen Lochwadi, der mich schon drei Jahre bedient hatte und nun wünschte, seinen alten Vater daheim wieder zu sehen. Aus den Geschenken, die ich ihm früher im Schloss des Hassenatschi machte, hatte er sich gegen 200 fl. erspart und diese Tiere hatten für ihn in seiner Heimat einen größeren Wert als für mich.

Einige Freunde rieten mir nun, mich um eine Kommissärstelle bei einer Verwaltungsbehörde zu melden, zumal da ich die türkische und arabische Sprache ziemlich geläufig sprechen könne. Kommandant Conrad bewarb sich selbst für mich und bei der Administration, welche die Weizenmagazine verwaltete und unter dem Direktor Frossart stand, wurde mir eine solche angeboten mit einem monatlichen Gehalt von 150 Francs und Offiziersration, welche in Wein, Weißbrot, Fleisch und Reis bestand. Ich wollte sie annehmen, allein Conrad und mehrere andere waren dagegen. Sie meinten, ich habe nicht Ursache, mich hierin zu übereilen, indem mir vorerst nichts mangele, ich solle es abwarten, bis sich eine Stelle von 5 bis 600 Francs monatlich darbieten würde, deren bald mehrere vakant würden. »Denn«, sagten sie, »jetzt ist der Zeitpunkt, wo Sie eine gute Anstellung erwarten dürfen; wenn aber wir, Ihre Beschützer und Freunde, nicht mehr in Algier sind, so wird es Ihnen schwer werden, von der Stelle von 150 Francs zu einer solchen von 500 bis 600 Francs zu avancieren; denn jetzt kennt man Sie und interessiert sich für Sie und vorerst haben die Franzosen noch nicht die Landessprache gelernt, später aber ändert sich alles dieses und Sie sitzen hintenan.« Ich war vollkommen mit ihnen einverstanden und beschloss es ruhig abzuwarten.

Während dieser Zeit besuchte ich oft den dänischen Gesandten und dessen Bruder, wo ich stets mit herzlicher Freude aufgenommen wurde. Der Gesandte war ein äußerst humaner Mann und bedauerte oft, dass er von meinem langen Aufenthalt in Algier nichts erfahren hätte, er würde mich gewiss befreit haben. Kommandant Conrad selbst war gerührt von den Freundschaftsbezeugungen, die mir in diesem Konsulatsgebäude zuteil wurden, und war geneigt diese edlen Menschen kennen zu lernen. Später war ich wirklich so glücklich, ihn bei einer günstigen Gelegenheit dort einzuführen, und auch er fühlte sich sehr bald dort einheimisch. Es war damals in Algier für einen Offizier ein sehr großer Gewinn, wenn er in einem solchen traulichen Familienkreis von so guten Menschen Aufnahme fand. Denn nach vielen Mühseligkeiten und Kriegsgefahren konnten nun freilich die tapferen Krieger ausruhen; da aber die Stadt den Lebenslustigen wenig Vergnügen darbot, so wurden sie bald von schrecklicher Langeweile geplagt. Den Tag über war bei einer Hitze von 38 bis 40 Grad *(Reaumur)* an einen Spaziergang nicht zu denken, und wollte man dieses des Morgens oder Abends versuchen, so war man dem Überfall der Araber ausgesetzt, welche beständig umherschlichen und mord- und raubgierig manchen Franzosen ermordeten. Wollten die Offiziere nicht in den dunkeln und schmutzigen Straßen umhergehen, so blieb ihnen nichts übrig, als sich in ihren Wohnungen oder auf den Terrassen durch allerlei Spiele zu unterhalten und die übrige Zeit außer dem Essen mit Schlafen hinzubringen.

Fast täglich besuchte ich auch den Prinzen von Schwarzenberg in der Kassaba, der mir im Umgang aber mehr wie ein freundschaftlicher bürgerlicher Landsmann vorkam als wie ein so hoher Prinz. Plötzlich kam die Nachricht von den Julitagen und als ich an einem Morgen zu ihm wollte (um mit ihm einige, für uns beide wichtige, Geschäfte abzumachen), war er in der Nacht abgereist.

Als die Nachricht von den Vorfällen in Paris bekannt wurde, erregte sie bei der ganzen Armee die größte Freude, und unter dem Donner der Kanonen aller Forts und aller Schiffe wurde die dreifarbige Fahne aufgepflanzt. Selbst die Frauen der Einwohner, welche sich eben auf den

Dächern befanden, bezeigten ihre Freude darüber; denn unter Händeklatschen riefen sie: »Die bunte Fahne ist schöner als die weiße!« Mit dem Untergang der weißen Flagge hatte auch das Kommando des Marschall Bourmont sein Ende erreicht und General Desprez, ehemals General vom Stab, übernahm provisorisch das Kommando der Armee, bis bald nachher der neue Oberbefehlshaber Clauzel aus Frankreich anlangte. Um diese Zeit kam die Escadre von sechs Kriegsschiffen und 4000 Mann Landungstruppen, welche unter General Damremont nach Bona geschickt worden war, von daher zurück. Damremont wusste noch nichts von der Julirevolution, führte noch die weiße Flagge an Bord und war nicht wenig erstaunt in ganz Algier die dreifarbige Flagge zu sehen. Die Escadre legte außerhalb des Hafens bei und traute nicht hereinzusegeln. Der Admiral und der Hafenkapitän schickten ihr jedoch sogleich Schaluppen entgegen, welche sie mit dem Vorgang der Sache bekannt machten und sie aufforderten, die Flagge der Bourbons zu streichen, was denn auch sogleich geschah.

In Algier selbst herrschte übrigens große Not, sowohl unter der französischen Armee als auch unter den Einwohnern; denn die Soldaten konnten weder das Klima noch die zum Teil schlechten Lebensmittel, als Kräuter, Südfrüchte und dergleichen vertragen. Dazu kamen noch bei der großen Hitze die ungeheuren Anstrengungen, denen sie sich beständig unterziehen mussten, dabei ihre schlechten Wohnungen, indem der größte Teil der Armee wegen Mangel an geräumigen Lokalen vor der Stadt unter Zelten oder elenden Baracken aus Reisern biwakieren musste, und so der Hitze des Tages und den kalten und äußerst schädlichen Reifen der Nacht ausgesetzt war. Infolgedessen wurde ein großer Teil von der Ruhr befallen, woran auch mehrere tausend starben.

Die Organisation der Stadt war für die Franzosen eine schwierige Aufgabe und trotz aller Bemühungen der Behörden konnten sie dieselbe nicht zustande bringen.

Überall stieß man auf Missverständnisse, überall auf Fehler und indem man die Sitten, Gebräuche und Sprache der Einwohner nicht verstand, behandelte man sie einmal zu streng, das andere Mal zu gelinde, wodurch denn unter denselben die Unordnung allgemein wurde. Zu diesem kam noch die große Teuerung der Lebensmittel, sodass unter vielen eine Hungersnot herrschte, welcher auch der elende arabische Kaufmann, der nunmehrige Aga-Efendi, nicht abhelfen konnte. Diese Not rührte beinahe ganz allein von Mustapha Bei her; denn mit einer bedeutenden Armee umschwärmte er in einer Entfernung von einigen Meilen die Stadt und drohte sogar dieselbe zu überfallen. Er hatte eine Zeit lang allen Afrikanern bei Todesstrafe verboten Lebensmittel in die Stadt zu bringen, und alle Unterhandlungen und Bemühungen von Seiten der Franzosen und Stadteinwohner waren fruchtlos geblieben. Dieses war die Rache meines schwer beleidigten Freundes!

Mehrere Stabsoffiziere, worunter auch unser braver Sachse, kehrten jetzt nach Europa zurück und somit blieben einige Zimmer im schon erwähnten Schloss unbewohnt. Der Chef des Generalstabs, mein alter Freund Conrad, forderte mich nun auf mich zu ihnen ins Schloss einzuquartieren. Mit Vergnügen leistete ich Folge und obgleich ich in meinem alten Quartier recht bequem wohnte, so hatte ich doch weniger Unterhaltung als im Schloss. Hier blieb ich nun bis zu meiner Abreise, aber zum Abschied von Algier musste mich das Unglück noch einmal heimsuchen. Mein chirurgisches Verbandzeug, die Instrumente alle von Silber, einen Wechsel von 700 Francs und ferner 700 Francs in barem Geld hatte ich in einem Wandschrank liegen. Eines Tages fand ich denselben erbrochen und daraus die Börse mit den 700 Francs entwendet, während das Verbandzeug und der Wechsel liegengeblieben waren. Alle Offiziere unseres Schlosses waren äußerst aufgebracht, als sie meinen Unfall erfuhren. Die ganze Dienerschaft, welche zum Teil aus Franzosen,

Mauren und Negern bestand, wurde streng examiniert und alle ihre Effekten untersucht, allein vergebens, man fand nirgends eine Spur von dem Entwendeten. Unser Verdacht fiel am meisten auf zwei Neger und einen Mauren, welchen letzteren ich schon öfters durch mein Wohlwollen mir verpflichtet hatte. Einige Offiziere wollten in der ersten Hitze die drei Verdächtigen durch die Bastonade zu einem Geständnis zwingen; allein da vorauszusehen war, dass bei diesem Verfahren wenigstens zwei von ihnen unschuldig leiden müssten, wo es uns dann schwer halten würde, ihnen ihre unverschuldeten Leiden zu vergüten, so erklärten Conrad und ich uns dagegen. Das Geld war und blieb für mich verloren, und obgleich man mehrere Wechsler und Juden auf die drei Verdächtigen, sowie auch auf die Münzsorten aufmerksam gemacht hatte, so war doch nichts zu entdecken. Einige Freunde wollten mich über meinen Verlust trösten, waren aber erstaunt, als sie sahen, dass ich ihren Trost nicht so sehr nötig hatte; denn lange schon von teilnehmenden Freunden entfernt, hatte ich mich bei allen mich betreffenden Unfällen daran gewöhnt, mich selbst zu trösten; und was den Verlust selbst betrifft, der allerdings für mich fühlbar sein musste, so könnte ich doch nicht sagen, dass ich darüber getrauert hätte.

Geraume Zeit hatte ich nun schon vergebens auf eine gute Anstellung gewartet, als mich auf einmal der Gedanke, in die Heimat wieder zurückzukehren, unwiderstehlich hinriss. Anfangs wollte ich ihn unterdrücken, aber er wurde mir immer süßer, immer dringender und mächtiger; er nahm mich ganz hin und alle anderen Gedanken flossen in ihm zusammen. Endlich teilte ich meinen Entschluss dem Kommandanten Conrad mit, und, wie ich schon vermutet hatte, er erklärte sich augenblicklich dagegen, und gab sich alle Mühe mich von diesem Entschluss abzubringen. Er malte mir das künftige Leben in Algier mit den schönsten Farben und suchte das jetzige Leben in Europa als äußerst bedrückt darzustellen. Aber er verfehlte seinen Zweck, denn der Entschluss hatte bei mir schon zu tiefe Wurzel gefasst und nichts in der Welt hätte mich davon abbringen können. Der Gedanke, dass ich nun frei sei, dass ich ungestört in mein Vaterland zurückkehren könne, nagte Tag und Nacht an meiner Seele. Meine Bekannten belachten meine Torheit und bemühten sich mich davon abzubringen; aber je mehr sie mich heilen wollten, desto schlimmer wurde mein Zustand. In kurzer Zeit zehrte mein Körper ab, wie ein Gerippe, und ich hatte das Ansehen einer Leiche. Endlich wurde meine Lage meinen Bekannten selbst bedenklich und der edle Freund Conrad, stets besorgt um mein Wohl, drang nun selbst auf meine Abreise. Er ging zum Obergeneral Clauzel und erwirkte mir eine Akte oder ein Patent, mit welchem ich auf französische Kosten im Rang eines Offiziers nach Europa zurückkehren konnte. Der ehemalige französische Gesandte Herr Devall sowie auch der dänische Gesandte Herr Karslenzen, versahen mich mit den nötigen Zeugnissen und Empfehlungen und am 16. September 1830 war ich reisefertig, um am Abend desselben Tages an Bord der französischen Korvette »Lybio« zu gehen.

Unter Abschiednehmen von meinen Bekannten war schnell der Tag verstrichen. Abends sechs Uhr, als ich mich eben zum letzten Mal an die Tafel des Generalstabs setzen wollte, rief mich Conrad auf seine Stube und überreichte mir ein Paketchen mit den Worten: »Nehmen Sie diese Kleinigkeit hin ohne Scheu, Sie befinden sich eben unwohl und um Ihre Reise bequemer zu machen sowie auch Ihnen einen Beweis zu geben, dass wir Ihre Gefälligkeiten, die Sie manchem von uns erwiesen, nicht vergessen haben, übergebe ich Ihnen im Namen von achtzehn unserer Stabsoffiziere, die alle Ihre Freunde sind, diese kleine Summe von 231 Francs. Sie machen mir ein Vergnügen, wenn Sie diese annehmen und meine Absicht nicht verkennen. Die Franzosen hätten Ihnen billig mehr tun sollen, als wirklich geschehen ist; doch dass so manches unterblieb, ist meine Schuld nicht, und hätten Sie sich in der letzten Zeit brav gehalten, das heißt, wären Sie nicht krank geworden, so wäre bestimmt für Sie als unseren befreiten Sklaven gesorgt worden. Nun eilen Sie mit Gott in Ihre Heimat; sollten Sie aber später allda Ihre Existenz nicht gesichert sehen, so rate ich Ihnen, wieder zu mir zu kommen, Sie werden ja leicht ausmitteln können, wo der alte Kommandant Conrad steckt.« Innig gerührt nahm ich diese Summe an, ich konnte kaum Worte finden meine Gefühle auszudrücken; denn der Edelmut und die zarte Schonung des ehrwürdigen Mannes setzte mich in Erstaunen und vermehrte die Summe in meinen Augen um das Hundertfache. »Sie müssen es nicht allzu hoch anschlagen«, sagte Conrad, *»c'est la manière française*, auf diese Weise helfen sich nicht selten die Offiziere untereinander selbst, und als ich im Jahr 1813 aus Russland nach Frankreich reiste, erhielt ich ein ähnliches Reisegeld.« Wir gingen nun zur Tafel zurück, und der *Intendant militaire*, Herr Behagel, gab zum Abschiedsschmaus einige Flaschen Champagner zum Besten.

Endlich war die Zeit genaht, wo ich mich von dem Schloss und seinen braven Bewohnern trennen sollte. Man ließ meinen Mantelsack mit den wenigen Effekten in den Hafen bringen und acht meiner Freunde begleiteten ihren befreiten Sklaven dahin. Von den Zurückbleibenden nahm ich den rührendsten Abschied. Auch der edle Conrad war bei den Letzteren; in dem Auge dieses Soldaten, der schon 25 Jahre gedient hatte, sah ich eine Träne, als er mir sagte: »Es ist mir, als sähe ich Sie Ihrem Unglück entgegengehen, doch von Deutschland aus schreiben Sie mir oder meiner Familie in Straßburg.« Ich versprach es ihm und tat es auch später. – Im Hafen angelangt, fiel mir die Trennung von den mich begleitenden Freunden äußerst schwer und mit den Tränen der Dankbarkeit gegen die Freunde bestieg ich die Schaluppe, die bereit war mich an Bord zu bringen. Sicard, ein junger Kapitän vom Generalstab aus Paris, welcher mehrere Jahre in Göttingen und Heidelberg die Rechte studiert hatte, begleitete mich noch bis auf das

Schiff. Während wir dahinfuhren, konnte er dem heftigen Schaukeln der Schaluppe nicht länger widerstehen und wurde von der Seekrankheit befallen. »Armer Freund«, sagte ich ihm tröstend, »du wirst hart gestraft für deine Freundschaft; wärest du am Lande geblieben!« »Das tut nichts«, sagte er, sich den Schweiß wischend, »ich freue mich dennoch dich begleitet zu haben.« Als wir an Bord kamen, fanden wir den Kapitän mit seinen Offizieren auf dem Verdeck, bei ihnen befanden sich noch sieben andere Herren, welche als Passagiere die Reise mitmachten. Man empfing uns herzlich, und augenblicklich waren wir gegenseitig miteinander bekannt. Nachdem Freund Sicard ein wenig verweilt und mich den anwesenden Offizieren empfohlen hatte, schied er ganz stillschweigend von mir, sein Händedruck aber sagte mir die Gefühle seines Herzens.

39. Reise und Aufenthalt in Marseille. Schluss

Der Tag hatte sich geneigt und die untergehende Sonne beleuchtete nur noch schwach die höchsten Gipfel des Atlas, ein sanft kühlender Abendwind erquickte die von der Tageshitze lechzende Natur. Um mich her war es still geworden, die meisten Matrosen hatten sich zur Ruhe in ihre Hängematten begeben, um recht ausschlafen zu können, weil des anderen Morgens um drei Uhr die Anker gelichtet werden sollten. Nur die Schildwachen und einige Seeoffiziere gingen noch auf dem Verdeck auf und nieder. Die Wellen plätscherten spielend an dem sich sanft bewegenden Schiff und von Zeit zu Zeit hörte ich wieder das mir wohl bekannte Knarren der Masten und Rahen.

Beseelt von den seltsamsten Gefühlen stand ich an der Schiffswandung, welche dem Land zugekehrt war. In der Abenddämmerung sah ich die Stadt mit ihrer schönen Umgebung vor mir ausgebreitet daliegen und noch einmal überschaute ich alles das im Geiste, was ich in ihr erlebt hatte. Lange hatte ich mich in Erinnerungen und Gedanken vertieft, als ich endlich bemerkte, dass die Nacht alle Gegenstände um mich her gänzlich verhüllt hatte, und mit dem herzlichen Wunsch, dass die rohen Einwohner der vor mir liegenden Räuberstadt recht bald gute, zivilisierte Menschen werden möchten und dass es den zurückbleibenden Franzosen wohl ergehe, verließ ich das Verdeck und ging in die Offizierskajüte.

Hier traf ich in heiterer Laune eine Gesellschaft von 15 Personen an, von denen einige spielten, andere hingegen, bei einem Glas Wein sich traulich unterhielten. Ich gesellte mich zu ihnen, bis man sich allgemein zur Ruhe begab. Am anderen Morgen weckte mich beim Alarm der Donner des Tagschusses. Alles wurde nun lebendig; ich eilte auf das Verdeck, von wo aus man schon die Sonnenstrahlen aus dem Meer hervorbrechen sah. Als die Anker gelichtet und die Segel von einem günstigen Wind angeschwellt waren, eilte das Schiff schnell und unaufhaltsam aus der Reede von Algier. Es war mir so wohl und so wehe zugleich, als ich dieses Schmerzensland, wo schon viele tausende ihre Tränen geweint und Seufzer ausgehaucht haben, hinter mir hatte. Der freudige Gedanke, bald wieder meine Heimat, meine Brüder und Freunde zu sehen, durchwogte meinen Busen und nur wer sich in gleicher Lage befand, kann den Drang meiner Gefühle nachfühlen.

Witterung und Winde waren äußerst günstig, sodass wir auf ein schnelles Ende unserer Reise schließen konnten. Da aber eine Seereise, wie ich schon oft erwähnt habe, sehr einförmig, ja nicht selten langweilig ist, so suchten wir durch Spiele und Erzählungen aller Art die Zeit so viel wie möglich zu verkürzen. Wer uns den meisten Spaß machte, war eine höchst merkwürdige Dame, welche ebenfalls als Passagier die Reise nach Frankreich mitmachte. Sie ließ sich Madame Genetti nennen, übrigens wurde sie von den Offizieren *la première danseuse de l'armée d'Afrique* genannt. Sie zeichnete sich besonders durch die Pracht ihrer Kleider aus, hatte deren sieben von Seide, von denen sie täglich ein anderes anzog, und trug beständig eine Gazehaube mit einem Bouquet. Sie war, wie sie mir sagte, in Frankreich geboren, in Berlin aber erzogen worden. Später heiratete sie den (wie sie sagte) berühmten Schauspieler Genetti; was aus ihm geworden ist, davon schweigt die Geschichte; übrigens zog sie als Schauspielerin und Tänzerin (in welchen Künsten sie, wie wir später alle in Marseille sahen, sehr viel leistete) in ganz Europa umher. Wie selbst ihre Papiere beweisen, war es ihr eine Kleinigkeit, von Moskau nach Madrid, von da nach Konstantinopel, und so wieder über London und Paris nach Neapel zu reisen. Sie konnte die französische, deutsche, englische, italienische, spanische und griechische Sprache sehr geläufig und im besten Dialekt sprechen. Der Drang zu reisen war bei ihr, wie sie selbst sagte, zur Leidenschaft geworden und infolge dieser reiste sie auch nach Algier, wo ich sie auch früher mehrmals gesehen hatte. Diese Dame, die einzige ihres Geschlechts an Bord, gewährte uns täglich auf dem Verdeck durch ihre kunstvollen Fandango- und Balletttänze die größte Belustigung. Öfters gab sie uns durch ihre Eitelkeit und ihr affektiertes Benehmen reichlichen Stoff zum Lachen. So fragte sie mich eines Tages, indem sie Busenflor und Haubenbouquet gehörig in Position setzte: *»Eh bien, Monsieur Algerien!* Was glauben Sie wohl würde der Dei mit mir angefangen haben, wenn ich als Sklavin in seine Macht gefallen wäre?« »Er würde Sie wahrscheinlich als ein kostbares Geschenk dem Großherrn übersandt haben«, sagte ich. *»Corpo di Dio«*, rief sie aus, »da wäre ich unfehlbar Beherrscherin der Gläubigen geworden! Für diese Nachricht will ich Ihnen nun auch einen Fandango tanzen.« –

Auf der ganzen Reise fiel wenig Außergewöhnliches vor. Am 22. kamen wir vor Toulon an, wo aber das Quarantänelazarett so überfüllt war, dass wir nach Marseille segelten, wo wir denn, durch ungünstige Winde gehindert, erst am 25. ankamen. Dort mussten wir uns im Lazarett einer fünfzehntägigen Quarantäne unterziehen. Wir acht Passagiere in Offiziersrang wurden auf unser Verlangen zusammen in einen geräumigen Saal einquartiert. Wir lebten hier recht bequem und außer der Freiheit blieb uns nichts zu wünschen übrig. Obgleich aber mehrere geräumige Höfe und Gärten da waren, wo man spazieren gehen konnte, so war dieses doch ziemlich mit Umständen verknüpft, denn wo man hinging, musste man einen Wächter bei sich haben, der Acht gab, dass man keinen anderen Menschen oder sonstige Gegenstände, als Waren und dergleichen, die nicht zu unserer Gesellschaft gehörten, berühre. Geschieht dies, so muss man sich gefallen lassen, mit denselben die Quarantäne auszuhalten, und so kann der Fall eintreten, dass man fünfzehn bis zwanzig Tage länger Quarantäne halten muss. Nachdem ich mich so lange Zeit in dem heißen Afrika aufgehalten hatte, wollte sich meine Natur nicht recht an das europäische Klima gewöhnen; obgleich Marseille noch ziemlich weit südlich liegt, so ist es daselbst doch bei weitem kälter als in Algier, zumal damals, wo wir bereits schon weit im September vorgerückt waren. Ich fror beständig und fing bald an, die Veränderung des Klimas und der Lebensweise so stark zu fühlen, dass ich mich im Bett halten musste. Die Ärzte vom Lazarett waren über meinen Zustand keineswegs einig, denn der eine meinte, ich hätte in Afrika die Leber verbrannt und müsse sterben; der andere glaubte, ich würde die Gelbsucht bekommen, der dritte aber sagte, ich hätte ein rheumatisches Gallenfieber. Dieser hatte es getroffen und ich musste ihm beipflichten; denn obschon mein Zustand nicht so ganz beruhigend war, so fühlte ich doch zu gut, dass ich mich bald wieder erholen könnte, und ich sah ein, dass sich bei einer ruhigen, vorsichtigen Lebensweise meine junge Leibeskonstitution doch endlich wieder an das nördliche Klima gewöhnen würde. Dienliche Heilmittel, eine treffliche Pflege und meine eigene Vorsicht brachten mich tags vor der Beendigung unserer Quarantäne wieder auf die Beine, und niemand konnte froher sein, als meine Reisegefährten, deren Quarantänezeit im Fall, dass ich, statt zu genesen, hinübergesegelt wäre, sich um fünfzehn Tage verlängert hätte. Für den Gefallen, den ich ihnen dadurch erzeigte, dass ich nicht starb, wollten mich die gutherzigen Franzosen mit einigen Flaschen Malaga regalieren.

Der fünfzehnte Tag nach unserer Ankunft im Lazarett gab uns also endlich die Freiheit wieder, und hocherfreut entfernten wir uns aus demselben. Vor dem Tor mussten wir uns trennen, ein jeder zog seine Straße; der eine nach Paris, der andere nach Bordeaux, wieder andere nach Lyon und Toulon, und mehrere blieben in Marseille. Unter den Letzteren befand sich ein *Capitaine-Interprêt*. Dieser, ein feiner, gewandter Mann, hatte mich mehrere Male dringend eingeladen, mit in sein Haus zu gehen und einige Zeit bei ihm zu verweilen. Ich dankte ihm ganz verbindlich für dieses Anerbieten und sagte, vorerst würde ich mich in ein Gasthaus begeben, von Zeit zu Zeit ihn aber besuchen. Dagegen protestierte er heftig, und sagte, ich sei ihm von meinem Freund, *Capitaine Sicard*, speziell anempfohlen worden und er würde nie zugeben, dass ich mich als Rekonvaleszent in einem Hotel einquartierte; während ich in seinem Haus bei seiner *bonne famille* die herzlichste Pflege genießen würde, und je mehr ich mich entschuldigte, desto mehr drang er in mich, mit ihm zu gehen, sodass ich endlich genötigt ward einzuwilligen. Ein anderer Reisegefährte, ein Kapitän vom 48. Regiment, der in diesem Augenblick mit seiner Frau, die gekommen war, um ihn abzuholen, neben mir stand, sagte mir nun, dass auch er mich habe einladen wollen, einige Tage bei ihm zu logieren; da ich aber jenem bereits zugesagt habe, so wolle er mich nicht weiter nötigen, sondern ich solle ihn nur noch einmal besuchen. Ich versprach es ihm und bestieg mit meinem nunmehrigen Hausherrn einen Fiaker, um zu seiner *bonne famille* zu fahren. Unterwegs sagte er mir: »Mein Herr, wissen Sie auch schon, dass ich ein Jude bin?« »Wie sollte ich dieses erfahren haben?« »Freilich«, antwortete er, »Marseille ist sehr groß, ein Bürger kennt den anderen nicht, auch sind es erst zwei Jahre, seit ich mich hier mit der Tochter eines Kaufmannes verheiratet habe! Sie sollen sogleich meine *bonne famille* kennen lernen; Sie werden sie gewiss *excellente* finden. Sie dürfen in meinem Hause nur befehlen und man wird Ihnen alles auf das Pünktlichste besorgen.« Ich war eben im Begriff, ihm für seine Sorgfalt zu danken, als der Wagen vor dem Haus stille hielt. »Da wären wir nun«, sagte mein Hausherr und nötigte mich, auszusteigen. »*Ma bonne famille* kommt schon gelaufen«, sagte er, »kommen Sie gefälligst, dass ich Sie als Hausfreund vorstellen kann.« Nun kamen ein alter Herr und drei Frauenzimmer herzugelaufen, denen er mich sogleich vorstellte; sie lernte ich aber als seine Frau, deren Eltern und seine Schwägerin kennen. Mit vielen Komplimenten wurde ich nun in ein reinlich und gut möbliertes Zimmer geführt. Nach einer viertelstündigen Unterhaltung wurden wir zum Dejeune gerufen. Wir setzten uns an den Tisch, worauf uns Salat und Kotelettes vorgesetzt wurde: Da ich aber in meinem damaligen Zustand diese Speisen weder genießen konnte noch durfte, so hatte ich Muße genug, zu sehen, wie gut es der *bonne famille* meines Hausherrn schmeckte. Als alles aufgezehrt war, fragte mich die Schwiegermutter meines Hausherrn, ob ich denn schon satt sei, ich hätte ja so wenig gegessen. Ich entgegnete ihr, dass ich sehr behutsam essen müsse. Nun kam das Dessert: ein Möbelfabrikant und ein Schneidermeister. Der Möbelfabrikant verlangte mit ziemlich lauter Stimme, dass man ihm endlich seine 300 Fr. für die geborgten Möbel bezahlen solle. »Sie kommen eben von Algier«, sagte er; »Sie haben Geld genug mitgebracht; bezahlen Sie mich, oder ich lasse augenblicklich durch einen Huissier meine Möbel wieder zurücknehmen!« Nach zwei Stunden will ich Sie bezahlen, sagte der Hausherr. »Länger aber warte ich auch nicht«, sagte der andere und entfernte sich. Nun fing der Kleiderhändler an: »Mein Herr, Sie haben schon zwei Jahre Kleider bei mir geborgt; Sie wissen, das beträgt 500 Francs. Sie kommen von Algier und haben jetzt Geld; bezahlen Sie mich nun oder ich verklage Sie augenblicklich beim *Commissaire de police!*« »Kommen Sie gefälligst nach drei Stunden wieder, dann will ich Sie befriedigen«, sagte der Hausherr. *»C'est bien Monsieur«*, sagte der Schneider und entfernte sich. Kaum war dieser fort und ich war eben vom Tisch aufgestanden, als eine Waschfrau und ein Speisewirt eintraten. Auch diese forderten ihre Rechnungen und mussten den Nachmittag wiederkommen. Mein Hausherr ging missmutig im Zimmer auf und ab und ich wollte eben überdenken, in was für ein Haus ich geraten sei, als der Herr Kapitän vom Fenster her schnell auf mich zukam und mich bat, ihm zu folgen. Er führte mich in eine andere Stube und sagte: »Hier, mein Herr, werden Sie angenehm wohnen. Hier sehen Sie eine Gitarre, wenn Sie etwas spielen wollen, und da haben Sie die Schelle, wenn Sie etwas bedürfen!« Hierauf empfahl er sich und ging fort. Missmutig warf ich mich auf das Sofa, denn ich ahnte nichts Gutes von dieser *bonne famille* und nahm mir vor, äußerst vorsichtig zu sein. Von Durst gequält schellte ich. Ein Mädchen fragte nach meinem Begehren und ich verlangte eine Tasse Bouillon. Sie entfernte sich, kam aber schnell wieder und verlangte Geld von mir. Ich fragte, wie viel? Einen Franc, war ihre Antwort. Erstaunt gab ich ihn. Während ich noch darauf wartete, kam die Schwiegermutter meines Hausherrn in aller Eile in mein Zimmer mit den Worten: »Mein Herr, ich war genötigt, hier ein Lotterielos zu nehmen; übrigens fehlt mir noch ein Franc; wollen Sie mir denselben wohl vorstrecken, bis mein Schwiegersohn nach Hause kommt?« Ich sah die Unverschämte mit großen Augen an. »Zu einem Los«, sagte ich, »strecke ich keinen Sous vor, allein ich schenke Ihnen hier einen Franc.« Mit der Magd, die mir die wohlfeile Tasse Bouillon brachte, trat zugleich ein wohlgekleideter Mann, dem Anschein nach ein Jude, ins Zimmer. Nach vielen Komplimenten sagte er zu mir: »Mein Herr, so wie ich höre, sind

Beamte der französischen Kolonialbehörde in Algier

Sie krank und bedürfen eines Arztes. Ja, Sie leiden sehr, ich will Ihnen sogleich etwas verschreiben, worauf Sie sogleich spazieren fahren müssen und ich rate Ihnen häufig zu fahren!« Nun wollte er meinen Puls fühlen; ärgerlich aber zog ich meine Hand zurück. »Was Donnerwetter«, sagte ich, »ist das für eine Zudringlichkeit! Ich habe Sie ja nicht rufen lassen! Was wollen Sie mit mir? Ich bin mein eigener Arzt.« »Nun«, sagte er, »wenn Sie mich nicht haben wollen, so geben Sie mir das Honorar wenigstens für meinen Gang. Es beträgt sechs Fr.« »Sie bekommen von mir nichts«, sagte ich ihm ziemlich derb. »Entfernen Sie sich!« »Mit Patienten muss man Geduld haben«, erwiderte er, sich verbeugend, »morgen werde ich mir wieder die Ehre geben, Sie zu besuchen, und dann, hoffe ich, werden Sie besser zu sprechen sein«, und so entfernte er sich unter vielen Kratzfüßen. Kaum hatte sich dieser Beutelschneider entfernt, als mir die Frau meines Hausherrn und ihre Schwester einen Besuch abstatteten. Ich unterhielt mich nur wenig mit ihnen und merkte bald, dass sie sehr schlau das Gespräch auf Damenschmuck, Ringe und dergleichen zu lenken suchten. »Wenn Sie dergleichen in Marseille kaufen wollen«, sagten sie, »so nehmen Sie uns mit zum Juwelier, dass wir Ihnen kaufen helfen, sonst werden Sie betrogen.« Da würde ich den Bock zum Gärtner machen, dachte ich, und suchte sie dadurch zu beruhigen, dass ich sagte, in Marseille würde ich nie dergleichen Sachen kaufen, sondern mein Geld sparen. Betroffen über diesen Schlag sahen sie einander an und verstummten plötzlich. Einige Zeit saßen sie still und wahrscheinlich über ihr misslungenes Projekt nachdenkend, bis ich anfing das schöne Wetter dieses Nachmittags zu preisen. »Wollen Sie vielleicht mit uns ein wenig spazieren fahren?«, fragten sie äußerst froh. »Wir wollen Ihnen sogleich einen Wagen bestellen!« – »Ich denke«, sagte ich, »in Marseille mein Geld zu sparen, damit ich recht bequem nach Deutschland fahren kann!« Spöttisch entgegneten sie, dass mit mir nichts anzufangen sei, und zu meinem Vergnügen verließen sie mich. Auf diese Art ging mir der langweiligste Tag meines Lebens hin, denn nun hatte ich die *bonne famille* erst kennen gelernt. Mein leidender Zustand hatte mich verhindert, an demselben Tag noch dieses Haus zu verlassen; aber am folgenden wollte ich ein Gasthaus beziehen. Abends kam der Hausherr und rief mich zum Diner. Aber ich fand dieselbe Speise wie am Morgen wieder, nämlich Endiviensalat und Kotelettes. Ich griff sogleich nach meiner Börse, um wieder eine Tasse Bouillon für einen Fr. holen zu lassen. Nachdem das Gesindel gegessen und ich meine Bouillon getrunken hatte, lud mich der Hausherr ein, mit ihm und seiner *bonne famille* in das Theater zu gehen, indem es nur zwanzig Schritte vom Haus entfernt sei. Ich war froh über diesen Vorschlag, denn Unmut und Langeweile würden mich sonst getötet haben! Am Eingang des großen Theaters angekommen, nahm ich mir eine Karte für vier Fr. »Sie, guter Herr, haben doch auch für uns solche mitgenommen?«, sagte die Schwägerin meines Hausherrn, ziemlich vorlaut. »Verzeihen Sie, dass ich es unterließ; ich wusste nicht, dass Sie dergleichen von mir haben wollten, auch würde ich gewiss Ihren Schwager dadurch beleidigt haben.« »Ganz und gar nicht; hier in Marseille ist es so Sitte, und die Ehre eines honetten *Chevalier* erfordert es sogar, dass er jeden Abend seine Hausleute ins Theater führe.« Die Unverschämte sagte dieses so laut, dass es viele umstehende Herren und Damen hören konnten. Ich war eben im Begriff, ihr zu antworten, als der Hausherr sich ganz verlegen stellend mich bat, doch fünf Karten für 20 Fr. für ihn und seine vier Damen zu nehmen, indem er, wie er sagte, seine Börse zu Hause vergessen habe. »Mein Herr, das bedaure ich sehr«, sagte ich, »ich kann Ihnen aber auch nicht helfen, da ich ebenfalls die meinige vergessen habe.« *»Morbleu«*, rief er, »das ist *malheur*, doch finde ich ja eben noch in meiner Westentasche einen Louisdor«, und er gab ihn hin. Wir traten nun ein. Die innere Einrichtung und Pracht des Theaters überraschte mich sehr; vergnügt setzte ich mich nieder und hörte das zahlreiche Orchester, meist von Deutschen und Italienern besetzt, die Instrumente stimmen. *»Mademoiselle«*, sagte ich zu der neben mir sitzenden Schwägerin des Hausherrn, »Sie bemerkten mir vorhin, es sei in Marseille Sitte, dass ein jeder *Chevalier* seine Hausleute in das Theater führe. Diese Mode ist schön und ich finde sie ganz passend für *Chevaliers*. Sie halten mich irriger Weise für einen *Chevalier*, ich bin aber nur ein Küchenjunge und wenn ich nach Hause komme, so lerne ich das Schuhmacherhandwerk.« Ich hatte dieses so laut gesagt, dass einige vor und neben mir sitzende Herren und Damen mich lächelnd ansahen. Die Schwägerin, äußerst betroffen, sagte ganz leise: »Sie mögen sein, wer Sie wollen, so sind Sie doch für Ihr Geld *Chevalier* und dafür werden Sie in Marseille gewiss recht gut bedient.« »Ja, das weiß der Himmel«, sagte ich, und dachte dabei, wenn ich nur morgen als deutscher Bürger im ersten besten Gasthaus nicht so gut bedient werde, wie heute als *Chevalier d'Alger*.

Mehrere tausend Herren und Damen hatten sich eingefunden, um »Ferdinand Cortez« zu sehen. Ich erstaunte über die schimmernden Anzüge der Zuschauer, denn nie sah ich mehr Damenhüte, seidene Kleider, Schals, Perlenschnüre, goldene Halsketten, Ohr- und Fingerringe, mit Diamanten prangend, als hier; und ich konnte nicht umhin der Schwägerin meine Bewunderung über diesen außerordentlichen Luxus mitzuteilen. »Oh«, sagte sie, »lassen Sie sich doch nicht täuschen, denn das meiste, was Sie hier sehen, von Perlen, Gold und Diamanten, ist falsch und unecht und die Kleider und Schals gehören auch nicht alle den Besitzerinnen; dies ist alles nur für diesen Tag geliehen; denn es ist hier so Mode, dass man alles borgt«, fügte sie hinzu! Ah, dachte ich, die spricht aus Erfahrung. Mehrere Stunden wurde nun herrlich gespielt, gesungen und getanzt, und der *Chevalier d'Alger* vergaß seinen ärgerlichen Zustand.

Am anderen Morgen, nachdem ich der Schwiegermutter des Hausherrn und dem Dienstmädchen ein kleines Trinkgeld gegeben hatte, empfahl ich mich diesem Hauspersonal und folgte meinem Lohnbedienten mit meinem Reisepack in das *Hôtel de la Ciotat*. Ich habe die ganze Geschichte erzählt, weil sie eine Ansicht von dem Leben einer großen Seestadt gibt; auch wohl zur Warnung für andere. – Nun konnte ich wieder freier atmen. Ich besorgte meine Geschäfte, Wechsel, Pass und Platz im Postwagen und konnte mich nun mit leichtem Herzen noch einige Tage in dem schönen Marseille umsehen. Da aber teils Unpässlichkeit, teils Mangel an Bekannten meine Ausflüge sehr beschränkten, so konnte ich doch im Ganzen nur wenig von den Mannigfaltigkeiten betrachten, welche diese blühende Handelsstadt den Fremden darbietet. Mehrmals machte ich Spaziergänge über den großen, stets mit Menschen angefüllten Fischmarkt, wo See- und Flussfische, Austern, Muscheln, Krebse und Schildkröten in ungeheurer Menge feilgeboten werden. Interessanter noch ist der Geflügelmarkt, wo alle nur erdenklichen genießbaren Vögel, geschlachtet und gereinigt, zum Verkauf aufgehängt sind. Ferner der Gemüsemarkt, wo auf einem großen, freien Platz haufenweise die Kräuter und herrlichsten Südfrüchte aufgetürmt sind; und daneben der Blumenmarkt, wo Gärtner und Gärtnerinnen emsig beschäftigt sind, aus ihren Blumen schöne Bouquets und Girlanden zu winden, und wo die schönen Marseillerinnen auf- und abgehen, um die schönsten auszusuchen. Wenn man so alle Blumen des Südens beisammensieht und ihre wohlduftenden Gerüche einatmet, glaubt man wirklich im Paradies, in einer eigenen Blumenwelt umherzuwandeln. Von hier ging ich in den Hafen, der einen schönen Anblick gewährt, indem sich auf beiden Seiten die Häuser hinziehen. In demselben lagen damals über 500 Kauffahrteischiffe, die meisten von der afrikanischen Expedition, reihenweise nebeneinander. Auf beiden Seiten des Hafens befinden sich für die Seefahrer von jeder Nation ganz vorzüglich schöne Kaffeehäuser. Die meisten derselben sind inwendig mit Springbrunnen und an den Wänden mit schönen Spiegeln ausgeschmückt und beständig mit Menschen angefüllt. Wer verschiedene Sprachen versteht und Zeit zum Beobachten hat, wird hier stets die interessantesten Neuigkeiten hören und Unterhaltung jeder Art finden sowie auch die seltsamsten Kontrakte zwischen Kaufleuten und Schiffskapitänen abschließen sehen. Da über Marseille schon sehr viel gesagt worden ist, und ich mich daselbst auch nur kurze Zeit aufhielt, so habe ich wenig mehr zu sagen. Am 15. Oktober setzte ich mich in den Postwagen und fuhr der ersehnten Heimat zu.

Und wie ich ihn einst verlassen, langte ich in meinem Geburtsort wieder an. Aber was lag zwischen dieser Zeit von sechs Jahren! Was war nicht während dieses Zeitraums aus mir gemacht worden? Wie verschieden waren die Kreise, in denen mich mein Schicksal umhertrieb! Aus der Heimat, von Freunden und Bekannten riss es mich in eine fremde Welt, auf ein fremdes Element, führte mich zu fernen Ländern und Meeren, zeigte mir unzählige Städte und Menschen und eröffnete mir eine Laufbahn, die meiner feurigen Jugend gefallen musste, und meine junge Phantasie mit großen herrlichen Bildern der Zukunft erfüllte. Da stürzte es mich plötzlich in die Hände der Barbaren, in die Schranken eines Sklavenschiffs, wirft mich an das Gestade eines Raubstaates, in die Sklaverei eines Korsarenministers, gibt mir Tyrannen zu Gebietern und Schurken zu Genossen; allein es erhebt mich wieder aus dem Abgrund, macht mich zum Arzt, zum Freund meines Tyrannen, zum halben Muselmann, lässt mich noch einmal seine herben Schläge fühlen, und schickt mir endlich die Befreier. Während sechs Jahren war ich Unterarzt einer holländischen Fregatte, Christensklave, Küchenjunge, Leibarzt des algerischen Premierministers, erster Chirurg bei der Armee des Dei, Schatzmeister des Bei von Titteri, wäre beinahe französischer Kornkommissär geworden, fahre als Offizier nach Frankreich und komme als schlichter Jüngling in mein Vaterland zurück. Viel Ungemach habe ich ausgestanden, aber doch hat mich die Vorsehung durch alle Labyrinthe zur Ruhe glücklich zurückgeführt, und mit Dank gegen sie sei meine Erzählung geschlossen.

Wort- und Sacherklärungen

accordieren	vereinbaren
Aga	türkischer Titel für Offiziere und Hofbeamte, heute auch »Herr«
Algarbien	= Algarve. Landschaft in Südportugal
Auditeur	= Auditor. Der einem Militärgericht beigegebene Rechtsgelehrte
Aviso	Wink, Nachricht
Blessierte	Verwundete
Bivvuac	= Biwak. Feldlager
Blutfahne	Signal für den Kampf
Biscutto	Feingebäck
Brigg	kleines Schiff mit zwei voll getakelten Masten
Brassen	Segelmanöver
Bastonade	Prügelstrafe auf die Fußsohlen
Burnus	wollener Mantel oder Umhang
Capitain-Interpret	Dolmetscher im Offiziersrang
Charpie	= Scharpie. Zu Fäden gezupfte Leinwand als Verbandsmaterial
Combat	Kampf; Gefecht
Corvette	= Korvette. Kleines Kriegsschiff
Dambret	Damebrett (Spiel)
Dejeune	= Dejeuner. Frühstück
Detachement	Truppenabteilung für besondere Aufgabe
Dey	= Dei. Titel des Befehlshabers der Janitscharen, später auch des Vertreters der türkischen Regierung, dann Titel des Herrschers in Algier
Dihn-islam	= Islam
Divan	= Diwan. Versammlung, (Minister-) Rat

Drehspiel	Maschine zum Aufwinden der Anker
echappieren	entweichen
Effendi	= Efendi. Herr
Embarquement	Einschiffung
Equipage	Schiffsausrüstung
Escadre	Geschwader
Exequierer	Schuldeneintreiber
Ecercitium	Übung
Falsche Blattern	Windpocken
Ferman	Pass, Ausweis
Fonduk	arabisch »Unterkunft, Kaufhof«
Fortun	Glück
Fregatte	schnell segelndes, voll getakeltes Kriegsschiff
Fuß	Längenmaß ca. 31 Zentimeter
Galeere	mit Ruderern bemanntes Kriegsschiff
Galleone	Galeone. Kriegs- und Handelsschiff mit drei bis fünf Masten
Galliotte	= Galeotte. Kleines Küstenfahrzeug
gebrasset	gedreht
Generalstaaten	Regierung der Niederlande
Geusch	türkische Münze
glatte Lage	direkter Beschuss mit den Geschützen
Goa	Palmwein aus der Zuckerpalme
Guardian	Wächter
Herren Generalstaaten	Regierung der Niederlande
Hassenadar	Schatzmeister
Hohe Pforte	Bezeichnung für die türkische Regierung
Honorarium	Honorar, Vergütung
Huissier	Diener, auch: Gerichtsvollzieher
Imam	isl. Geistlicher
Janitscharen	Ursprüngl. türkische Fußtruppe, in Nordafrika Bezeichnung für die türkischen Polizeitruppen
Jinni Para	Türkische Münzen (1/2 Geusch)

Kabbala	mittelalterliche jüdische Geheimlehre
Kabeili	Kabylen, Volksstamm im Atlasgebiet
Kaffer	hier allgemein für Schwarzafrikaner
Kannefass	= Kanevas. Hanfleinwand
Karbatsche	= Kurbatsch. Aus Riemen geflochtene Peitsche
Kartätsche	mit Bleikugeln gefülltes Artilleriegeschoss
Kassaba	= Kasba. Burg
Kauk	Kopfbedeckung der islamischen Geistlichen
Klafter	Längenmaß v. 6 Fuß (s. d.)
Kocsche	türkisches Gartenhaus
konsistent	fest
Kontenance	hier: gleiche Stellung
Kulon	Sklave, der schon einen Betrag auf seinen Freikauf angezahlt hat
Kur-ahn	Koran
Kursan	Korsar, Krieger
Kursan-Kapudan	Korsarenkapitän
Lazzaroni	Bezeichnung für das neapolitanische Proletariat
Livre	französische Münze zu 20 Sous
Lochwadi	kleiner Volksstamm am Nordrand der algerischen Sahara
Louisdor	französische Goldmünze
Majorca	= Mallorca
Malter	Getreidemaß (unterschiedliche Größen)
Mehmed Ali	= Mohammed Ali. Vizekönig von Ägypten (1769–1849), begründete die Dynastie der Khediven
Minare	= Minarett
Mitraille	Kartätschenhagel
Morabut	= Maribut = Marabut. Islamischer Einsiedler bzw. Heiliger
Mufti	islamischer Gesetzeskundiger

Musabi	algerischer Volksstamm
Odabassi	Hauptmann bei den Janitscharen
Oran	Hafenstadt in Westalgerien
Österr. Militär	Hier: Hinweis auf die Truppen der Heiligen Allianz, die zur Niederwerfung eines Aufstandes in Neapel eingesetzt waren
Particulier	Mann, der von seinem Vermögen lebt, sv. Reicher, hier: Teilhaber an der Schiffsladung
Perspektiv	Fernrohr
Piaster	türkische Münzeinheit
Pildra	türkische Münzeinheit (100 Piaster)
Pinke	= Flute. Mittelgroßes Lastschiff
Pisette	= Peseta. Span. Münze
Prison	Gefängnis
Profos	Unteroffizier zur Beaufsichtigung der Arrestanten
Quartier geben	Leben schonen
Raa	= Rah(e). Rundholz zum Befestigen der Rah-Segel
Ramasan	= Ramadan. Der 9. Monat des islamischen Mondjahres, gilt als Fastenmonat
Ranzion	Loskauf von Gefangenen
Ravage	Verwüstung
Reaumur	nach dem Physiker R. benannte Gradeinteilung am Thermometer. 100 °C = 80° R
regalieren	unentgeltlich bewirten
Recreation	Erholung, Erfrischung
Refectorium	Speisesaal im Kloster
Renegat	Abtrünniger. Bezeichnung für einen zum Islam übergetretenen Christen
resolvieren	beschließen
Rettungsboje	fassähnliche Kistchen aus Korkschwamm

Schaluppe	Beiboot eines großen Schiffes
Schech	= Scheich. Oberhaupt eines arabischen Nomadenstammes
Schoner	Zweimastiges Segelschiff
Sirokko	= Schirokko. Heißer, teilweise stürmischer Mittelmeerwind aus S oder O
Sou	französische Münze
Spahi	türkischer Krieger, hier Bezeichnung für türkischen Soldat
Spiegel	hier: hinterer Teil eines Schiffes, in dem sich die Kajüte befindet
Stängel	hier: oberster Teil des Großmastes
Stückpforte	Geschützpforte
Sukkurs	Hilfe, Unterstützung
Tabip	türkischer Arzt
Tartana	= Tartane. Ungedecktes Fischerfahrzeug
Tschamine	= Dschamijeh. Moschee
Tertschiman	Dolmetscher
Tetuan	Stadt in Nordmarokko
Titteri	Landschaft und Provinz südlich Algier am Rande der Sahara
torquerieren	martern, peinigen
Tractament	Behandlung
Turbandi	Turbane
Ulama	= Ulema. Mz. von alim = islamischer Theologe bzw. Rechtsgelehrter
Verschanzung	obere Wand des Schiffes
Wellbaum	= Welle. Drehbar gelagerte Achse zur Übertragung mechanischer Arbeit
Xr.	Abkürzung für Kreuzer (Münze)
Zechine	venezianische Goldmünze. Name ging auf orientalische Goldmünzen über

Quellen und Literatur

Otto Eck: *Seeräuberei im Mittelmeer.* München–Berlin 1943.

Johann Friedrich Keßler: *Reisen zu Wasser und zu Lande.* Leipzig 1805.

Johann Michael Kühns merkwürdige Lebens- und Reisebeschreibung. Gotha 1741.

Hans Leip: *Bordbuch des Satans.* München 1960.

Heinz Neukirchen: *Piraten. Seeraub auf allen Meeren.* Berlin 1976.

Simon Friedrich Pfeiffer: *Meine Reisen und meine fünfjährige Gefangenschaft zu Algier.* Gießen 1834.

J. F. Voigt: *Deutsche Seeleute als Gefangene in der Barbarei.* Hamburg 1882.

Freibeuter, Piraten und Korsaren

Alexandre Olivier Exquemelin
Das Piratenbuch von 1678
Die Amerikanischen Seeräuber
272 Seiten mit Illustrationen und Karten, ISBN 3 522 61120 9

Was sich im 17. Jahrhundert in der Karibischen See abspielte, gehört zu den abenteuerlichsten und ungewöhnlichsten Kapiteln der Weltgeschichte. Das „Piratenbuch" ist das früheste und zugleich wichtigste Zeugnis dieser Epoche.

Captain W. Bligh / Dr. G. Hamilton
Meuterei auf der Bounty und Die Piratenjagd der Pandora 1787 - 1792
304 Seiten mit Illustrationen und Karten, ISBN 3 522 61000 8

Die „Bounty" sollte Brotfruchtpflanzen nach den Westindischen Inseln bringen. Doch in der Südsee bricht eine Meuterei los. Der Kapitän wird mit neunzehn Mann in einem kleinen Boot ausgesetzt - viertausend Meilen vor Batavia!

William Dampier
Freibeuter 1683 - 1691
Das abenteuerliche Tagebuch eines Weltumseglers und Piraten
288 Seiten mit Illustrationen und Karten, ISBN 3 522 61050 4

Unerwartete Entdeckungen, Robinsonaden, Meutereien und Seeschlachten - davon berichtet der Pirat und Entdecker William Dampier in seinen Aufzeichnungen. Die Tagebücher sind so außergewöhnlich, dass sie der Legende nach ihren Verfasser sogar vor dem Galgen gerettet haben sollen.

Sir Francis Drake
Pirat im Dienst der Queen 1567 - 1596
352 Seiten mit Illustrationen, ISBN 3 522 61060 1

Ein Zeitgenosse äußerte einmal über Sir Francis Drake: „Auf allen Gebieten der Seefahrt war er bei weitem geschickter als je einer vor ihm." Die in diesem Band abgedruckten Augenzeugenberichte zeigen Sir Francis Drake, Pirat im Dienst der Queen, wie ihn seine Freunde - aber auch wie ihn seine Gegner sahen.

EDITION ERDMANN